労働実務
事例研究

2023 年版

労働新聞社

はじめに

　人事・労務や安全衛生担当者、社会保険労務士など実務に携わる方々にとって、業務や法改正対応などのトラブルや疑問は、日常的に起こっているのではないでしょうか。

　弊社定期刊行物「労働新聞」「安全スタッフ」では、労働関係法の解釈から、職場で発生するトラブルの処理の仕方、人事制度の内容などＱ＆Ａ形式で幅広くお答えする「実務相談室」を掲載し、実務に役立つコーナーとして多くの読者の方々に支持され、大変好評を得ております。

　本書は、当コーナーに寄せられた 2022 年掲載分の相談 222 問を、労働基準、労災保険、雇用保険、健康保険、厚生年金、安全衛生、派遣、育児・介護休業など内容別に分類し、最新の情報に加筆・修正し、読みやすくまとめたものです。

　日常の問題解決やトラブル防止、ケーススタディとして本書をご活用して頂ければ幸いです。

2023 年 6 月

目　　次

第 1 章　労働基準法編

賃金関係

労働時間関係

休憩・休日関係

第2章　労災保険法編

総則関係

保険給付関係

第3章　雇用保険法編

総則関係

保険給付関係

第4章　健康保険法編

総則関係

保険給付関係

第5章　厚生年金保険法編

第6章　労働安全衛生法編

第7章　労働者派遣法編

第8章　育児・介護休業法編

第9章　その他労働関係法

労働組合法関係

パート・有期雇用労働法関係

雇用機会均等法関係

高年齢者雇用安定法関係

最低賃金法関係

次世代育成支援対策推進法関係

女性活躍推進法関係

職業安定法関係

労働施策総合推進法関係

○本書は「労働新聞」「安全スタッフ」（2022年1〜12月掲載分）の実務相談室コーナーに寄せられた相談222問を、2023年4月1日現在の最新情報に改め、法律別に収載したものです。
○法改正等で内容に変更が生じる場合がございます。

第1章
労働基準法編

賃金関係

労働時間関係

休憩・休日関係

女性および年少者関係

労働契約関係

労務一般関係

賃金関係

 欠勤続く者の平均賃金は　不正発覚し減給制裁
事由発生日だと低額に

> メンタル不調で断続的に欠勤している従業員がいますが、経費
> の不正申告が発覚し、減給制裁を科すことになりました。現在も
> 欠勤が続いており、単純に平均賃金を計算すると著しく低い額に
> なります。正常な勤務を続けていた時期にさかのぼって計算する
> （または出勤した日を通算し3カ月をみる）等の調整が必要ですか。
> 【山口・M社】

A. 正常勤務時へさかのぼって

減給の制裁で平均賃金を「算定すべき事由の発生した日」は、「制裁の意思表示が相手方に到達した日」とされています（昭30・7・19基収5875号）。

事由発生日の時点で、欠勤が続いている状態とのことですが、基本は直近の賃金締切日から起算し、3カ月の賃金総額を総暦日数で除して平均賃金を算定します（労基法12条1項）。

ご質問にある方が、欠勤控除の対象となる月給制（日給月給制）の対象の場合、収入が大幅に低下しているので、「単純に」総暦日数で除すと、平均賃金が著しく低い額となり、その方の「通常の生活賃金」とかい離する結果となります。

令和4年1月から、健保の傷病手当金に関しては「休業した日を通算して1年6カ月まで支給する」規定が導入されました。しかし、平均賃金には、それに類似した救済ルール（出勤した日を通算して3カ月をみる）は設けられていません。

　日給制・出来高払制等については最低保障（労基法 12 条 1 項ただし書き）が設けられていますが、日給月給制は対象外とされています（労基法コンメンタール）。ただし、通達（昭 30・5・24 基収 1619 号）により、別に最低保障額の計算方法が定められています。

　原則は以上のとおりですが、「私傷病等による休業期間が算定事由発生日以前 3 カ月以上にわたる場合」については、告示（昭 24・4・11 労働省告示 5 号）により都道府県労働局長が決定するとしています。具体的には、休業開始日をもって算定事由発生日とみなします。

　この場合、平均賃金算定の対象期間全体が「正常な勤務を続けていた時期」にスライド適用される形になります。しかし、起算日がズレても、対象期間の長さ（暦月 3 カ月）が伸び縮みするようなことはありません。

Q2 私傷病欠勤で平均賃金は　断続的に休む従業員 業務上災害との違いどこ？

　私傷病欠勤が続く際の平均賃金に関する記事を読みました。当社でも、断続的に欠勤する従業員がいて、頭を痛めています。現在のところ、平均賃金を適用するような事態は生じていませんが、後学のために質問します。具体的には、平均賃金をどう算定するのが正しいのでしょうか。業務上災害で欠勤する場合と、どのような点に違いがありますか。【群馬・Ｋ社】

A. 業務上災害は全出勤みなしの最低保障あり

　メンタル不調等で欠勤を繰り返す場合、まずその理由が問題になります。本人が、後から「仕事上のストレス」が原因と主張する可能性も排除できません。

　仮に労災と認定された場合ですが、平均賃金を計算する方法は、法律の本則で規定されています（労基法 12 条 3 項）。「業務上負傷し、

又は疾病にかかり療養した期間」については、平均賃金の計算に際し、その日数および賃金を除外するルールとなっています（昭52・3・30基発192号）。

　一方、私傷病による欠勤の場合、法律の本則では、「日給制、時間給制、出来高払制その他の請負制」についてのみ、特別な計算方法（最低保障）を定めています（12条1項1号）。

　日給月給制については「欠勤控除のため、日割り計算を行っても、それがため日によって定められた賃金とみなすことはできない。欠勤日数が多い場合に日給月給者の賃金が低額になっても、法12条1項1号を適用すべきでない」とされています（昭27・5・10基収6054号）。

　このようなときは、法12条8項（厚労大臣の定め）によるべきとされ、通達で計算方法を示しています（昭30・5・24基収1619号）。日給月給の部分については、「賃金が一定の期間によって定められ、かつ、その期間中の欠勤日数・時間に応じて減額された場合、欠勤しなかった場合に受けるべき賃金総額を所定労働日数で除した金額の100分の60」を最低保障額とするとしています。

　法律の本則で定める最低保障は、「実際に出勤した日・賃金」が算定ベースです。一方、通達による計算では、「すべて出勤したとみなした場合の賃金（欠勤しなかった場合に受けるべき賃金）」と「すべて出勤した場合の日数（所定労働日数）」を用いる点が異なります。

Q3 時短で平均賃金どう計算　業務上災害の休業補償

新型コロナウィルスの影響で労働時間を一部短縮する中、業務上災害が発生しました。平均賃金の計算ですが、賃金計算期間内に一部就労があるときの計算方法について教えてください。【千葉・O社】

A. 「使用者の責」控除する　日給月給にも最低保障が

労基法76条は、業務上の傷病により療養するため、労働することができず賃金を受けない日について、休業補償を義務付けています。労災法の災害補償に相当する給付が行われる場合、使用者は、労基法の補償の責を免れます（法84条）。労災法の休業補償給付が支給されるのは、業務上の傷病による療養のため労働することができず賃金を受けない日の第4日目からです。

労基法の休業補償は平均賃金の6割です。平均賃金は、算定事由が発生した日以前3カ月間の賃金総額を、総日数で除した金額になります（労基法12条）。算定するうえで、その日数およびその期間中の賃金を除外する事由が定められています。例えば、使用者の責により休業した期間があります（3項2号）。仮に控除しないとすると、平均賃金が不当に低くなる場合があるため（労基法コンメンタール）です。

使用者の責による休業は、1日まるまる休業した場合に限りません。一部休業すなわち所定労働時間の一部を休業した場合であっても、その日の労働に対して支払われた賃金が平均賃金の6割を超えるか否かにかかわらず、休業日としてその日およびその日の賃金を控除する（昭25・8・28基収2397号）という扱いが示されています。

一方で、新型コロナウィルスの影響による労働時間の短縮が、使用者の責に帰すべき事由といえるかどうかという問題はあります。

ケースバイケースになるため一概には何ともいえませんが、使用者の責によらない場合の扱いも確認してみましょう。この場合、原則は控除されないということになります。例外的な取扱いもありますが、示されているのは争議行為などのレアケースです。

　その他、平均賃金には最低保障に関する規定があります。賃金が時給等で計算される場合で、その３カ月に欠勤日数が多いときには、平均賃金も低額となり、労働者の生活日当たりの賃金を算定しようとする平均賃金の意味が失われる（労基法コンメンタール）ことから設けられた規定と解されています。「労働した日数」の計算ですが、１日とは原則として暦日単位となっています。

　一方、賃金の一部または全部が、月、週その他一定の期間によって定められ、かつ、その一定期間中の欠勤日数または欠勤時間数に応じて減額された場合においては、欠勤しなかった場合に受けるべき賃金の総額をその期間中の所定労働日数で除した金額の６割とします（昭30・5・24基収1619号）。時間単位の欠勤についても、補正が行われる形となります。

 代替休暇にできない？　月60時間の5割増回避
残業時間数が不足して

　月60時間を超える時間外労働に対する代替休暇は、半日も認められているといいます。割増賃金を休暇に換算する際に、半日を４時間としたとき16時間相当の残業が必要になる計算です。この時間数に満たないときですが、代替休暇として活用するにはどのような方法があるのでしょうか。【福岡・Ｋ社】

A. 賃金支払う休みとセット

　代替休暇は１日または半日で付与するので、１日の所定労働が８時間なら４時間が最低の付与単位です。４時間の休暇を取得した場

合、60 時間を超える時間外のうち、16 時間分の割増率が 50％から 25％に下がります（換算率 25％で計算）。

　代替休暇の仕組みを導入するには、労使協定の締結が必要です（労基法 37 条 3 項）。協定事項には、代替休暇として与える時間数の算定方法、代替休暇の単位等があります（労基則 19 条の 2）。後者で、1 日または半日に達しない部分について、「代替休暇以外の通常の労働時間の賃金が支払われる休暇と合わせて与えることができる旨を定めた場合においては、当該休暇と合わせた 1 日または半日を含みます」。

　法改正当時の厚労省Ｑ＆Ａは次の例を示していました。1 日の所定労働が 8 時間で、月 85 時間の残業をしたケースです。4 時間（16 時間換算）を半日として与えた場合、差し引き 69 時間分となり、60 時間を超える 9 時間分を割増賃金で支払うことが考えられるとしています。なお現在は、2 ～ 6 カ月平均 80 時間以内に収める必要があります。

　休暇としてたとえば、時間外労働の累計に対し代休を付与する仕組みがあります。その他、「時間単位の年休」を組み合わせる方法もあるとしています。協定例では、「代替休暇の時間数が半日または 1 日に満たない端数がある場合で、その満たない部分に（略）時間単位の年次有給休暇の取得を請求する場合」としています。いずれにせよ、個々の労働者が実際に代替休暇を取得するか否かは労働者の意思によります（平 21・5・29 基発 0529001 号）。

代休取らず賃金未払いか　残業代清算済みというが

他社で勤務する友人が、休日出勤が重なり「代休がたまっている」といいます。ただ、週1日の休日は確保され、かつ、時間外労働時間数として計上しており割増賃金は支払われているようだともいいます。代休が未消化の場合は、一般的に賃金未払いの状態が生じる可能性があるといいますが、このケースはどのように考えればいいのでしょうか。【福岡・N社】

A. 100%部分不足の可能性　賃金支払期間またぐことも

代休とは、本来の休日に労働したことの代償として、本来の労働日に休業することをいいます。本来の休日の労働は休日労働のままです。

休日が、労基法35条で定める週1日の休日であれば、労基法37条および割増率を定める政令（平6・1・4政令5号）に基づき、通常の労働時間の3割5分以上の割増賃金を支払う必要があります。週1日の休日が確保されている場合でも、法32条で定める週40時間を超えて労働した時間には、時間外割増賃金として通常の労働時間の2割5分以上の割増賃金を支払う必要があります。

労基法コンメンタールでは、「本条（法37条）の解釈について、単に『通常の労働時間又は労働日の賃金』の計算額の2割5分を支払えば足り、必ずしも12割5分」の支払を必要としないと解する向きもあるが」としつつ、結論として、「割増賃金という文字は10割の賃金支払を含むもの」と明記しています。他方、賃金が出来高払制その他の請負制によって定められている場合には、100%部分は、既に基礎となった賃金総額の中に含むのであるから、2割5分以上をもって足りる（昭23・11・25基収3052号など）としていて、月給制と請負制ではその考え方、取扱いは異なっています。

月給制（労基則 19 条 1 項 4 号）の時間外労働の割増賃金の支払方法としては、①時間外労働に対して 125％の割増賃金を支払い、後に代休を取得したときに 100％分を差し引く方法と、②代休取得を前提に、時間外労働に対して 25％の割増分のみを支払う方法が考えられます。

休日労働と同じ賃金支払期間中に代休を取得した場合は、①と②で違いはありません。違いがあるのは、代休の取得が休日労働の翌賃金支払期間以降に繰り越した場合に生じます。②により 25％部分のみ支払われていたとしても、休日労働当日の 100％部分が支払われていないため、労基法 24 条 1 項の賃金の全額払に抵触することになります。

代休自体は労基法に基づき付与が義務付けられているものではありません。会社側として、上記①で処理したときに代休を付与して 100％部分を差し引くためには、就業規則等の規定が必要であることには留意が必要でしょう。

 休業手当が必要に？　機械故障で午後から休み

　先日、午前中に店舗の機械が故障したため、午後は店を閉めて、パート従業員を帰らせたり休ませたりすることになった日がありました。休業手当の支払いが必要になるとは思いますが、始業が午前で所定労働時間の途中から休業となった人についても支払いは必要なのでしょうか。【奈良・Ｎ社】

A. 平均賃金の６割最低限支払いを

休業が使用者の責めに帰すべき事由による場合、使用者は平均賃金の 60％以上を休業手当として支払わなければなりません（労基法 26 条）。使用者の責めに帰すべき事由は、故意、過失または信義則

上これと同視すべき事由よりも広く該当し、民法上は使用者の帰責事由とならない経営上の障害も含まれると解するのが妥当とされています（菅野和夫「労働法」）。たとえば、機械の検査、原料の不足、流通機構の不円滑による資材入手難などです。

　休業は、丸1日だけでなく、所定労働時間の一部のみのケースも含みます。一部休業でも平均賃金の60％の休業手当が必要で、この額へ現実に就労した時間分の賃金が満たないときは、差額を支払う必要があります（昭27・8・7基収3445号）。ご質問の場合は、この差額の支払いが最低限必要といえます。なお、たまたまその日の所定労働時間が短かったとしても、平均賃金の60％以上の支払いが必要になる点には注意が必要です。

 休業補償は支払いどちら　補償必要な待期期間3日

　　建設業において下請企業の労働者が業務上負傷した場合、元請けの労災保険から給付を受けます。まだ当社で負傷者が出たわけではないので仮の話ですが、待期期間3日間の休業補償については、雇用した下請企業で支払う必要があるのでしょうか。【長崎・S社】

A. 数次の請負で元請が対象　書面で引き受けなら下請

　労働者が業務上の負傷や疾病で療養が必要になって労働できないために賃金を受けない場合、使用者は、その期間、休業補償をしなければならないとされています（労基法76条）。もっとも、労災保険法に基づく給付が行われるときは、その部分につき、補償の責を免れます（法84条）。

　労災保険から休業補償給付が支給されるのは、待期期間を経た後の休業4日目からです。最初の3日については、使用者が休業補償を

する必要があります。金額は平均賃金の６割以上です。平均賃金の算定事由発生日は、負傷・死亡の場合には原因事故の発生日で、疾病の場合は診断によってその発生が確定した日とされています。賃金締切日があるときは、その直前の締切日から起算します。

　休業補償給付について、待期期間は３日連続している必要はなく、飛び飛びでも問題ありません。これは、健康保険法の傷病手当金の待期期間が連続していなければならないのとは異なります。また、労働者の請求により年次有給休暇を使用した場合でも、待期期間は経過とみなされます。

　建設業において数次の請負で行われる場合、労働保険に関しては、例外的に、その事業を一の事業とみなし、元請人のみを当該事業の事業主とするとしています（徴収法８条）。なお、請負金額などによって、下請負事業を分離することができます。

　似たような規定は、労基法にも存在します。法87条は、建設業（労基則48条の２で定める事業）で数次の請負によって行われる場合、災害補償については、その元請負人を使用者とみなすとしています。したがって、法76条の休業補償についても、待期期間の３日間は元請けが補償責任を負うことになります。

　一方、法87条２項は、元請負人が書面による契約で下請負人に補償を引き受けさせた場合は、下請負人もまた使用者とするとしています。なお、「資力のない下請負人に使用者責任を負わせることは、その趣旨に反するばかりでなく、元請負人の保険関係に基づく保険給付の請求をさせないで下請負人に災害補償を行わせ、その結果として労災かくしにつながることも懸念される。このため、元請負人がむやみに下請負人に対して本規定により、災害補償に係る使用者責任を負わせることがないよう、集団指導等の機会をとらえて指導を行うこととする」とはされています（平14・7・26基監発第0726001号）。

Q8 休職でも清算か？　1年変形制で割増賃金

1年単位の変形労働時間制を適用している部署で、事故に遭い入院し、長期の休職が必要な者が現れました。休職した場合、1年変形制を適用する対象期間の途中で退職した場合のように、実際に働いた期間に応じた割増賃金の清算が必要になるのでしょうか。【山口・S社】

A. 解釈例規あり　適用対象外に

1年単位の変形労働時間制では、対象期間の途中で退職したなど実際の労働期間（実労働期間）が対象期間より短い者について、別途、割増賃金の清算に関する規定を設けています（労基法32条の4の2）。割賃支払いが必要な部分は、実労働期間を平均し週40時間を超えた労働時間で、その計算方法は、実労働期間における実労働時間から、①同期間の法定労働時間の総枠（暦日数÷7日×40時間）と、②所定労働時間を超えるなど1日・1週単位でみて割賃の支払いが必要になったものの既払いの部分を引いて求めます。

同条の規定は、途中退職者・採用者のほか、対象期間の途中で異動した者についても適用します。一方、産前産後休業や育休を取得又は休職したりしている場合は、適用しないとしています（平11・3・31基発169号）。ご質問の労働者は、1年変形制における原則どおりの計算となります。

Q9 フレックスで時間外どこ　清算期間１カ月超なら

　３カ月を清算期間とするフレックスタイム制の導入を検討中です。実労働時間のうちどこが時間外労働に該当するのかについて、改めて説明をお願いします。【東京・Ｓ社】

A. 総枠求め超過した部分　最終月の時間数に注意

　フレックスタイム制は、柔軟な働き方ができるよう、労働者に始業および終業の時刻の決定を委ねる制度です（労基法32条の３）。時間外労働となるのは、まず①清算期間全体でみて、実労働時間のうち法定労働時間の総枠を超えた部分（週平均40時間を超える部分）です。この総枠は、清算期間の暦日数×40時間÷7日で求めます。さらに、清算期間が１カ月を超えるときは、②清算期間を１カ月ごとに区分した各期間において、週平均50時間に当たる枠を超過した部分も該当し、これは、暦日数×50時間÷7日で算出します。②でカウントした部分は、①では除きます。

　清算期間を３カ月（４月１日起算）とするフレックス制で、次ページ図のような実労働時間のときを例に説明します。最初に、３カ月の清算期間における法定の総枠は、４〜６月が（30＋31＋30）×40÷7≒520.0時間で、７〜９月が（31＋31＋30）×40÷7≒525.7時間です。次に、②の算定に必要な週平均50時間に当たる枠は、30日の月が50×30÷7≒214.2時間、31日の月が50×31÷7≒221.4時間となります。これを４、７月は超過しているので、４月は260－214.2＝45.8時間、７月は270－221.4＝48.6時間につき、当該月の時間外労働として清算が必要です。

　最後に、①清算期間全体でみたときの時間外労働は、３カ月間の実労働時間から法定の総枠の時間数を引き、さらに清算済みの②を除いて求めるので、４〜６月のスパンについては、（260＋220＋

135) － 520 － 45.8 ＝ 49.2 時間となります。同様に、7 ～ 9 月の
スパンは、(270 ＋ 220 ＋ 130) － 525.7 － 48.6 ＝ 45.7 時間です。
①は、清算期間の最後の月の時間外労働として扱われます。よって、
49.2 時間は 6 月分、45.7 時間は 9 月分とされます。

　時間外労働には割増賃金の支払いが必要で、60 時間超なら 5 割増
です。また、フレックス制も上限規制の対象で、単月 100 時間、2 ～
6 カ月平均 80 時間を超えないようにするなどの労務管理が求められ
ます。例えば、毎月、週平均 50 時間の枠に近い実労働時間となる場
合などで、清算期間の最終月に 100 時間超となるおそれがあります。

【図】

	4月	5月	6月	7月	8月	9月
実労働時間	260.0	220.0	135.0	270.0	220.0	130.0
週平均 50 時間の枠	214.2	221.4	214.2	221.4	221.4	214.2
②週平均 50 時間超	45.8	0	0	48.6	0	0
法定時間の総枠			520.0			525.7
①法定時間の総枠を超過			49.2			45.7

Q10　過不足調整できるか　フレックスで次の期間に

　清算期間を 1 カ月とするフレックスタイム制を導入しようと協
議を進めています。ある清算期間における総労働時間と実労働時
間との過不足を、次の清算期間へ繰り越して調整することは可能
でしょうか。その際、どの部分から割増賃金が発生する法定外労
働と扱われるのですか。【山形・E 社】

A.　可能だが法定外部分は変わらず

　フレックス制は、労働者に始・終業時刻の決定を委ねます（労基
法 32 条の 3）。清算期間における総労働時間と実労働時間に過不足
が生じ得ますが、次の清算期間へ繰り越せるのでしょうか。

超過分は、基本、繰り越せないといえます。とくに法定外労働時間は、労基法37条の割増賃金の支払いのため、清算が必要です。

不足のときは、控除して賃金を支払う方法のほか、総労働時間に相当する賃金を先に支払っておき、未達分を次の清算期間で総労働時間に上乗せして調整する場合、法定労働時間の総枠の範囲内である限り、繰り越す方法も適法です（昭63・1・1基発1号）。不足分を前払いし次の期間に過払い清算するもので、法24条の全額払い原則にも違反しないとしています。

割増賃金は実労働時間を基準に考えます。次の清算期間において総労働時間＋繰越し分の時間内でも、法定時間の枠を超えた部分は、割増賃金が発生します。

Q11 変形期間終了後に清算？　1年単位を採用検討　総枠超えでまとめたい

変形労働時間制の採用を検討中です。対象期間を1カ月とすると、割増賃金も都度支払う形になります。1カ月超とするときですが、割増賃金の清算を変形期間終了後とすることは可能でしょうか。時間外労働の算定の方法に違いは認められますか。【埼玉・T社】

A. 日や週の超過分は毎月払

1年単位の変形労働時間制（労基法32条の4）は、1カ月を超え1年以内の期間を平均し週40時間を超えないことを条件に、業務の繁閑に応じ労働時間を配分することを認める制度です。1年間を通じて採用することもできれば、1年間の一定期間の時期のみ適用することも可能です。同制度を採用するためには、労使協定で、労働日、労働日ごとの労働時間を特定することなどが求められます。

割増賃金が必要になるのは、1カ月単位の変形労働時間制と同様

に次のとおりです（平6・1・4基発1号、平9・3・25基発195号）。

　①1日の所定労働時間を8時間超としている日はその時間、それ以外は8時間を超えた時間

　②1週の所定労働時間を40時間超としている週はその時間、それ以外は40時間を超えた時間（①の時間を除く）

　③変形期間の法定枠を超えた時間（①②の時間を除く）

　1日7時間と定めた日に1時間残業させても、①の8時間を超えないため割増賃金は不要となります。実際は、簡便にあらかじめ設定した日々の所定労働時間を超える時間に割増賃金を支払う企業は少なくないようです。

　労基法に基づき割増賃金が必要となるのは、前記①、②、③の時間を足した部分の時間です。したがって、①②は毎月、③は対象期間終了ごとに、支払期日が到来することになると解されています（安西愈「新しい労使関係のための労働時間・休日・休暇の法律実務」）。

　③の変形期間だけを考えて時間外労働を算定すると、仮に変形期間全体でみた場合には法定労働時間内であっても、1日または1週間でみた場合には時間外労働として扱う部分が出てくる可能性があります。対象期間だけではなく、1日、1週間についても時間外労働に該当するか否かを確認する必要があります。

Q12　歩合制で年休賃金どう計算　当月支払額が未確定　所定労働時間の額採用

　当社では、年次有給休暇の賃金をいわゆる通常の賃金としています。歩合給の扱いはこれまでうやむやでした。賃金締切日との関係で金額が確定していませんが、確定後の金額を用いるのでしょうか。【北海道・T社】

A. 締切日からさかのぼる

　年次有給休暇の賃金は3パターンありますが、「所定労働時間労働した場合に支払われる通常の賃金」を採用しているケースは少なくないでしょう。ただ、ここでいう通常の賃金に何を含むかは難しい問題です。臨時に支払われた賃金、割増賃金のごとく所定時間外の労働に対して支払われる賃金等は、算入しないと解されていますが、個別具体的な手当について示しているわけではありません。休みの日は作業に従事していないなどとして一部手当をカットすると問題になることもあります。

　通常の賃金の計算方法は、労基則25条にあります。1項6号が、出来高払制その他の請負制によって定められた賃金に関する規定です。概要、出来高給の総額を当該賃金算定期間における総労働時間数で除した金額に、当該賃金算定期間における1日平均所定労働時間数を乗じた金額です。月給制（1項4号）などと組み合わせて賃金を支給する場合、それぞれ算定した金額の合計額（1項7号）が、年休を取得した日の賃金となります。

　歩合給にも割増賃金の支払いが必要になりますが、規定はやや似ています。一見異なる点として、年休の賃金計算方法には賃金締切日に関する規定が見当たらないことです。しかし、年休に関しても、労基則19条1項6号の規定から当然（平22・5・18基発0518第1号）とあり、こちらも賃金締切日からさかのぼる必要があります。

　年休の賃金計算方法のみに、「当該期間に出来高払制その他の請負制によって計算された賃金がない場合」のカッコ書きがあります。こうした場合は、最後の賃金算定期間（賃金締切期間）で計算するよう求めています。ただ、これは労働者が欠勤等の事由によって1日も労働しないで、引き続いて年休を取得したような場合をいうとしています（前掲通達）。

Q13 歩合給の割賃どうなる　みなし制を併用時　所定を９時間としたら

当社では、モバイル勤務の営業社員に対し、事業場外労働みなし制と歩合給制を適用しています。労組から「みなし労働時間数（現在は、所定労働時間働いたとみなす）の見直し」の要求があり、会社としても、実態に照らし適正な数字に修正する意向です。仮に、１日９時間労働等と協定をした場合、割増賃金の支払いが必要になりますが、歩合給はどのような扱いになるのでしょうか。【高知・Ｂ社】

A. １日当たり金額は変動

事業場外労働みなし制は、「所定労働時間労働したものとみなす」のが基本です（労基法 38 条の２）。しかし、所定労働時間を超えて働く必要がある場合、

　　①必要とされる時間をみなし労働時間とする(同条１項ただし書き)
　　②労使協定でみなし労働時間を定める（２項）

という２つの対応があります。

「常態として事業場外労働を行っている」モバイル社員等については、②の労使協定方式を採るよう指導がなされています。この場合、「対象労働者の意見を聴く機会が確保されることが望ましい」とされています（昭 63・１・１基発１号）。

法定労働時間超のみなし時間を定めた場合、超過分は時間外労働となるので、割増賃金の支払い、時間外・休日労働（36）協定の締結を要します。

「所定内労働みなし」である現在、たとえば固定の営業手当＋基準内賃金＋歩合給という賃金体系だったとします。今後、発生する割増賃金の原資として、営業手当を充てる形を考えてみましょう。

割増賃金の算定基礎単価は、除外賃金項目を除く基準内賃金部分

と歩合給部分に分かれます。

　基準内部分は「月極め」ですから、「その金額を1月当たり所定労働時間数（年平均）で除して」算出します（労基則19条1項4号）。歩合給部分は、「その金額を当該賃金計算期間の総労働時間数で除して」計算します（同項6号）。

　歩合給部分の単価は、売上の多寡、1月の稼働日数に応じて変動します。みなし労働時間制を採り1日の労働時間を固定している場合でも、1日当たりで支払う賃金額は一定ではありません。

　そうした変動幅を考慮したうえで、「現在の営業手当」と「今後の割増賃金」がほぼ均衡するような形で、賃金体系全体の見直しを検討する必要があるでしょう。

Q14　36協定がなく割増不要!?　法37条をみたが混乱

　違法な長時間労働と送検について、職場内で話し合っていたときのことです。同僚が、労基法37条は、36条の規定により労働時間を延長したときに割増賃金を支払うべきことを義務付けていて、36条によらず時間を延長したときには割増賃金は不要等といい出しました。たしかに条文を確認するとそのとおりです。どのように考えるべきなのでしょうか。【香川・J社】

A.　適法違法問わず賃金を　根拠には通達や判例が

　割増賃金について定めた労基法37条は、法33条（非常災害）または前条1項の規定により労働時間を延長し、または休日に労働させた場合に、割増賃金を支払わなければならないと規定しています。前条1項が、時間外・休日労働（36）に関する協定を締結し、届け出た場合には、法定労働時間を超えまたは休日に労働させることができるという規定です。

使用者が 37 条に違反して割増賃金を支払わない場合には、6 カ月以下の懲役または 30 万円以下の罰金に処する（法 119 条 1 号）とあります。37 条は強行規定であり、たとえ労使合意のうえで割増賃金を支払わない旨申し合わせをしても、無効です（昭 24・1・10 基収 68 号）。割増賃金を支払わない使用者は処罰されます（労基法コンメンタール）。

　ただ、37 条では直接、36 協定の締結・届出もせずに時間外労働等を行わせた場合、割増賃金を支払わなければならないとは規定していないことになります。

　同僚の発言は一見屁理屈のようにも思えますが、そうとはいい切れません。この問題に関連して、違法な時間外または休日労働につき割増賃金を支払わなかった場合の刑事責任について、下級審の裁判例の態度は一致していなかった（労基法コンメンタール）とあります。名古屋高判（昭 33・2・5）が、法 36 条の規定の条件を満たさない超過労働について、法条文をそのまま読む形で、法 37 条 1 項および罰則について規定した法 119 条の罪に該当しないとしました。これに対して最高裁（最一小判昭 35・7・14）が、「法 119 条の罰則は、時間外労働が適法たると違法たるとを問わず適用あるものと解すべきは条理上当然である」と判示しました。現在の解釈例規（昭 63・3・14 基発 150 号、平 11・3・31 基発 168 号）も同様の内容となっています。

Q15　割増賃金が必要か　時間外に定期健診なら

　定期健康診断については、4〜6 月中に労働者が希望日を申し出て受けることとしており、所定労働時間中の受診を認め、賃金は控除していません。午前に受診し午後は通常勤務したものの、所定終業時刻を過ぎ残業が発生した労働者がいますが、割増賃金の支払いは必要ですか。【富山・C 社】

A. 当然労働時間へ該当とはいえず

健康診断は、大きく一般健康診断と特殊健康診断に分かれます（安衛法66条）。有害業務従事者に行う特殊健診は、所定労働時間中の実施が原則で、その時間は労働時間と解されます（昭47・9・18基発602号）。時間外労働に該当する際は、割増賃金の支払いも必要です。

一方、定期健診を含む一般健診は、業務遂行と関連して行うものではないため、受診時間の賃金は、当然には事業者の負担すべきものではなく労使で協議し定めるべきとしています。ただし、受診時間の賃金は事業者が支払うことが望ましいとするほか（前掲解釈例規）、できるだけ便宜を図り、所定時間内に行う方が望ましいとの考えを示しています（東京労働局）。

定期健診は、特殊健診と違い労働時間とならないため、定期健診後の実労働時間が法定労働時間を超えない限り、割賃の支払いまでは求められていないといえます。労使協議としているので、支払い方を再確認するとよりベターでしょう。

Q16 割増基礎から除外可能か　年数回だけの手当　イベント従事者へ支給

例年一定の時期にイベント行事が発生します。従事した際に手当を支払うとき、割増賃金の計算はどうすれば良いですか。期間だけをみて1カ月を超える除外賃金に当たるのか否か、除外賃金に当たらない場合の計算方法についても教えてください。【静岡・Y社】

A. 特殊作業の解釈当てはめ

割増賃金の算定基礎から除外される1カ月を超える期間ごとに支払われる賃金（労基則21条）には、賞与や労基則8条各号の手当があるとしています（労基法コンメンタール）。則8条は3種の賃金を

定めています。これら賃金は、1カ月以内の期間では支給額の決定基礎となるべき労働者の勤務成績等を判定するのに短期にすぎる事情もあり得ると認められ（前掲コンメンタール）、原則の適用を除外しているものです。

　一方でいわゆる特殊作業手当に関して、いくつか行政解釈が示されています（昭23・11・22基発168号など）。共通するのは当該手当が支給される勤務が、労基法32条および40条の労働時間外に及ぶときは、当該手当を割増賃金の算定基礎に算入して計算するとしている点です。ただ、支払い方法にはいくつかパターンがあるでしょう。日額の手当を支払う場合（前掲昭23通達）、実収入手術料の1割5分が手術手当として支給される場合（昭26・8・6基収3305号など）があります。

　割増賃金は、通常の労働時間または通常の労働日の賃金を基礎として計算します。日によって定めた賃金であれば「その金額を1日の所定労働時間数（日によって所定労働時間数が異る場合には、1週間における1日平均所定労働時間数）で除した金額」（労基則19条1項2号）となります。前掲手術手当は、則19条1項6号によるとしていて歩合給の扱いです。こうした手当の名称のみで判断し切れないということはいえそうです。裁判例（東京地判平28・9・16）では、資格手当を当該月に勤務したことに対する精勤手当などとして、除外賃金に当たるとしたものがありました。当該事案では、「資格取得の有無により業務内容に変化があったとは認め難いこと」を判断のポイントとして挙げていました。就業規則に規定がないことも指摘しています。手当の性質等や支払う方法を明らかにしておくべきです。

Q17 法内残業で端数処理は？　５分未満切り捨てる 「法定外」ダメだとしても

> 割増賃金において５分単位で計算する記事をみました。ふと疑問に思ったのが、これがいわゆる法内残業であればこうした端数処理も認められる余地があったのでしょうか。【静岡・Ｔ社】

A. 全額払違反の事案あり

　厚生労働省は「労働時間の適正な把握のためのガイドライン」（平29・１・20基発0120第３号）により、使用者が講ずべき措置を示しています。一方で、割増賃金を支払ううえでは事務手続きの簡便を目的として、次の取扱いは違法ではないとしています（昭63・3・14基発150号）。この取扱いの１つに、１カ月における時間外労働、休日労働および深夜労働の各々の時間数の合計に１時間未満の端数がある場合に、30分未満の端数がある場合に、30分未満の端数を切り捨て、それを１時間以上に切り上げる方法があります。切り捨てが認められるのは、30分未満のものに限られ、30分以上の端数は１時間に切り上げなければなりません。したがって、30分未満の端数のみ切り捨てて、30分以上はそのまま実時間数で処理するといったことは認められないでしょう。

　労基法で支払いが義務付けられているのは、原則として１日８時間、週40時間を超える時間に対する割増賃金です。所定労働時間を超え、法定労働時間以内の残業（いわゆる法内残業）には、法37条に基づく割増賃金の支払義務はありません。

　「類型別労働関係訴訟の実務」によれば、前記端数処理に関する昭和63年通達のうち時間数の端数処理について、「少なくとも労働者の同意がない限りは、（略）発生した割増賃金を消滅させたりするものではないと解され」「単に行政手続上、労基法違反の事実があるものとは取り扱わないというにすぎない」としています。学説におい

ても、今日の情報技術の発展により端数処理も事務的に煩雑とはいえなくなってきていることから、同通達を疑問視するもの（水町勇一郎「詳解労働法」）があります。裁判では、15分未満の法内残業を切り捨てて手当を支払っていた事案（名古屋地判平31・2・14）につき、要旨、切り捨てる処理の合意は認められず、（労基）法24条1項に反するとしたものがあります。法内残業だからといって当然にこうした端数処理が認められるわけではありません。

Q18 賞与に減給制裁を適用か　1割までの制限が月給よりも金額大きく

懲戒処分で減給を考えています。ただ、月々の報酬をベースにしたときに減給できる限度額で済ませるとなると、懲戒の効果として、疑問があります。たとえば、賞与から差し引くうえでは、支給額の10分の1までなら問題ないでしょうか。【神奈川・Ｔ社】

A. 処分まとめる方法も可能

減給の懲戒処分を課す場合、労基法91条の減給の制裁に関する規定により、減額は、

①1回の額が平均賃金の1日の半額以内

②総額が1賃金支払期における賃金総額の10分の1以内

の範囲内とする必要があります。

減給の額として少ないのではないかと思われるかもしれませんが、「その額があまりに多額であると労働者の生活を脅かすおそれがある」（労基法コンメンタール）ため、こうした制限が設けられています。もっと減給できるはずだという意見があるかもしれませんが、公務員とは扱いが異なるということになります。

月給からの減給額を大きくしたいと考えても、①で平均賃金を算出するうえでは、仮に前3カ月に賞与支払月があったときでも、平

均賃金を高めに算出できるわけではありません。法12条4項は、賃金の総額には、臨時に支払われた賃金および3カ月を超える期間ごとに支払われる賃金等は算入しないとあります。

　次に、賞与から減給するときは、どのように考えるべきでしょうか。基本給を基礎に自動的に（賞与が）算定される場合には法91条の適用がありますが（昭63・3・14基発150号）、「人事考課（査定）を経由して定まる部分」は、本条の適用はないと解されています（前掲コンメンタール、土田道夫「労働契約法」）。ただし、いくらでもカットできるわけではなくて、査定に裁量権の逸脱があるという判断もあり得ることから、あまりに軽微な事案で不支給などとすることは不法行為と判断されるおそれがあります（広島高判平13・5・23など）。

　賞与で複数の減給の事案をまとめること自体は可能です。法91条は、1回の非違行為に対して制限を課したものとなっています。1回当たりは1日の平均賃金の半額という条件は満たす必要がありますが、そのうえで、賞与算定期間における複数の非違行為に対する減給をまとめて、賞与額の10分の1までとする方法は可能です。

Q19 賃金相殺額に限度あるか　労使協定を締結する会社貸付金など想定

　労使協定を結べば、賃金から一定額を控除して支払うことが可能となっています。ときどき留学費用等をめぐり会社・本人のどちらが負担すべきか争われた事案を見聞きしますが、こうして貸し付けた金銭も労使協定があれば当然に控除可能でしょうか。この場合の限度はあるのでしょうか。【福岡・T社】

A. 原則は差押禁止の範囲で

　賃金は、通貨で直接、その全額を労働者に支払わなければなりません。ただし、法令に別段の定めがある場合、または、過半数労働

組合（ないときは過半数代表者）との書面による協定がある場合には、賃金の一部を控除して支払うことができます（労基法24条1項）。

　社会保険料や労働保険料の控除など法令で定めがあるものは労使協定にかかわらず控除できますが、原則は協定締結が必要です。控除できるのは、購買代金、社宅、寮その他の福利厚生施設の費用、労務用物資の代金、組合費等、事理明白なものについてのみという古い通達（昭27・9・20基発675号）があります。

　この点、派遣労働者の労働条件の確保に関するものですが、次のように規定しています（平27・9・30基発0930第5号）。「そもそも使途が不明であるもの、一部の使途は明らかであるが控除額の合計が実際に必要な費用に比して均衡を欠くもの等」は、事理明白でないとしています。技能実習生の労働条件確保に関する通達（令3・2・15基発0215第12号）も同様でした。

　控除協定の対象に貸付金を含めて、賞与や退職金から控除するとしていることもあり得ます。控除額の限度については、通達等（昭29・12・23基収6185号、昭63・3・14基発150号）がありますが、限度はないとしています（なお、全額払原則の趣旨に鑑み、4分の1にとどまるとしたものに東京地判平21・11・16）。ただし、「私法上は、…一賃金支払期の賃金…額の4分の3に相当する部分（その額が民事執行法施行令で定める額〈33万円〉を超えるときは、その額）については、使用者側から相殺することはできない」としています。退職手当は、カッコ書きの適用はなく、4分の3に相当する部分は相殺不可です（労基法コンメンタールなど）。一方的な相殺にはこうした制限が及びます。

Q20 労働時間の単価同一に？　仕事で変動あり得るはず

当社工場において、賃金は月給制として原則毎月決まった額を支給してきました。ただ、仕事内容が異なればそれに応じて賃金が変動したとしても、それはそれで問題ないように思います。こうした仕組みに変えるというわけではないのですが、一律でなければならないといった決まりのようなものはあるのでしょうか。
【三重・Ｆ社】

A.　「法定内」は定め次第に　通常の賃金が割増ベース

　所定労働時間が７時間の会社において、終業後に１時間の教育研修を実施するとします。この場合に、教育研修に対して支払う賃金は、所定労働時間７時間の時間単価と同一額でなければならないのでしょうか。

　行政解釈（昭23・11・4基発1592号）は、所定労働時間外の１時間については、別段の定めがない場合には原則として通常の労働時間の賃金を支払うことを原則としています。ただし、「労働協約、就業規則等によって、その１時間に対し別に定められた賃金額がある場合にはその別に定められた賃金額で差し支えない」としています。通常の賃金とは別の単価で手当等を支払う取扱いも可能ということになります。別の解釈例規において、７時間を超え法定時間外労働に至るまでの賃金について、手当の金額が不当に低額でない限り差し支えない（昭29・7・8基発3264号、昭63・3・14基発150号）としたものがあります。具体的な金額に関して示してはいませんが、前掲昭和23年通達に関する学説等の中には、その残業中の労働が所定労働時間中の労働と同様のものかに着目するものがあります。

　所定労働時間８時間の会社は、割増賃金を考えなければなりません。割増賃金の計算のベースとなるのは、「通常の労働時間または労

働日の賃金」です（労基法37条）。これは、割増賃金を支払うべき労働（時間外、休日または深夜の労働）が「深夜でない所定労働時間中」に行われた場合に支払われる賃金（労基法コンメンタール）と解されています。

　所定労働時間中の賃金の内訳として、月給のほかに様々な手当等が組み合わさっていることがあります。割増賃金を計算するうえでは、月給はその金額を月における所定労働時間数（月によって所定労働時間数が異る場合には、1年間における1月平均所定労働時間数）で除した金額が基礎になります（労基則19条1項4号）。その他、1日いくらの手当はその金額を1日の所定労働時間数（日によって所定労働時間数が異る場合には、1週間における1日平均所定労働時間数）で除した金額をそれぞれ算定します（同項2号）。それぞれの金額の合計額をベースにして（同項7号）、労働時間数を乗じた金額を割増賃金として支払う必要があります。

Q21　1日出たら賃金いくら　出生時育休でほぼ休む月給制の計算方法どうする

　出生時育児休業をまとまった日数取得し、数日だけ就業したときの賃金と雇用保険給付の関係を考えていました。月給制で1日当たりの賃金を計算する必要がありますが、休んだ日を欠勤控除すれば良いのでしょうか。【福岡・E社】

A.　欠勤控除は引き過ぎ注意

　考え方として、1つは欠勤控除する方法があります。仮に月の所定労働日数が22日のとき、21日欠勤したものとして処理する形です。もうひとつは1日出勤したものとして考える方法で、欠勤控除の仕方によって両者は異なる結果となることがあります。

　欠勤控除ですが、労基法には欠勤の場合のカット額の計算方法に

ついて規定はありません。なお、「欠勤期間に対する賃金の控除額
は、労基則 19 条に定める方法によって計算した額を超えることを得
ない」（昭 27・5・10 基収 6054 号）は、平均賃金（労基法 12 条）
に関する解釈を示したものになります。

　実際どのような欠勤控除の方法があるかというと、割増賃金の計
算方法（労基則 19 条）を準用するやり方があります。月給制で、年
間における月平均の所定労働日数を算出し、月給額をこの日数で除
した額を欠勤 1 日のカット額とする方法等です。通常この方法で問
題が生じるわけではなく、裁判例（大阪地判平 27・1・29）におい
ても欠勤控除する際に、1 カ月平均所定労働時間から賃金日額を割
り出し、1 日につきこれを下回る金額を控除するのは相当としたも
のがあります。

　問題になるとすれば出勤日数が極端に少ない場合です。たとえば、
欠勤 1 日につき 21 分の 1 をカットする会社で、月の所定労働日数が
22 日の月があるとします。1 日だけ出勤して 21 日は欠勤で処理し
た場合、21 分の 21 がカットされるため賃金は支給されません。1
日出勤したにもかかわらず賃金が支給されない結果となります。労
基法 24 条の問題となりますが、ものの本によれば、こうした場合に
修正する方法として、17 日欠勤（5 日出勤）から日割り計算に切り
替えるとしたものがありました。控除方法は、これ以外にもいろい
ろあるとされており、たとえば、欠勤 1 日につき月給の 30 分の 1 を
控除する方法なども労基法上の問題はないと解されています。なお、
会社から賃金が支払われる場合の出生時育児休業給付金の計算方法
は、雇用保険業務取扱要領等の確認が必要です。

 祝日を勤務免除扱いに？　休日と規定も出勤多く　就業規則見直すか検討

当社は就業規則で祝日を休日と定めていますが出勤する従業員もいて、その分の賃金は支払っています。全員が一斉に休むわけではないことから、就業規則の見直しが必要か検討しています。休日ではなくして、休んだ人は勤務を免除して出勤したものとみなす形としても良いものでしょうか。【鹿児島・Ｒ社】

A. 「通常の労働日」でない

　休日の定め方は就業規則への記載事項となっており、与え方として、週１回または週の特定日等（たとえば日曜日等）について具体的に記載するよう求めています（昭23・5・5基発682号）。休憩には一斉付与の原則がありますが、休日を一斉に与えることは法律上要求されていません（昭23・3・31基発513号）。業種業態等を考えれば自明のことといえるでしょう。

　祝日を休日とすべきかですが、休日は「少なくとも１回」与える必要があるものです。週１回の休日が与えられている限り、法律違反となるわけではありません。なお、休ませて賃金の減収を生じないようにすることが望ましい（昭41・7・14基発739号）とはしています。

　休日ではないと整理して、勤務を免除して出勤したものとみなすとした日の扱いはどのように考えればいいでしょうか。ちなみに、「みなす」という文言は、労基法38条の2の事業場外のみなし労働時間制で登場します。どのような意味かといいますと、たとえば、労働者が実際には所定労働時間等を超えて労働したことを反証しても、賃金の請求権は認められず、この意味で、みなし制は原則として反証を許さないという効果を有するとしたものがあります。

　休日かそれとも所定労働日かは、割増賃金を計算するうえで重要

になります。休日が減って所定労働日が増えれば、その分時間当たり単価は減ります。行政解釈においては、勤務したものとみなすだけの日は「通常の労働日ではない」という考え方を示しています（昭26・8・6基収2859号）。割増賃金を計算するうえでは、引き続き休日と処理する必要があります。

Q23 逮捕勾留に年休請求は？「労務提供」不可能だが

　逮捕・勾留されている従業員から年休の請求があった場合、認めなければならないのでしょうか。労務の提供自体できないことは年休の請求を認めなくてもいい理由になり得るように思うのですがいかがでしょうか。【神奈川・N社】

A. 病欠の場合も拒否できず　事後振替は規定や運用で

　年次有給休暇は、労働者の請求する時季に与えなければなりません（労基法39条5項）。使用者が拒否できるのは、「事業の正常な運営を妨げる場合」です。例えば、年末特に業務繁忙な時期においては考慮できる（労基法コンメンタール）などと解されています。

　年休が成立すると、「当該労働日における就労義務が消滅する」ことになります（昭48・3・6基発110号）。裏を返せば、年休を請求できるのは労働日ということになります。休職発令により労働の義務が免除される場合など、労働義務がない日について年休を請求する余地はありません（昭24・12・28基発1456号など）。休職に関する規定で一般的なものは私傷病休職でしょうが、他にも出向休職や会社が必要と認めた場合の規定があることもあります。逮捕・勾留に関係するものとして、起訴休職がある場合もあります。

　年休を労働者がどのように利用するかは労働者の自由（昭48・3・6基発110号）です。ただ、本件で労働者の時季指定のタイミング

として、通常は逮捕・勾留後ということになります。当日になって請求があった年休はすでに一労働日が進行しているため、事後の請求となります。事後の請求が当然に認められるかというと、そういうわけではないと解されています。ただし、実際は、就業規則等に具体的な規定がない場合でも慣行等として認めている場合も少なくないでしょう。使用者の同意がある限りは（労基）法によって排斥されていない（菅野和夫「労働法」）とした学説があります。

　病欠も逮捕勾留も、労務の提供ができないという点では同様ということになります。「労務の提供ができない」こと自体は、会社が年休の取得を拒否する理由にはなりません。仮に休職の仕組みを設けたとして、前掲起訴休職は制度を設けて単に起訴されただけでは起訴休職が有効とされるわけではないというのが通説・裁判例（土田道夫「労働契約法」）とされています。休職として無給となるなどの不利益性が大きい場合、相当の合理的理由が必要（東京地判平24・1・23）としたものもあります。

　その他、逮捕・勾留中は年休の意思表示が本人ではないことも考えられますが、これも病欠等の場合に本人ではなく家族からの年休請求を認めていることが考えられます。いずれにしても、振替を認めるかどうかになるでしょう。

労働時間関係

Q24 所定日数で計算は？ 曜日の巡りで上限に支障

　１カ月単位の変形労働時間の導入を進めています。たとえば６月は、暦日30日で月の所定労働時間を171.4時間以内としなければなりませんが、平日が22日だと通常の労働時間制では176時間です。当社は完全週休２日制ですが、フレックス制のような特例はありますか。【茨城・Ｓ社】

A. 例外認めず原則どおり

　１カ月単位の変形労働時間制（法32条の２）でも、週平均労働時間は、原則40時間以内とする必要があります。具体的には、変形期間の労働時間を、１週間の法定労働時間×変形期間の暦日数÷７で求める上限時間に収めます。

　暦月単位で１カ月変形制を運用すると、曜日の巡りなどで、平日の日数×８時間が上限時間より長くなる月が現れます。この場合も、１カ月変形制については原則どおりの運用が求められます。

　フレックス制では、完全週休２日制の場合、労使協定で、所定労働日数に８時間を乗じた時間数を清算期間における法定労働時間の総枠とすることができます（法32条の３第３項）が、変形制には設けられていません。平成30年の法改正前に、曜日の巡りによるフレックス制の特例を定めていた解釈例規でも、労働者に始・終業時刻を委ねているから認められるもので、他の変形労働時間制には適用される余地がない（平９・３・31基発228号）としていました。

Q25 月途中から１カ月変形制？　異動自体に制限あるか　賃金清算する仕組みなし

1カ月単位の変形労働時間制を採用している部署があります。月途中で対象の部署へ異動するときに同制度の対象とすることがあり得ます。なお、対象外の部署へと異動する場合ですが、1年単位の変形労働時間制等のような賃金清算の仕組みはありません。月途中の制度適用に関して何か制限があるのでしょうか。【愛知・Ｒ社】

A. 適用するには規定が必要

　賃金清算とは割増賃金に関する仕組みです。すなわち、変形期間等において繁忙期のみ従事し途中退職等すると労働者にとっては割増賃金が支払われない結果になり不利益です。これを避けるため、1年単位の変形労働時間制（労基法32条の4の2）、1カ月を超えるフレックスタイム制（法32条の3の2）は、それぞれ賃金清算の規定があります。

　原則となる1日8時間や週40時間の考え方ですが、月の途中の異動の前後でどうなるかまず確認してみます。法38条は、事業場を異にする場合も労働時間に関する規定の適用について通算するとしています。なお、時間外・休日労働（36）協定で定める限度時間ですが原則は事業場ごとで判断し、単月100時間未満や複数月平均80時間以内は通算という解釈（平30・12・28基発1228第15号）が示されています。

　1カ月変形制はその対象労働者の範囲に関して制限を設けていませんが、各人ごとの各日、各週の労働時間について就業規則においてできる限り具体的に特定すべき（昭63・3・14基発150号）ことなどから、行政はその範囲は明確に定める必要があるとしています（東京労働局「1カ月単位の変形労働時間制の手引き」など）。

　１カ月変形制に賃金清算に関する規定は存在しませんが、時間外割増賃金が必要になる時間について、まず各日や各週でみるのは通常の労働時間制と同様です。賃金計算期間と連動する形での異動が分かりやすいのはいうまでもありません。賃金計算はさておき１カ月変形制自体は、就業規則等により導入が可能です。就業規則等の規定で月の途中から１カ月単位の変形労働制を採用することを認める規定があるかどうかがポイントになると解されます。

 時差出勤は併用できるか　１カ月変形制を採用

　１カ月単位の変形労働時間制を採用するには、あらかじめ労働時間を特定する必要があるとしています。従業員の中には育児や介護などにより時差出勤を希望する者もいます。変形制との併用は可能でしょうか。【香川・Ｔ社】

A. 就業規則等の根拠必要　臨時に番方変更も可能

　１カ月単位の変形労働時間制（労基法32条の２）を導入するためには、以下の要件を満たす必要があります。

　①労使協定または就業規則その他これに準ずるものにおいて、②変形期間を１カ月以内の期間とし、③変形期間を平均し、週の法定労働時間を超えない範囲内としなければなりません。さらに、④変形期間における各日、各週の所定労働時間を特定する必要もあります。

　①で労使協定は労使が合意しなければ成立しないのに対して、就業規則は、過半数労働組合または過半数代表者の意見を聴く必要はありますが、会社として受け入れなければならないわけではありません。ただし、過半数代表者を適法に選出しているといった要件があります（労基則６条の２第１項）。

　④に関しては、勤務の実態により固定的な時間を示すことが困難

な場合も考えられます。8時間3交替で連続操業している事業では、各人ごとに労働日や休日の異なる表をあらかじめ規定することは困難でしょう。

　定期の番方転換以外に臨時に番方変更を必要とする場合について、行政解釈は次のように示しています。番方転換を行う場合の事由を就業規則等に規定し、その規定によって労働者に事前にその旨を明示して番方転換を行った場合は、法32条違反ではないというものです（昭42・12・27基収5675号、平11・3・31基発168号）。この場合には、4週間を平均して週の労働時間が法定労働時間を超えないようにする必要があります。

　なお、妊産婦が請求した場合には、1カ月変形制を適用することができない点には、留意する必要があるでしょう（労基法66条1項）。

　本件の時差出勤ですが、1日の所定労働時間を変更しないまま、始業・終業時刻を繰り上げ、または繰り下げることを意味します。導入するメリットとしては、通勤時のストレス緩和や、育児介護等との両立、時間外勤務の削減などがあるとされています。時差出勤する場合の始業終業時刻のパターンはあらかじめ就業規則等に規定する必要があります。その他、一般的には、適用労働者の範囲、制度を利用できる事由や期間、手続き等も定めておく必要があるでしょう。原則となる始業終業時刻を就業規則等に規定したうえで、1カ月変形制と時差出勤の併用は可能でしょう。

Q27 連日８時間半も可？　特例事業場で１月変形制

　１カ月変形制で、平均して週法定労働時間を超えないようにしつつ、大半の日に８時間半の所定労働時間を設定することは可能ですか。当社は特例措置対象事業場で、週休２日制です。今後、ほぼ毎日30分程度の時間外労働が発生する状況が見込まれています。【福井・Ｒ社】

A. 平均週44時間超えないなら

　１カ月単位の変形労働時間制（労基法32条２項）は、変形期間において、平均して週の法定労働時間を超えない範囲で、所定労働時間の設定に柔軟性を認める制度です。週の法定時間なので、通常は40時間、常時10人未満を使用する商業、接客娯楽業などの特例措置対象事業場は44時間となります。

　超過の判断は、変形期間の所定時間の合計が、週の法定時間×対象期間の暦日数÷７で求めた時間数の範囲内かどうかでみられます。この範囲ならば、連日８時間超の所定時間を設定できます。

　１カ月変形制で時間外労働となるのは、１日単位では、

　　①８時間超の所定時間を定めた日はその時間を超えた部分

　　②８時間未満の日は８時間超の部分

です。原則的な労働時間制では、特例措置対象事業場でも１日８時間超の部分が時間外ですが、１カ月変形制の場合は、週休２日制においても、法定時間が週44時間である点を活用することができるといえます。

Q28　どのような限度があるか　1年変形制を採用したい

業務内容が変わり、繁閑の波が一層発生するようになったことから、1年単位の変形労働時間制の導入を検討中です。少し調べたところ、ほかの弾力的労働時間制よりも制約が多そうに感じるのですが、どのようなものがあるのでしょうか。【滋賀・B社】

A. 所定は1日最長10時間　36協定も上限短くなる

1年単位の変形労働時間制（労基法32条の4）は、1カ月超1年以下の対象期間において、週平均労働時間が40時間を超えない範囲内で、所定労働時間の設定に柔軟性を認める制度です。原則、あらかじめすべての労働日とその労働時間を決めておく必要がありますが、対象期間を1カ月以上の期間ごとに区分する場合は、最初を除き、当初は各期間の労働日数と総労働時間のみを定めておけば足りるとしています。この場合も、各期間の初日の30日前までには、労働日等を特定する必要があります。

1年変形制には、いくつか限度が設けられています。まず、所定労働時間に関しては、1日10時間、週52時間が限度です（労基則12条の4第4項）。対象期間が3カ月を超えるときは、①対象期間全体で、48時間を超える週が連続して3以下、②対象期間の初日から3カ月ごとに区分した各期間において、48時間を超える週の初日の数が3以下であることも必要です（図）。週は、対象期間の初日を起算とする曜日で考えます。

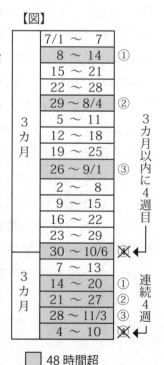

【図】

3カ月	7/1 〜 7	
	8 〜 14	①
	15 〜 21	
	22 〜 28	
	29 〜 8/4	②
	5 〜 11	
	12 〜 18	
	19 〜 25	
	26 〜 9/1	③
	2 〜 8	
	9 〜 15	
	16 〜 22	
	23 〜 29	
	30 〜 10/6	✕
3カ月	7 〜 13	
	14 〜 20	①
	21 〜 27	②
	28 〜 11/3	③
	4 〜 10	✕

3カ月以内に4週間目

連続4週

▨ 48時間超

　次に、対象期間における労働日数の限度として、対象期間が３カ月を超える場合は、年 280 日が最長となります（超えないときは限度なし）。具体的には、{280 日×対象期間中の暦日数÷ 365 日} で計算し、小数点以下は切り捨てます。

　対象期間の初日の前１年間において、３カ月超の対象期間を定める１年変形制（旧協定）を適用している場合は、さらに限度が加わります。新協定における１日の最長の労働時間が、旧協定の最長の時間もしくは９時間を超えるか、または新協定の週の最長の労働時間が、旧協定の最長もしくは 48 時間を超えるかした場合、新協定の労働日数は、旧協定の労働日数から１日を減じた日数または 280 日の低い方となります。

　第３は連続労働日数の限度で、原則は、６日までとなります。対象期間中のとくに業務が繁忙な期間として労使協定で特定期間を定めた場合には、同期間につき最大 12 日までが限度になります。４週４休の変形休日が使用できないということです。

　最後に、時間外・休日労働（36）に関する協定にも影響し、上限が１カ月 42 時間、年 320 時間と、通常より短くなります。

Q29 始業・終業委ねず導入可!?　フレックスで出勤命令　１カ月内に混在したら

　当社では、柔軟な働き方としてフレックスタイム制度の導入を検討しています。ただ、日によって会議等で出勤を命じなければならないケースもあり得そうです。１カ月のうちにこうした働き方が混在すると、同制度として認められる余地はないのでしょうか。【京都・Ｔ社】

A. 通常の時間制と併用は可

始業・終業時刻を委ねるパターンとしては、フレックスタイム制（以

下、「フレックス制」）の導入によらず時差出勤による導入も可能です。繰上げ・繰下げの時間数や時間帯を設定したうえで選択する方法です。始業・終業時刻の繰下げは、一般に就業規則等で、「業務の都合その他やむを得ない事情等」を前提にしていることが少なくありませんが、これに限らず、勤務パターンの選択方法を柔軟に認めるといった形です。

　フレックス制で対応するためには、「始業及び終業の時刻をその労働者の決定に委ねる」（労基法32条の3）ことが必要です。使用者が各日の始業および終業の時刻や労働時間を指定するような業務命令はできません（労基法コンメンタール）。始業・終業時刻の一方のみを労働者に委ねたとしても、適法とはいえません。

　フレックス制の清算期間について、労基法32条の3は、3カ月以内の期間に限るとしているのみです（同条1項2号）。ちなみに、清算期間が1日のフレックス制も可能という解釈です（前掲コンメンタール）。

　フレックス制を導入する際は、労使協定により対象となる労働者の範囲を決めなければなりません。この範囲は各事業場で任意に決めることができますから、「個人ごと、課ごと、グループごと」などさまざまな範囲とすることが可能です。ですから、たとえば班分けするなどして、一定の時期ごとにフレックス制と通常の労働時間制を併用すること自体は可能と解されています（類型別労働関係訴訟の実務）。

Q30 新卒に専門型裁量制？　制度趣旨から対象外か 「企画型」は除外規定あり

> 　裁量労働制を新卒者へ適用することは、可能でしょうか。一般紙ですが、想定されていないという記事がありました。企画型には除外に関する規定があった記憶がありますが、専門型ははっきりしません。制度の趣旨からすると望ましくないのは理解できますが、どのように考えれば良いのでしょうか。【東京・Y社】

A. 業務遂行など指示できず問題あり

　裁量労働制は、「専門業務型であれ、企画業務型であれ、（略）当該業務を遂行する労働者については、実際の労働時間数に関わりなく協定で定める時間数労働したものとみなすことができる制度」と解されています（菅野和夫「労働法」）。

　このうち企画業務型（労基法38条の4）の対象となる労働者に関しては、指針（平11・12・27労働省告示149号）において「例えば、大学の学部を卒業した労働者であって全く職務経験のないものは、客観的にみて対象労働者に該当し得ず」としています。少なくとも、3～5年の職務経験を経たうえで、初めて対象業務を適切に遂行するための知識、経験等がある労働者であるかどうかを判断する対象となり得ると解されています（労基法コンメンタール等）。

　なお、高度プロフェッショナル制度（法41条の2）は、通達（令元・7・12基発0712第2号）で、新卒者に関して規定しています。「法令の要件を満たす限り、新卒者について（略）適用することは可能」としています。ただし、指針（平31・3・25厚労省告示88号）のとおり、対象労働者の範囲を一定の職務経験年数を有する労働者に限ることを決議で定めることも可能です。

　裁量労働制自体、「業務の性質上その遂行の方法を労働者の裁量に委ねる必要」があります（前掲労働法）。出退勤時間など労働時間の

労働基準法

配分も使用者が具体的に指示することはできません。

　新卒者に対する専門業務型の適用に関しては、過去に、労働基準監督署がまとめた資料の中で「対象業務を遂行する手段、時間配分の決定等の指示に関する問題例」として、「（こうした指示を必要とする）新卒者を対象」にしているものを例として挙げていました。同労基署は、新卒であることを踏まえると時期的に同制度を適用することは適当でないことがあるとしつつ、一律対象外とまではいえないとしています。

Q31　労働時間はどうカウント　一部事業場内で労働あり

　組織の見直しに伴い、外勤が多い一部従業員に対し、労使協定を締結するタイプの事業場外みなし労働時間制を適用できないか検討中です。終日外勤の日は週に3日程度の予定で、残りは、午前に社内での会議が入るなど外勤と内勤両方を行うことになります。労働時間の考え方を教えてください。【大阪・R社】

A.　所定超えるかがポイント　別途把握の内勤と合計で

　事業場外みなし労働時間制は、事業場外で従事した業務について労働時間を算定し難い場合に、特定の時間労働したとみなすものです（労基法38条の2）。特定の時間の決め方は、原則は所定労働時間です。ただし、対象となる業務の遂行に、通常の所定労働時間を超えて労働することが必要な場合は、その通常必要とされる労働時間（「通常必要時間」）か、労使協定を締結して定めた通常必要時間のどちらかとすることもできます。

　この通常必要時間は、通常の状態でその業務を遂行するために客観的に必要とされる時間（昭63・1・1基発1号）とされており、つまりは平均的にみて必要とされる時間です。

　労使協定で締結する通常必要時間は、1日についての時間数を協定すべきとしています（労基法コンメンタール）。担当地区別や業務の繁閑などで通常必要時間に差異が大きい場合は、業務や時期ごとに定めるのが望ましいとされています。また、法定労働時間を超えるときは、労基署への届出が必要になります。

　業務の一部を事業場内で行う際は、その時間については別途把握しなければならないとしています（昭63・3・14基発150号）。そのうえで、別途把握した事業場内における労働時間と事業場外の労働にかかる必要労働時間の合計が、（ア）所定労働時間以下の場合は、事業場内も含め、所定労働時間働いたとみなし、（イ）所定労働時間を超える場合は、事業場内外の合計をその日の労働時間とみなします。例えば、所定労働時間が8時間の事業場において、必要労働時間を3時間とする外勤を行い、続いて4時間の内勤業務に従事したときは、合計が7時間で所定労働時間より短いため（ア）のパターンとなり、その日の労働時間は8時間となります。一方、通常必要時間を5時間とすると、合計は9時間で（イ）に該当し、その日の労働時間は9時間と扱います。

　ご質問の場合も、内勤時間を把握しながら、上記考えに従うことになります。なお、事業場内・外の判断については、「常態的な事業場外労働に付随してそれと一体的に事業場内労働が行われるという場合は、それら労働は全体として事業場外労働と把握できよう」（菅野和夫「労働法」）という見解があります。

 休日から引き続く労働？　日曜勤務し日またぐ
時間外計算で通算するか

当社は建設業です。休日夜間をまたいで2暦日にわたる勤務が
発生することがあります。初日が日曜日（法定休日）の労働のとき、
日付をまたいで月曜日（所定労働日）の労働になりますが、時間
外労働のカウントはどうなるのでしょうか。【宮城・E社】

A. 暦日ごとに別カウント

時間外・休日労働（36）協定や時間外の上限規制において、時間
外労働と法定休日労働の時間数はそれぞれ別個にカウントすべきも
のです。なお、割増率の考え方も時間外労働と法定休日労働は、割
増率を重ねる仕組みにはなっていません。ただし、休日労働が深夜
に及んだ場合は6割増になります。これは、深夜業の割増賃金に関
して労基則20条が割増率を重畳して定めているためです。

建設業は原則として令和6年4月以降、上限規制の適用となるなど
時間外および休日労働の管理がより一層求められることになります。

まず、継続した労働はたとえ暦日を異にする場合でも1勤務とす
る解釈（昭63・1・1基発1号）があります。翌日が所定労働日で
あるときは、翌日の所定労働時間の始期までの超過時間に対して割
増賃金を支払えば、違反となりません（昭26・2・26基収3406号）。

次に、労基法の休日は、原則として暦日です。休日を含む2暦日
にまたがる労働に関する通達（昭23・11・9基収2968号、平6・3・
31基発181号）では、当日（月曜日）の始業時刻を午前0時まで繰
り上げた場合について、深夜の割増賃金のみで良いという解釈を示
しています。これに関して、繰り上げないときには労働時間を通算
するという説があります。ただ、当該通達をみてもはっきりとしま
せん。

労働時間の通算と法定休日を暦日で考えることの関係をどのよう

に考えれば良いのでしょうか。法定休日における割増賃金の考え方について述べた別の解釈例規（平6・5・31基発331号）は、この点はっきりと「休日労働と判断された時間を除いて」、それ以外の時間について法定労働時間を超える部分が時間外労働になるとしています。つまり、この考え方によれば法定休日から所定労働日へ2暦日にまたがったときの時間外労働時間数は通算せず別々にカウントします。法定休日の労働でないときにはこの限りではありません。

Q33 残業申告分を却下できる？　仕事が遅く長時間一般従業員基準にしたい

　中途採用で従業員を採用しました。性格は几帳面ですが、仕事が遅いのが難点です。そのうち慣れるだろうと我慢していても、改善の兆しがみられず、毎月、長時間の残業を申告してきます。申告分の一部を却下したいのですが、残業代不払いでトラブルに発展するのも困ります。一般従業員の「平均的な処理時間」を基準として、調整するような方法は認められないのでしょうか。【宮崎・Y社】

A. 人事考課での対応検討

　使用者は、労働時間を適正に把握し、賃金台帳を調製する義務を負います（労基法108条）。ここでいう労働時間は、通常、安衛法66条の8の3（労働時間の状況の把握）により把握された労働時間数と同じです。

　例外として、みなし制の適用者が挙げられます。たとえば、事業場外労働みなし労働時間制（労基法38条の2）の適用者についても、安衛法に基づき「状況の把握」が必要（平30・12・28基発1228第16号）ですが、賃金台帳には「みなし労働時間」に基づき記載すれば足ります。みなし労働時間は、「業務の遂行に通常必要とされる

時間」を基準として定めます。

　こうした例外に該当しない場合、「把握された労働時間」がそのまま「賃金計算のベースとなる労働時間」となります。ですから、当然のことですが、会社が「提供された労働量と支払うべき賃金」が釣り合わないと考えるときも、賃金台帳の数字を修正しはじめて残業代を減らすことができます。

　時間把握の方法の１つとして、「使用者の現認」を挙げています（「労働時間の適正把握のためのガイドライン」、平29・1・20基発0120第３号）。つまり、不適切と考えられる残業申告については、使用者が数字を修正することは可能です。ただし、無制限の修正は認められません。

　判例には、「使用者の指示に基づかない時間外労働は割増賃金の対象とならないが、業務が所定労働時間内に終了せず、残業が恒常的となっていた場合には、黙示の指示があったと解すべき」と述べたものがあります（とみた建設事件、名古屋地判平３・４・22）。

　従業員が業務処理に要した時間を虚偽なく申告してくるのであれば、基本的には、人事考課（仕事の速度・効率）による賃金の下方修正を検討すべきといえます。

Q34　非常時で残業命令は？　就業規則に規定なく所定外有無どう関係

　災害の発生を想定して、工場の復旧作業をどう進めるか考えています。就業規則をみると、通常の残業に関してのみ規定があり、非常時に関する具体的な規定はありませんでした。また、パートやアルバイトの中には残業なしの条件で入社したものがいます。非常時には残業を命じることができるのでしょうか。【神奈川・D社】

A. 従う義務ありの解釈が

通常、1日8時間や週40時間を超えて働かせる場合には、時間外・休日労働（36）協定が必要です。36協定があるからといって、当然に残業を命じることができるわけではありません。残業を命じるためには、根拠規定等が必要と考えられています。

災害等による臨時の必要がある場合の時間外労働に関して、労基法33条は、行政官庁の事前の許可または事後の届出を前提として、「その必要の限度において」「労働時間を延長し、休日に労働させることができる」としています。

非常時の場合で、法33条に基づく手続きを経たとしても、労基法違反の刑事的責任を免れるという免罰的効果が生じるのみで、業務命令として残業等を命じることができるかどうかは根拠規定等が必要という見解があり、厚生労働省のモデル就業規則にも規定があります。一方で、労基法コンメンタールは、（法33条の場合は）法36条による場合とは異なり、事柄の性格上、就業規則等に明示していない場合にも一定の範囲で私法上も労働時間の延長等に従う労働者の義務を認め得ると解されよう、としています。

労働契約を締結する際に、「所定労働時間を超える労働の有無」を含め、労働条件を明示します（労基法15条）。「残業なし」で入社した場合ですが、気になるのは年少者への法33条の適用です。年少者は、法定労働時間を超えて就業させることは原則禁止されています（労基法60条）。時間外労働に従事することは想定されていませんが、解釈例規では、「法33条1項により、労働させる場合には、年少者に関する労働時間の規制は適用されない」とあります（昭23・7・5基収1685号）。労働条件の明示は、あくまで通常時の所定外労働の有無についてのみ明示したものという見方も可能でしょう。いずれにしても、非常時に関しても、あらかじめ就業規則等で根拠規定を設けておくのが分かりやすいといえます。

Q35 上限規制の適用受ける？　前職で時間外労働多く

中途で新しく従業員を雇用することになりました。前職はなかなか多忙だったようで、月の時間外・休日労働が80時間近くに達することも少なくなかったと聞いており、先月も似たような状況とのことです。入社直後しばらく時間外労働はないのですが、労働時間の上限規制において、前の会社の労働時間を加味する必要はあるのでしょうか。【千葉・Ｉ社】

A. 複数月80時間など対象に　実労働時間は個人をみる

時間外・休日労働（36）協定では、時間外・休日労働をさせることのできる枠である限度時間を設定しますが、原則、月45時間、年360時間までとなります（労基法36条4項）。この限度時間を超える時間数を設定するには特別条項を設けることが必要です（同条5項）。その場合も月45時間を超えられるのは年6カ月までで、単月100時間未満（休日労働含む）、2～6カ月の各月平均80時間以下（休日労働含む）、年720時間以内（休日労働含まず）としなければなりません。これは枠であり、時間外・休日労働の実労働時間についても、単月100時間未満、2～6カ月平均80時間以内（両方休日労働含む）としなければなりません（同条6項）。

労働時間は、法38条1項により、事業場が異なる場合でも通算されます。事業主が異なるときでも同様です。

例えば副業・兼業では、法36条4、5項の限度時間については、個々の事業場で定めた時間数は通算しません（令4・7・8「副業・兼業ガイドライン」）。また、ある事業場における労働者の実労働時間が当該事業場の限度時間の範囲内か否かについても、各事業場ごとに判断されます。

一方、同条6項の労働者自身の実労働時間については、通算して

考え、時間外・休日労働を単月 100 時間未満、複数月平均 80 時間以内とする必要があります。労働者個人の実労働時間に着目し、当該個人を使用する使用者を規制するものであるためとしています。

　この実労働時間の規制について、転職の場合はどうでしょうか。こちらも副業・兼業などと同様、規制を受けることになります。平 31・4「改正労働基準法に関するＱ＆Ａ」では、適用を前提に、その把握方法に関して、「転職の場合についても自社以外の事業場における労働時間の実績は、労働者からの自己申告により把握することが考えられます」との回答を掲載しています。したがって、少なくとも半年間は前職の実労働時間の影響を受け、複数月平均 80 時間以下に抵触しないような労務管理を行う必要があるでしょう。なお、特別条項における年 6 カ月に関しては、転職前を通算しないといえます。ここは法 36 条 5 項に含まれ、枠の設定に関するものだからです。同一企業内で転勤した場合も同様の考え方です（前掲Ｑ＆Ａ）。

Q36 どこまで詳しく提示？　雇入れ時の労働条件 シフト勤務でアルバイト

　助成金申請の手伝いを契機に、小規模店舗を複数経営する飲食店と顧問契約を締結しました。新規にアルバイトを雇うので、過去に交付した労働条件通知書をみると、最低限の事項を示すのみです。「もう少し具体的に記載を」と求めても、事業主は「詳しく書くとかえって制約を受ける」と消極的です。労基法違反と指摘されないために、どの程度の労働条件を提示すれば良いでしょうか。【福岡・Ｄ社労士】

A. 目安となる時間数など合意して提示を

　労働契約を締結する際、使用者は労働条件通知書を交付します。書面（希望に応じファックス・電子メール）により明示すべき事項

の1つとして、「始・終業時刻、休憩時間、休日、就業時転換等に関する事項（一部略）」が挙げられています（労基則5条1項2号）。

しかし、開店時間が長い飲食店等で、細切れのシフト勤務を組む場合、具体的な労働時間等の特定は困難です。実務の現場では、就業規則により「個別の労働契約による」と定め、労働条件通知書には「勤務割表により指定する」等と記載する方法が採られているようです。通知書交付と同時にシフト表を示し、それに基づき翌日からの勤務がスタートします。

労使双方の希望に沿う形で勤務割が決められている間は、問題は顕在化しません。しかし、経営困難等が原因でシフト数が激減した場合など、労働受領義務の有無をめぐってトラブルが生じます。

厚労省は令和4年1月に「いわゆる『シフト制』により就業する労働者の適切な雇用管理を行うための留意事項」を策定し、契約締結時に必要な労働条件提示等について、具体例も併せ解説しています。

まず、就規に関しては「基本となる始・終業の時刻や休日を定めたうえで、『具体的にはシフトによる』旨を定める」方法等を例示しています。

そのうえで、労働契約締結の際には、次のような事項について合意するよう推奨しています。

・労働の可能性のある最大日数・時間数・時間帯
・一定期間内の目安となる労働日数・時間（1カ月〇日程度、1週平均〇時間勤務など）

併せて、最低限労働する日・時間数等も定めておけば、休業手当の支払義務等に関する話合いも円滑に進みます。

Q37 管理モデル使用できるか　アルバイトを掛持ちで

掛持ちでアルバイトをする従業員がそこそこの人数おり、他社での労働時間は申告制としているものの管理がなかなか大変です。管理モデルに関心がありますが、当社だけでは法定外労働時間が発生しない場合にも使用できるのでしょうか。【神奈川・Ｓ社】

A. 導入自体は可能といえる　割賃の支払い負担へ注意

労働時間は、事業場を異にする場合には通算され（労基法38条1項）、副業・兼業も基本的には同じです。他社における労働時間は、労働者からの申告などで把握します。したがって、原則的な労働時間管理においては、時間外労働となる部分を把握するために定期的に申告を求めるなど、手続き上の手間が発生します。なお、申告などがなかった場合には通算の必要はないとしているほか、申告のあった労働時間が実際と異なっていたときは、この申告などに基づく労働時間で管理すれば良いとしています（令2・9・1基発0901第3号）。

この手間を軽減するために認められているのが、簡便な労働時間管理の方法である「管理モデル」です（同解釈例規）。事前に各事業場ごとに労働時間の上限を設定しその範囲内で労働させたうえで、「副業・兼業ガイドライン」に従った割増賃金の支払い方をすることにより、それぞれ他社での労働時間を逐一把握することなく労基法を順守することが可能になります。

時間的に先に労働契約を締結した使用者をＡ、後をＢとして、労働時間の上限は、Ａの法定外労働時間と、Ｂのすべての労働時間（所定内・外労働時間）の合計が、単月100時間未満、複数月平均80時間以内となるように設定します。また、この範囲で所定外労働の上限も定めておきます。

時間外労働に対する割増賃金が発生するのは、Ａは自社における

法定外労働時間で、Ｂは、原則、自社のすべての労働時間です。より正確には、①Ａの所定労働時間、②Ａの所定外労働時間（法定内・外両方）、③Ｂにおける労働時間（所定内・外両方）の各上限時間を順に通算していき、法定労働時間を超えた部分です。通算がＡ先行のため、Ａには法定内労働時間をより多く使えるなどメリットが大きいですが、Ｂとしては、多くが割増賃金の対象となってしまい、この点を加味する必要があるといえます。

　Ａにおいて所定内・外労働時間を合計しても法定外労働時間が発生しないケースでも、管理モデルの導入は可能です（副業・兼業ガイドラインＱ＆Ａ）。たとえば、所定内・所定外の順で、Ａで４時間と１時間、Ｂで３時間と１時間の枠を設定している場合、Ｂで所定外労働を１時間させると、Ａにおける所定外労働１時間の有無にかかわらず、Ｂにおける１時間は割増賃金の対象となります。なお、ＢがＡの実労働時間を把握でき、通算しても法定内ならば、支払わなくても差し支えないとはしています。

Q38 予見可能で特別条項は？ ボーナス商戦の例あるが

　36協定の特別条項ですが、発動の例として「ボーナス商戦」などがありました。これ自体、例年予定しているものとして予見可能のように思います。条文をみると、通常予見することのできない場合に限度時間を超えることがあるように読めますが、どのように考えればいいのでしょうか。【福井・Ｆ社】

A. 一時的・突発的でも発動　予算決算業務も対象に含む

　時間外労働には原則として月45時間や年360時間の上限がありますが（労基法36条4項）、これを超えることができる例外もあります。通常予見することのできない業務量の大幅な増加等に伴い臨時的に

限度時間を超えて労働させる必要がある場合です（同条5項）。ただし、例外の特別条項による場合も1カ月について労働時間を延長して労働させることができる時間は、月100時間未満の範囲内に限ります。1年間の上限もあり、年720時間を超えない範囲内に限られます。100時間未満に関しては、休日労働も含みます（同条6項2号）。

　臨時的に限度時間を超えて労働させる必要がある場合の「事由」は、協定でできる限り具体的に定めなければなりません。「業務の都合上必要な場合」「業務上やむを得ない場合」など、恒常的な長時間労働を招くおそれがあるものは認められません（36指針5条）。恒常的なものは認められないという観点から、特別条項を発動できる回数自体も年6回以内となっています（同条5項）。

　恒常的ではなく臨時的な場合の例として、厚生労働省は「時間外労働の上限規制　わかりやすい解説」というパンフレットの中で下記を挙げています。

・予算、決算業務
・ボーナス商戦に伴う業務の繁忙
・納期のひっ迫
・大規模なクレームへの対応
・機械のトラブルへの対応

　これらの例自体は上限規制が法律上の規定になる前の従前の告示の時代から想定されていたものではあります。前掲指針にあるとおり、特別な事情は、臨時的なものであればいいことになります。

　上記のとおりボーナス商戦に伴う業務の繁忙自体、特別条項発動の対象になり得ると解されています。条文との関係ですが、通達（平30・12・28基発1228第15号）で、全体として1年の半分を超えない一定の限られた時期において一時的・突発的に業務量が増える状況等により限度時間を超えて労働させる必要がある場合をいうものであり、「通常予見することのできない業務量の増加」とは、こうした状況の「一つの例」として規定されたものとしています。予見可能性のみが発動の要件に影響するわけではないでしょう。

休憩・休日関係

Q39 年休の計画的付与可能か 基準日待たず前倒しでも

この年は8月11日が祝日、12日が金曜日であることから、12日に全従業員へ年次有給休暇の計画的付与をすることが前年度の時点ですでに決まっていました。今年は4月に新たな従業員を雇用し、入社時点で前倒しして年休を10日付与しているのですが、そもそもとして、法定の付与基準日を待たなくても、計画的付与はできるのでしょうか。【滋賀・Ｉ社】

A. 5日以上で対象にできる 未満なら休業手当なども

年次有給休暇は労働者の請求する時季に与えることが基本ですが、付与日数のうち5日を超える部分については、年休付与日を事前に労使で決めておく計画的付与を行うことができます（労基法39条6項）。就業規則に「労働者代表との間に協定を締結したときは、その労使協定に定める時季に計画的に取得させることとする」などと規定したうえで、労使協定を締結することが必要です。労使協定には、対象者、計画的付与の対象となる日数、具体的な付与日、変更する場合の手続き、年休が少ない者の扱いなどを定めます（厚労省パンフ）。

対象者は、事業場全体だけでなく、班・グループ単位や個人別とすることも可能です。対象日数における5日を超える部分に関しては、前年から繰り越した分も含めます。たとえば、ある年度に12日付与され、前年から3日繰り越している場合、計画的付与の対象とすることができるのは10日までです。計画的付与した年休については、原則、労働者の時季指定権、使用者の時季変更権が行使できな

くなる点には留意が必要です（昭63・3・14基発150号）。

　年休が発生していなかったり少なかったりする者に対しては、特別休暇を与えたり、年休の日数を増やしたりする措置をとるのが望ましいとしています（同解釈例規）。同措置をせず休業させる際は、法26条の休業手当の支払いが必要になります。

　年休は、法定の基準日を待たず、前倒して付与することも可能です。例えば、4月1日の入社時点で10日付与するほか、4月1日に3日、本来の基準日である10月1日に7日と分割して与えるような運用も可能です。法定の基準日以前に付与する場合、付与要件である8割出勤の算定は、短縮された期間は全期間出勤したものとみなすとしています（平6・1・4基発1号）。

　計画的付与は、年休付与日数が5日を超える労働者が対象です。5日を超えるとしているため、たとえば、4月1日入社の者に対し、4月1日に5日、10月1日に5日と分割付与している場合は、仮に8月15〜19日に計画的付与をしたいとしても、8月15日までに5日しか付与されていないため、できないということになります（平6・5・31基発330号）。ご質問のケースは、4月1日の入社時点で5日を超えて10日付与していることから、8月に計画的付与することができるといえます。

 **年休の出勤率扱いは　60時間超で代替休暇取得**

　年次有給休暇の付与に関して出勤率を計算していたところ、ケガによる休職期間があった影響により、8割に届くか微妙な従業員がいます。休職前、時間外労働が60時間を超えたために代替休暇を取っていたことがあったのですが、出勤率算定においてはどう扱うのでしょうか。【神奈川・O社】

A. 終日休みならば全労働日含めず

月60時間を超える法定時間外労働に対しては、5割以上の割増賃金を支払わなければなりません（労基法37条1項。中小企業は令和5年4月まで猶予されていました）。

同規定が適用される場合、過半数労働組合（ない場合は過半数代表者）と労使協定を締結することで、60時間超の割増賃金の一部につき、金銭の代わりに「代替休暇」を与えることができます。金銭に代わる部分が何時間に相当するかは、（月の法定外労働時間数＝60時間）×換算率で求めます。換算率は、代替休暇未取得のときの割増率（50%以上）－取得したときの割増率（25%以上）で計算します。法定どおりの割増率なら、前者は50%、後者は25%で、換算率は25%です。

労働者が代替休暇を取得し終日出勤しなかった日については、年休の算定基礎となる全労働日には含まないとされています（平21・5・29基発0529001号）。正当な手続きにより労働義務を免除された日であることからです。

Q41　1日未満の年休は　年途中に所定時間変わる

短時間勤務制度で所定労働時間が6時間の従業員がいますが、このたび通常の8時間へ戻します。当社は昨年に時間単位年休を導入し、当該従業員は、現在、1日未満の部分について2時間分の年休を残しています。労働時間変更に際し、どのような処理が必要ですか。【福岡・M社】

A. 変動に比例して変更　分単位切上げ

年次有給休暇は、労使協定を締結することで、年5日まで、時間単位で付与できるようになります（労基法39条4項）。労使協定で時間単位年休の1日の時間数を定める際、所定労働時間数を下回っ

てはならないとしています（労基則24条の4第1号）。1時間未満の時間数は時間単位に切り上げる必要があり、所定労働時間が7時間45分なら、時間単位年休の1日分は8時間となります。

年の途中で所定労働時間を変更した場合、1日未満で残っている部分については、その労働者の所定労働時間の変動に比例して時間数を変更することになります（平21・10・5「改正労働基準法に係る質疑応答」）。ご質問のケースは、6時間から8時間へ変更することから、残る2時間の年休については、6分の2日分の時間数と考え、これに新しい所定労働時間の8時間を掛け、1時間未満の端数を切り上げて、3時間とします。

Q42 年休　請求期間を設け違法？　原則自由に取得可能　シフト決める際希望聴取

年次有給休暇を取得するのは原則自由であり、会社も理由などは大して確認しない形になっています。取得に制限を課すべきでないとしたら、いつまでに請求するという運用にも問題があるのでしょうか。当社では、シフト表を決める際に、年休の希望を出してもらっています。【神奈川・Y社】

A. 時季変更権の行使判断で

年次有給休暇は、労働者の請求する時季に与えなければならないと規定しています（労基法39条5項）。休暇の時季選択権は、原則、労働者に与えられ、使用者の承認などは必要ないと解されています。いかなる目的に利用しようと法律上は関知せず、休養のためでないという理由で使用者が拒否することも認められません（労基法コンメンタール）。

法律上の文言では、請求するのは「時季」であり「時期」ではりません。シーズンを加えた時期の意味（寺本広作「労働基準法解説」）

としたものがあります。たとえば、夏の間に 10 日間の年休を取得したい旨請求した場合には、その後の労働者と使用者との調整を経て具体的な年休日（たとえば、8 月○〜○日など）が決定されるというものですが、季節の指定は実務上ほとんど見られない（荒木尚志「労働法」、水町勇一郎「詳解労働法」）とあります。

　就業規則等で、一定期日前までに、年休を請求すべきというルールを設定することは、それが合理的なものである限り、適法と解されています。作業量との関係で厳密に計算された作業定員が定められている場合、定員に属する者の労働はある意味不可欠といえます（菅野和夫「労働法」）。

　たとえば、「会社が毎月○日までに対象従業員の意見を聴いてシフト表を定める」ときに、このタイミングで年休も請求してもらうことは少なからず行われています。

　もっとも、会社のルールに反する年休の請求が、認められないわけではありません。会社が年休の請求を適法に拒否するためには、時季変更権を行使する必要があります（法 39 条 5 項ただし書き）。直前の時季指定により、代替要員確保が困難だった等の事情は、時季変更権行使の適法性を基礎付ける要素として考慮されます（前掲水町など）。会社には、代替要員確保の努力が求められるといえます。

Q43 時間単位年休にできるか 計画的付与不可能な5日

久方ぶりに新しく労働者を雇用することになりました。前回から今回までの間に、年次有給休暇の計画的付与を行うようになり、これが年5日となります。また、当社では時間単位付与も実施しており、年5日が対象です。計画的付与における5日を超える部分以外について、時間単位年休の対象とできるのでしょうか。【新潟・H社】

A. 適用対象になるといえる 比例付与の考えを参考に

年次有給休暇は、原則、1労働日単位で与えるとされています（昭24・7・7基収1428号など）。さらに、労働者の請求する時季に与えることが基本となります（労基法39条5項）。ただし、これ以外の与え方で、法律上認められている方法があります。

取得の単位に関しては、時間単位年休があります（同条4項）。制度を導入するには労使協定の締結が必要になります。定める事項は、①対象労働者の範囲、②時間単位年休の日数、③1日の時間数、④1時間以外の時間を単位とする場合はその時間数です。②の時間単位で付与できる日数は、前年度からの繰越し分を含めて、年5日以内に限られます。この5日以内の解釈については、同条1～3項までの規定により労働者に与えられる1年間の年休のうち5日以内をいうとしています。同条3項により年休の比例付与の対象とされ、付与日数が5日未満の場合、労使協定では、比例付与される日数の範囲内で定めることになるとしています（平21・5・29基発0529001号）。

取得の時季に関するものでは、計画的付与という制度があります。労使協定を締結することで、あらかじめ定めた日に年休を付与するというものです。同条1～3項までの規定により各労働者に付与された年休のうち、年5日を超える部分のみが対象となります。つま

り、年5日は労働者個人に自由に取得させなければなりません。なお、前年度からの繰越し分も含め、5日を超える部分を計画的付与の対象とすることができます。ただし、計画的付与の対象として、時間単位年休を与えることはできないとしています（前掲解釈例規）。

　では、年休の計画的付与を実施する際、労働者が自由に取得できるようにと対象外とされた5日について、時間単位年休とすることはできるのでしょうか。

　結論としては、可能といえます。時間単位年休の対象とできるのが同条1～3項に規定する年休としており、計画的付与の対象外となった年休も、これに該当する年休であることからです。また、前述のように、例えばパートなど労働時間が短いために比例付与の対象となって、ある年度の年休が5日より少なかったとしても、すべて時間単位年休の対象とすることができることとも整合的です。

Q44 取得不可とできる？　時間年休で特定スパンへ

　就業規則の見直しに併せ、年次有給休暇の時間単位取得を認めることを検討しています。ただ、毎週火曜日の午前に集まって作業することが慣習になっており、ここはなるべく避けてもらいたいと考えています。制度として取得できないようにすることはできるでしょうか。【鹿児島・Z社】

A. 制度としての導入できない

　時間単位の年次有給休暇は、過半数労働組合（ない場合は過半数代表者）と労使協定を締結することで、与えられるようになります（労基法39条4項）。締結事項は、

　①対象労働者
　②時間単位年休を付与する日数（上限5日）

③１日分に相当する時間数

④１時間以外を単位とする場合はその時間数

です。

④から、たとえば取得を２時間単位でのみ認めることなどは可能です。一方、労使協定で、取得できない時間帯を定めておくことや、中抜けのような使い方を制限すること、１日において取得が可能な時間数を制限することなどはできないとしています（平21・5・29基発0529001号）。これは、時間単位年休も同条5項による使用者の時季変更権の対象となるため、事業の正常な運営を妨げる場合のみ認められるとしています。この判断は、個別的、具体的に客観的に行われるべきとされています。

 転換後すぐに年休か　正社員は斉一的取扱い

> パートを正社員転換します。年次有給休暇の基準日は、正社員は斉一的取扱いをする一方、パートは法律どおりです。同労働者は先日付与したばかりですが、転換後すぐに斉一的取扱いの基準日を迎えても、付与するのでしょうか。【茨城・O社】

A. 切上げ方式で付与必要

年休は、雇入れから6カ月後を基準日として付与され、以後1年おきに与えられます（労基法39条）。入社日が違えば基準日も異なり管理が煩雑なため、一律の基準日を定め付与する斉一的取扱いが認められています（平6・1・4基発1号）。

導入は切上げ方式で行います。8割出勤の要件では、短縮された期間は全期間出勤したとみなします。次年度以降の付与日については、初年度の付与日を法定の基準日から繰り上げた期間と同じか、またはそれ以上の期間、法定の基準日から繰り上げます。

導入すると、入社日〜斉一的取扱いをした基準日までの長短が考慮されない結果を招きますが、斉一的取扱いをする以上やむを得ないものと考えられるとしています（労基法コンメンタール）。

パートから正社員転換しても勤続年数とすでに付与された年休の日数は引き継ぎますが、ご質問の場合、転換後すぐに正社員としての基準日を迎えたとしても、付与することが必要といえます。

Q46 中抜けの年休はできるか　半日定義は決め次第

半日単位の年次有給休暇ですが、半日の定義は法律等では決まっていないといいます。従業員から使い勝手をよくするため、中抜けのような形も認めてほしいという話がありました。半日の定義がないとすると、労使の決め次第というふうに考えることも可能でしょうか。【岡山・I社】

A. 時間単位付与で対応　労使協定を結び導入を

通達（平21・5・29基発0529001号）は、半日年休の取扱いを規定していますが、半日の定義ははっきりしません。ただ、半日の代替休暇に関して、以下の解釈を示しています。すなわち、半日とは原則的には所定労働時間の2分の1を意味するが、必ずしも厳密に1日の所定労働時間の2分の1とする必要はなく、例えば、午前（9時から12時）と午後（13時から17時）という分け方でも差し支えない、というものです。この代替休暇は、時間外労働時間が月60時間を超えた場合に、割増賃金の支払いに代えて、有給の休暇を付与できるというものです。その他、時間単位の子の看護休暇、介護休暇は、始業時刻から連続し、または終業時刻まで連続するという条件がありますが、半日年休ではっきりこうした規定は見当たりません。

いずれにしても、一般的な半日の単位は、一般的なのは正午を基

準とする考え方、所定労働時間の真ん中で分ける考え方の２つです。これ以外の方法として、ご質問のようないわゆる「中抜け」が可能かどうか、という話が出てきます。労働者にとって使い勝手がよく、有利だからといって問題ないとは言い切れないところがあります。例えば、時間単位年休で５日を超えて使える運用にしていても、厚生労働省は、「法律上与えることができない」ため、「法定の付与日数を超える年休を付与している場合」としています。

　半日の定義として、（所定労働時間が８時間の事業において）半日単位とは始業からの４時間、終業時刻直前の４時間という、午前中か、午後中かのいずれかを単位とするものに限られる、としたものがあります（安西愈「新しい労使関係のための労働時間・休日・休暇の法律実務」）。

　例えば、労働時間の途中の４時間という形で、その前後に労働時間があり、現実に前後を労働している場合には途中の休憩時間の延長的なものになってしまい、年休の趣旨・目的から逸脱してしまうおそれがあるとしています。その実は４時間の時間単位年休というふうにみれば、その取得時間帯を制限することはできず（前掲通達）、労使協定を締結して導入する方が問題ないといえるでしょう。請求する時間の単位も、労使協定において１時間以外の時間を単位とすることが可能です（労基則24条の４第２項）。

Q47 代休取得日を欠勤処理？　年休の８割以上算定 出勤みなし規定へ含まず

休日を振り替えたり、代休を取得した場合の年次有給休暇の出勤率の計算でよく分からなくなりました。たとえば、代休は休日出勤の代償としての休みですが、一般的に休暇日をどう処理するかは会社の決め方次第のところがあるかと思います。法律上出勤したものとみなす扱いにはなっていないようで、どのように考えれば良いのでしょうか。【神奈川・Ｏ社】

A. 休日と同様に取扱いも

年次有給休暇は、雇入れの日から６カ月（勤続６カ月以上は１年）の出勤率が８割以上のときに、権利が生じます。出勤率は、出勤日数（分子）を全労働日数（分母）で除して求めます（労基法39条１項）。分母の全労働日数について、解釈例規（平25・７・10基発0710第３号）では、就業規則等その他で定められた「所定休日を除いた日をいう」としています。「所定の休日に労働させた場合」も、その日は全労働日に含まれません。なお、各労働者の職種が異なること等により（全労働日が）異なることはあり得ます。

まず休日を適法に振り替えた場合の効力として、「当該休日は労働日となり、休日に労働させることにならない」（昭23・４・19基収1397号、昭63・３・14基発150号など）ため、法定休日の割増賃金も不要になります。労働日と休日が入れ替わり、結果的に出勤率の算定にも影響を及ぼしません。

次に「所定の休日に労働させた場合には、その日は、全労働日に含まれない」（前掲解釈例規）とあります。代休日の扱いは必ずしも明確ではありません。代休日はそもそも所定労働日であり、欠勤同様に取り扱われれば、出勤率の点で労働者には不利益となります。なお、勤務を要しない土曜日等を休日である日曜日とは別の「一般休暇日」

と定め、全労働日に含まれるとした規定を、休日と実質的に異ならない取扱いがされているときは無効（最三小判平4・2・18）としたものがあります。労基法コンメンタールは、就業規則所定の事由が発生したことを条件として使用者が労働義務を免除したものという考え方もあるとしています。この場合に、諸休業日と同様に取り扱うことが妥当な場合もあるでしょう。

Q48 何時間分と扱えばよいか　転換前に発生した年休で

働きぶりが優秀だったため、少し前に、所定労働時間6時間のパートから8時間の正社員へ転換した労働者がいます。その労働者から、年休を取得したいといわれました。この年休はパートのときに権利が発生したものですが、実際に取得した場合、何時間分と扱えばよいのでしょうか。【愛媛・U社】

A. 取得時点の労働条件みる　賃金も同じ考え方に

年次有給休暇は、最初は雇入れから6カ月後、以後1年おきに、全労働日の8割以上出勤した労働者に対して与えなければなりません（労基法39条）。正規労働者だけでなく、パート労働者なども同様です。

後者のように通常の労働者より労働日数などが少なく、週の所定労働日数が4日以下かつ週所定労働時間が30時間未満の場合は、所定日数に応じて付与日数が異なる比例付与の対象となります（同条3項）。週以外の期間で所定日数が定められている場合は、年の所定日数が216日以下のときに比例付与の対象です。

年休の権利が発生する基準日に何日分付与されるかに関しては、基準日時点で予定されている所定日数で判断されます。逆にいえば、年度の途中で日数が変更されても、それに応じて年休の日数（後述

の１日未満の時間単位年休を除く）が増減されるものではありません（労基法コンメンタール）。したがって、年度の途中で正社員転換され所定日数が増えたような場合は、基準日の労働条件、つまり正社員としての所定日数を基に付与日数が決まることになります。

　なお、パートから正社員へ身分が変わった場合でも、年休算定上の勤続年数は原則として通算され、すでに付与されている年休の日数は引き継ぐことになります。

　では、この引き継いだ分について、正社員転換後に実際に取得した場合、何時間分の労働として扱えばよいのでしょうか。

　パートから正社員へ転換されたときについても、「すでに付与されている有給休暇の日数がそのまま引き継がれ、正社員としての１日の所定労働時間分の休暇が与えられます」（東京労働局）。つまり、実際に年休を取得する時点の時間数で考えればよいことになります。年休取得時の賃金についても、発生日ではなく取得日を基準に考えることになります。

　なお、時間単位年休については、１日未満で残っている部分に関して、労働時間が変わった場合、残余部分を労働時間に比例して調整をすることが必要です（厚労省「改正労働基準法に係る質疑応答」（平21・10・5）。例えば、所定労働時間が８時間から４時間に変更され、年休が３日と３時間残っている場合は、３日と８分の３日残っていると考え、８分の３日×４時間＝２分の３時間とし、１時間未満を切り上げて２時間分と扱います。

Q49 時季変更権行使を検討か　時効消滅前まとめて請求

　年次有給休暇をあまり消化しない従業員がいます。法律で定める5日は取得するのですが、後は時効で消滅してしまう形です。ところが、ある日突然、時効で消滅してしまうのはもったいないと、まとめて残日数を請求してきました。こうした請求に対しては、時季変更の余地がありそうですが、時効との関係はどのように考えればいいのでしょうか。【千葉・M社】

A. 一括拒否は避ける形に、計画付与など活用

　時効（労基法115条）に関して、労基法の規定による賃金の請求権はこれを行使できるときから5年間行わない場合には消滅するなどとしています。ただし、当分の間は、5年間を3年間と読み替えます（法附則143条、退職手当は除きます）。

　年次有給休暇の権利など賃金請求権以外の請求権は、2年間で消滅となっています。例えば、4月1日入社の従業員は、9月30日までの6カ月間で全労働日の8割以上出勤すれば、10月1日に「10日」の法定の年休が発生します。この権利は付与から2年後をもって消滅することになります。

　年次有給休暇の請求に対して、会社が適法に拒否しようとすれば時季変更権を行使するほかありません（労基法39条5項）。時季変更権の行使が可能となるのは、「事業の正常な運営を妨げる場合」です。その判断は、「個別的、具体的に客観的に判断されるべきもの」（昭23・7・27基収2622号）ですが、行政解釈が示す「事由消滅後能（あた）う限り速やかに休暇を与えなければならない」としている点が気になります。時効にかかる部分は、改めて付与しようにも消滅してしまいます。その他、こうした場合に、年休の買上げが話題に出ることもありますが、労基法上、義務ではありません。

時季変更権の行使をめぐっては、退職直前の請求に対して行使が認められないとする解釈（昭49・1・11基収5554号）もあります。ただ、退職が関係する場合も、引継ぎなど事業の正常な運営が妨げられたかどうかを判断する裁判例はいくつかあります。業務引継ぎ等が必要として、時季変更権の行使を認めたもの（東京地判平21・1・19）がある一方で、担当業務が各人に割り振られ、事業の正常な運営が妨げられたとは認められない（東京地判令3・6・30）としたものもあります。いずれにしても事前の調整を経ない長期かつ連続の請求は、時季変更権のハードルが一定程度下げられるということはいえそうです。

現実的には、すべて請求を認めないことは避けて一部請求は認めたうえで、年休の請求手続きに関する規定や取得を阻害する要因の有無を確認して、計画的付与日や取得奨励日を設定することなどが望ましいでしょう。

Q50 時季指定の起算日は　前倒しして与えた年休で

4月1日入社の新入社員から「辞めたい」と申出があり、5月末が退社日になりそうです。当社は年次有給休暇の付与日を統一しており、この社員には4月1日に10日付与したのですが、年休の5日の時季指定義務はどのように考えれば良いのでしょうか。【埼玉・A社】

A. 10日以上は付与日から

使用者は、年休が10日以上付与される労働者に対し、うち5日について、自ら取得した分を除き、付与基準日から1年以内に時季指定して取得させなければなりません（労基法39条7項）。中途採用などで付与基準日が従業員ごとに異なると、管理が煩雑です。そこで、

法律上の付与日より前の日を付与基準日とし、前倒しして付与する斉一的取扱いも可能としています。

一度に 10 日以上の年休を前倒しして付与する場合は、その付与日から 1 年以内に 5 日取得させることが必要です（労基則 24 条の 5 第 1 項）。付与後すぐの退職でも、退職までの労働日が時季指定すべき年休の残日数より少ない場合などでなければ、取らせることが求められます（平 31・4「改正労働基準法に関する Q & A」）。一方、入社日に 3 日、半年後に 7 日など、一度に前倒し付与する年休が 10 日未満のときは、合計 10 日以上になった日が 1 年間の起算日となります（同条 4 項）。

Q51 労働時間制はどれ採用？ 時間短いが休日少なめに

顧客ニーズに応じて、機械のメンテナンスを行うため、小規模営業所に技術員を配備します。人員の関係から、所定労働時間を短縮し、できる限り、休日を少なく設定したいと考えています。どのような労働時間制を採用するのがよいのでしょうか。【大阪・Y社】

A. 変形「労働と休日」を導入 1カ月単位なら連勤可能

休日は、毎週 1 日以上与えるのが原則です（労基法 35 条）。毎週 1 日の休日を確保できるのなら、勤務スケジュールの設定は簡単です。

週 6 日勤務の場合、1 日の所定労働時間を 6 時間 40 分以内に設定すれば、週 40 時間の条件をクリアできます。

しかし、業務の都合上、必ずしも毎週 1 日の休日を確保できないのであれば、変形休日制を利用する必要があります。労基法 35 条 2 項では、「4 週間を通じ、4 日以上の休日を与える」場合、休日の週 1 日付与の原則は適用しないと定めています。

変形休日制を採る際は、「就業規則等で４週間の起算日を明らかにする」義務があります（労基則12条の２第２項）。

　４週４休とは「いかなる４週間に区切ってもどの４週間にも必ず４日の休日が与えられていなければならない」という意味ではありません。「起算日から４週間を区切って、その中に４日の休日があれば」、法的要件を満たします（昭23・９・20基発1384号）。

　変形休日制を採れば、１週７日勤務の週を設定することが可能となります。ただし、この場合、特定の週（休日のない週）の所定労働時間が長くなるという問題が生じます。仮に、１日の所定労働時間を６時間としても、７日勤務であれば、６時間×７日＝42時間で、週の法定労働時間（40時間）をオーバーしてしまいます。

　つまり、１日の所定労働時間が著しく短い場合を除き、変形休日制は変形労働時間制とセットで導入しなければならないということです。

　変形労働時間制のなかでも、１年単位の場合、連続労働日数に関する制限が設けられています。原則は連続労働日数６日ですが、特定期間を定めた場合、その期間内は週に１日の休日確保が条件となります。特定期間中は連続労働日数12日まで可能となりますが、週１日の休日付与という原則が崩せません。つまり、変形休日制との併用はムリです。

　連続労働日数について、直接規定のない１カ月単位変形制かフレックスタイム制かという選択になりますが、顧客ニーズへの対応という点を考えると、１カ月単位が現実的でしょう。

　なお、清算期間を１カ月とすると、変形休日制は４週単位となり、両者の起算日が別になる（別々に制度を走らせる）点には、留意が求められます。

Q52 細切れの休憩どこまで 「分割付与」を導入 実態として休めたか心配

当社は昼休みを１時間設けています。一斉に休む形ですが、休んでいるのかはっきりしない者も少なからずいます。昼の時間帯に休めないならば、別の時間帯に休憩時間を分割して設定するのはどうかと考えました。ただ、細かすぎても本当に休んだといえるのか疑問もあります。どれぐらいまで細かくできるでしょうか。【千葉・Ｏ社】

A. 15分追加必要なことも

労基法34条1項は、使用者は、労働時間が6時間を超える場合にはおいては少なくとも45分、8時間を超える場合には、1時間の休憩時間を労働時間の途中に与えなければならないと規定しています。業務の性質上、休憩を与えないとする特例が定められていますが（労基則32条）、本欄では割愛します。

実労働時間の累計が6時間を超える場合は、その労働時間の途中に45分の休憩を与えなければなりません。「途中」であり、始業後6時間を経過した際、少なくとも45分の休憩を付与しなければならないという意味ではありません。始業・終業時刻に接着して付与することはできません。

休憩時間を一括、継続的に付与することまで法は求めておらず、分割して付与しても合計時間が法の基準に達していれば違法とはいえません。もっとも、あまり細かすぎると実態として労働から解放されたとはいえず、手待ち時間に過ぎないと評価されることもあり得るでしょう。

細切れの休憩がどこまで認められるか、この点法律や行政解釈で明らかにしたものは見当たりません。たとえば、所定労働時間7時間の従業員がいたとします。最低限必要な休憩時間は、45分です。

当該従業員が残業に従事して、実労働時間が8時間をオーバーしたときに、休憩時間を追加する必要が出てきます（昭22・11・27基発401号、昭26・10・23基発5058号）。この場合、労働時間の途中に付与という条件をどう考えるか難しい問題はありますが、15分の休憩は必要です。

分割の例をみると、さまざまなものがあります。15分の休憩を否定した裁判例（東京地判平30・9・28）もあり実態によりますが、たとえば休憩の付与時間帯の幅を持たせたり、分割する時間も15分を最低限としてできるだけ多めにしておくのが良いでしょう。

Q53 時差出勤の休憩時間帯は？　始・終業をパターン化　就業規則で定めて運用

当社では時差出勤を一時的・臨時的な措置として認めてきました。現在は始業・終業時刻にばらつきがあり、パターン化することなどを検討しています。休憩の時間帯ですが、各パターンでそれぞれ規定すれば問題ないと考えて良いでしょうか。【京都・T社】

A. 「労使協定」締結が必要

就業規則に規定が必要な事項として、始業および終業の時刻、休憩時間があります（労基法89条1号）。同一事業場において、始業・終業時刻が異なる場合には、労働者の勤務態様、職種等の別ごとに規定するよう求めています（昭63・3・14基発150号、平11・3・31基発168号）。

時差出勤制度は、1日の労働時間は変えずに、所定の始業時刻と終業時刻を早めたり、遅くしたりする制度等をいいます。新型コロナウイルス感染症への対応や育介法に基づき、時差出勤を導入している会社等もあるでしょう。

時差の範囲を広く認める場合には、休憩時間の与え方を考慮する

必要があります。労基法では、原則として、休憩時間は一斉に与えなければならないとしています（法34条）。一斉に与える労働者の範囲は、労基法の適用単位である事業場単位です（昭22・9・13発基17号）。ただし、例外があり、当該事業場に労働者の過半数で組織する労働組合（ないときには、労働者の過半数代表者）と労使協定を締結することによって、一斉に休憩を与えなくても良いことになっています。

労使協定で定めるべき事項としては、一斉に休憩を与えない労働者の範囲とこうした労働者に対する休憩の与え方（労基則15条）があります。たとえば、Aグループは午前11時から1時間、Bグループは正午から1時間、Cグループは午後1時から1時間という形や分割付与するなど様ざまな方法が考えられます。

厚生労働省のモデル就業規則では、交替勤務の例として、3パターンの勤務それぞれの休憩時間帯を規定しています。こうした形で規定するだけでは足りず、前述のとおり労働者代表との書面による協定を結ぶことで、交替で与えることができます。

なお、貨物運送など一定の事業に関しては、一斉付与の適用が除外されているものがあります（労基則31条）。

女性および年少者関係

Q54 学生アルバイトに影響？ 18歳へ成年年齢引下げで

　民法改正により成年年齢が引下げられました。年少者に働いてもらう場合、一定の制限があったと思いますが、労基法ではどのような影響があるのでしょうか。その他、高校生のアルバイトを採用するに当たって、例えば、在学中の深夜業は禁止されているのでしょうか。【岡山・Ｔ社】

A. 親権者の同意得ず契約可　深夜業は年少者に規制が

　労基法では、児童（満15歳に達した日以後の最初の3月31日までの者）、年少者（満18歳に満たない者）そして未成年に関して、それぞれ規定を設けています。令和4年4月施行の改正民法4条（平30・6・20法律59号）によって、成年年齢を18歳に引き下げています。

　未成年者に関する規定には、労基法58条の未成年者の労働契約、法59条の未成年者の賃金請求権があります。労基法コンメンタールでは、民法改正により20歳が18歳になる旨述べています。

　法58条は、親権者等は、未成年者に代わって労働契約を締結してはならず（1項）、労働契約が未成年者に不利であると認める場合に、将来に向かってこれを解除できるとしています（2項）。労働契約は未成年者本人と締結しなければならず、親権者等との間で労働契約を締結しても、契約は成立しないことになります。ただし、未成年者が労働契約を締結するには、親権者等の同意が必要です（民法5条1項）。同条2項は、前項（1項）の規定に反する法律行為は、取

り消すことができるとしています。同意がない場合、親権者等による労働契約の取消しが可能となっています。

　次に、労基法59条では、未成年者は、独立して賃金を請求することができると規定しています。直接払い等を義務付けた法24条があるにもかかわらず、なぜこうした規定があるのでしょうか。労基法コンメンタールは、民法の規定に基づき、未成年労働者の賃金の代理受領が認められているところ、労基法24条で直接払いを義務付けることによってこのような弊害の防止を図っているとしつつ「単にこのような使用者に対する義務規定のみでは不十分」として、法59条を設けたとしています。

　民法改正によって、こうした労基法の規定も18歳以上20歳未満の者は成年年齢に達したものとされ、規制対象からは外れます。

　深夜業が原則禁止なのは、年少者です。満18歳に満たない者であり、児童のように年度末まで規制はかかりません。その他、未成年者に対する労基法の適用関係ですが、時間外労働や法定休日労働も可能です。変形労働時間制も適用できます。

 **育児時間で早退認める？　１時間まとめて請求**
短時間勤務と組み合わせ

> 　育児短時間勤務制度を設けていて法定どおりの６時間としています。従業員がどうしても１時間早く会社を出る必要があるため、どうにかならないかと申し出てきました。労基法にある育児時間を充てることは可能でしょうか。１日２回30分とありますが、まとめての請求は拒否して差し支えないでしょうか。【大阪・R社】

A. 移動含めることは可能

　３歳に満たない子を養育する労働者の所定労働時間の短縮措置は、１日を原則６時間とする措置を含むものとしなければなりません（育

介法 23 条 1 項、則 74 条）。

　労基法 67 条に育児時間に関する規定があります。「生後満 1 年に達しない生児を育てる女性は、34 条の休憩時間のほか、1 日 2 回各々少なくとも 30 分、その生児を育てるための時間を請求」できます。両者は、その趣旨および目的が異なり、それぞれ別に措置すべきものです（平 28・8・2 雇児発 0802 第 3 号）。厚生労働省のモデル規定においても、所定労働時間を午前 9 時から午後 4 時まで（略）の 6 時間とする（1 歳に満たない子を育てる女性従業員はさらに別途 30 分ずつ 2 回の育児時間を請求することができる）と規定しています。

　労基法コンメンタールは、労使協定によって育児時間を一括して一度に請求できるようにすること自体は許容しています。全員について分割を認めず一律に 1 回と請求回数を限定するものでなければ、としていて要は選択肢として認める場合と解されます。なお、労使協定の締結を前提としているように読めることには留意が必要でしょう。

　育児時間としては「その生児を育てるための時間」を請求できるわけですが、前掲コンメンタールでは生児への哺乳その他の世話のための時間「を含む」としています。移動時間の考え方を示した解釈例規（昭 25・7・22 基収 2314 号）があります。すなわち「事業場から生児に面接するまでに要する時間、たとえば哺乳等のため乳児のところまで往復する時間等が相当の時間を必要とする場合でも、これを含めて 30 分の時間が与えられていれば本条違反とはならない」というものです。この場合でも、実質的な育児時間が与えられることが望ましいのはいうまでもありません（前掲通達）。

労働契約関係

Q56 予告の効力どうなる　解雇日を当初より延長

経営状況が良くないため、従業員を解雇することになりました。1カ月後を解雇日とする解雇の予告をすでにしたものの、その10日後に臨時の受注があったため、解雇日を遅らせることができないかと考えています。遅らせた場合、当初の解雇の予告の効力はどうなるのでしょうか。【佐賀・S社】

A. 再度手続き必要になる

労働者を解雇する際は、労働者の責めに帰すべき事由などの場合を除き、少なくとも30日前に予告しなければなりません（労基法20条）。少なくとも30日前なので、38日前など、それより前に行うことは差支えありません（昭24・6・18基発1926号）。

予告時は、原則として、解雇日を特定する必要があります（労基法コンメンタール）。また、期間の計算に当たり、予告日当日は算入しないほか、暦日で計算します。

解雇予告をしたものの予告期間満了後も引続き使用する場合は、通常、同一条件でさらに労働契約がなされたとみなされることから、解雇するには、改めて予告の手続きを取らなければならないとしています（前掲通達）。なお、予告を1月ごとに何回も繰り返すような場合は、最終の労働契約に対する予告として確定的に意味をもつと客観的に認められなければ、予告期間満了をもって契約が終了するとは考えられない（昭27・2・2基収503号）とされます。

 解雇制限を受けるか　通勤途中に負傷した場合

　　会社が解雇予告をした労働者が、解雇予告の数日後、通勤途中に事故に遭って負傷しました。労災保険は、業務上の負傷も通勤上の負傷も保険の支給を受けられます。一方、労基法の解雇制限は、条文上は業務上の負傷等と産前産後の女性にしか触れていません。通勤災害についても、解雇制限を受けることになるのでしょうか。【福島・Ｅ社】

A. 業務上に該当せず対象外

　使用者が労働者を解雇する際は、いくつか制限を受けます。労基法上はまず、少なくとも 30 日前に予告するか、30 日分以上の平均賃金を支払わなければなりません（法 20 条）。さらに、

　①労働者が業務上の負傷や疾病で療養のために休業する期間とその後 30 日間

　②産前産後の女性が労基法上の規定により休業する期間とその後 30 日間

は、解雇してはならないとしています（法 19 条）。法 19 条は、打切補償を支払ったり、天災事変その他やむを得ない事由のために事業の継続が不可能となったりしたときは、この限りではありません。

　通勤災害については、未だ事業主の支配下にあるとはいえないことから、一般には業務上ではないとしています（労基法コンメンタール）。よって、法 19 条の解雇制限を受けないといえるでしょう。ただし、通勤であっても、事業場専用の通勤バスに乗車する際の負傷や、突発事故のため休日出勤を命ぜられ出勤する途上の災害などは、業務上の扱いとなるとしています。

労務一般関係

Q58 休職満了で解雇予告は？ 在籍期間延びそう 30日前は判断できず

　私傷病による欠勤後の休職期間ですが、満了時の扱いには普通解雇や自然退職があります。普通解雇とした際の手続きとして、労基法の30日前の解雇予告は必要ですか。必要なら満了後さらに在籍する形になりそうですが、どう考えれば良いでしょうか。【広島・O社】

A. 終了事由を事前に通知

　休職には目的や内容を異にするさまざまな制度が存在します。主なものとして「傷病休職」があります。業務外の傷病による長期欠勤が一定期間に及んだときに行うものです。休職期間中に回復せず期間満了となれば自然（自動）退職または解雇となるなど、休職制度の目的は解雇猶予と解されています（菅野和夫「労働法」）。

　このうち自然退職は、労働契約の一種の自然終了事由を意味し、解雇のような一方的意思表示を要素としません。ただし、休職自体について相当性の要件が課されることになり、復職を発令しないことに正当な理由がないにもかかわらず、復職手続きを行わないまま退職扱いとすることは、就業規則違反として無効となる可能性があります（土田道夫「労働契約法」）。一方、解雇するケースは、労契法16条の適用があります。すなわち、客観的に合理的理由を欠き、社会通念上相当であると認められない場合には、解雇は無効となります。

　自然退職や解雇が有効かどうかはケースバイケースですが、就業

規則等で「私傷病休職期間満了時までに復職しないときは解雇とする」と規定している場合、労基法の解雇に関する規定が適用されます。30日前の解雇予告は、いつ解雇されるのかが明確に認識できるように解雇の日を特定して予告しなければなりません（労基法コンメンタール）。

　実務的には、休職期間中に定期的に連絡することによって、休職期間満了時の取扱いを伝えておくのが望ましいといえます。特に満了直前の時期には、満了の日を特定したうえで復職できなければ解雇等となる旨を通知するなどして、休職期間満了時に医学的に復職可能か否かについて把握しておくべきでしょう。なお、会社が主治医を介さず直接面談したことを療養専念義務の観点から問題とした事案（京都地判平28・2・23）があります。休職中の連絡をどうするかはあらかじめ確認しておく必要があります。

Q59 パートに解雇予告必要か　除外規定との関係教えて

　短期間の有期雇用契約で採用したパート・アルバイトを、能力不足によって解雇する場合は、解雇予告は必要になるのでしょうか。有期雇用契約は、解雇予告が不要となる規定は関係してくるのでしょうか。【和歌山・N社】

A. 期間途中のみ適用あり　満了時は雇止めで処理

労基法20条の解雇予告は、下記の者には原則として適用されません。
　　①日々雇い入れられる者
　　②2カ月以内の期間を定めて使用される者
　　③季節的業務に4カ月以内の期間を定めて使用される者
　　④試の使用期間中の者
ただし、それぞれ例外が定められています。①は1カ月を超えて

引き続き使用されるに至った場合、②や③は所定の期間を超えて引き続き使用されるに至った場合、④は14日を超えて引き続き使用されるに至った場合には解雇予告の適用があります。

　有期契約の雇用契約を使用者が終了させる方法としては大きく2つあります。一つは、有期労働契約の期間途中の解雇です（労働契約法17条）。もうひとつは、期間満了の雇止めです。なお、期間途中の解雇は、やむを得ない事由がある場合でなければ解雇できないとしています。

　解雇と雇止めは別物と解されています。厚生労働省は、雇止めの際の手続きとして告示（平15・10・22厚労省告示357号）の中で、使用者は、期間の定めのある労働契約（略）を更新しないこととしようとする場合には、少なくとも当該契約の期間の満了する日の30日前までに、その予告をしなければならない、としています。上記カッコ書きで省略した部分で、原則として「当該契約を3回以上更新し、または雇入れの日から起算して1年を超えて継続勤務している者に係るものに限り」、予告が必要としています。

　契約期間満了にも解雇予告義務規定が適用されるかについて、学説では肯定する見解もありますが概ね否定的です。これによれば、期間途中の解雇についてのみ予告や手当支払いの可能性があると解されます。この場合でも上記①から④に照らして、その必要性を考えることになります。ちなみに、①の1カ月と④の14日に関して、労働日のみならず休日を含んだ日数（菅野和夫「労働法」）という見解があります。

　その他、解雇予告には「ただし、天災事変その他やむを得ない事由のために事業の継続が不可能となった場合または労働者の責に帰すべき事由に基いて解雇する場合においては、この限りでない」という除外規定がありますが、一方の雇止めに関しては、こうした形での除外は認められていません。

 証明書の記載内容教えて　有期契約労働者を雇止め

当社で有期雇用している従業員ですが、雇止めしたところ、証明書を請求されました。「契約期間満了による」などと記載すればいいのでしょうか。【山口・M社】

A. 期間満了と異なる理由「退職証明」にも留意

期間の定めのある労働契約を締結・更新する際の「更新の基準」には、更新の有無が含まれます。更新する場合があり得る、契約の更新はしない等とすることが考えられます（平24・10・26基発1026第2号、平25・3・28基発0328第6号）。

告示（平15・10・22厚労省告示357号、平24・10・26厚労省告示551号）は、一定の条件を満たす場合において、少なくとも契約の期間が満了する30日前までの雇止めの予告と、雇止めの理由を明示するよう求めています。

雇止めの予告等は雇止めの法的効力に影響を及ぼすものではない（平15・10・22基発第1022001号）とする一方で、「私法上も、雇止めを含む有期労働契約の運営に関する使用者の説明・情報提供義務という手続的規制に位置付けることができ」、「不履行は雇止めの適法性に影響すると考えるべき」（土田道夫「労働契約法」）という解釈が示されていることには、留意が必要でしょう。

次に、雇止めの理由の明示は、労働者から請求があれば、原則として遅滞なくこれを交付すべきとしています（告示2条）。請求のタイミングが、仮に雇止め後であっても必要です。

厚生労働省は、明示すべき理由は、契約期間の満了とは別の理由によることが必要としています（前掲通達）。例えば、担当業務の終了・中止、事業縮小、業務遂行能力が不十分等としています。

なお、労働者が求めている証明が、退職時等の証明（労基法22条）

という可能性もあります。前掲告示に基づく雇止めに関する要請と、労基法22条2項の適用とは別物と解されています。

　雇止めの理由の明示を求められた場合は、文字どおり理由のみを明示すれば足ります。一方で、労基法22条に基づき証明する事項はこれよりも広く、退職の場合において、使用期間、業務の種類、その事業における地位、賃金または退職の事由の証明書を請求された場合、使用者は遅滞なく交付する義務があります。請求しない事項を記入してはならないため、上記法定事項であっても記入することは禁じられています。労基法22条に関する解釈ですが、労働者が記入事項を明示せずに証明書を請求した場合は、法的事項を記入することを請求されたものと解されるが、使用者としては、記入事項について問い合わせるべきであろう（労基法コンメンタール）とあります。まず、労働者が何を求めているのか確認が必要でしょう。

Q61 年休出勤率　遅刻早退どう計算？　3回で欠勤と処理　フル勤務を換算したい

　遅刻早退を繰り返す従業員への対応を検討しています。減給の制裁として、遅刻3回で1日分の賃金をカットすることは問題になる可能性があるようですが、年休付与の8割出勤率の計算において、欠勤として処理することは可能でしょうか。【愛知・M社】

A. 一部出勤でも8割に含む

　労働者が、遅刻・早退をした場合、ノーワーク・ノーペイの原則に従って、その時間については賃金債権が生じないことになります。遅刻・早退の時間に対する賃金額を超える減給は制裁とみなされ、労基法91条に定める減給の制裁に関する規定の適用を受けます（昭63・3・14基発150号）。

　遅刻3回で1日分の欠勤と処理する方法自体はいくつか考えられ

ます。たとえば、遅刻2回までは不就労部分の賃金を差し引かず、3回目に1日欠勤したものとして賃金を差し引くとき、3回の遅刻をもって1つの制裁事由という考え方は可能でしょう。ただし、この場合、法91条に基づき平均賃金の1日分の半額が限度になります。あるいは、1回の遅刻に平均賃金の1日分の3分の1ずつを減給するという方法も考えられます。平均賃金の1日分の3分の1の減給自体は、法91条に定める規制の枠内ではありますが、仮に遅刻時間が少ないような場合、適法な懲戒権の行使（労契法15条）といえるかの問題があるでしょう。「減給は、労働者に経済的不利益をもたらす処分であるから、軽々に発動されてはならない」（土田道夫「労働契約法」）という解釈があります。

　年次有給休暇の付与は、労働者が6カ月間（1年間）継続勤務すること、当該期間において8割以上出勤することが必要となっています（労基法39条）。8割以上の出勤率は、労働者が出勤した日数を全労働日の日数で除して算出します。

　全労働日とは、具体的には就業規則等で労働日として定められた日のことで、6カ月（1年）の総暦日数から所定の休日を除いた日が該当すると解されています（平25・7・10基発0710第3号）。

　遅刻・早退は、1労働日の所定労働時間の一部について就労しないものですが、出勤率の計算上の出欠は、労働日を単位としてみるべきとしています（労基法コンメンタール）。遅刻・早退を欠勤として取り扱うことは認められません。

Q62 年休管理簿の保存は？ 「重要な書類」か不明 紙から電子媒体へシフト

当社では記録の保存方法を、紙媒体から電子媒体へ順次シフトしています。記録が必要な書類、保存期間を確認しているのですが、条文の「重要な書類」の定義がはっきりしません。たとえば「年休管理簿」はどのような扱いなのでしょうか。【愛知・R社】

A. 省令に基づき当分3年

使用者に記録の保存を義務付けているのは、労基法109条です。紙媒体から電子媒体への移行ですが、「厚生労働省の所管する法令の規定に基づく民間事業者等が行う書面の保存等における情報通信の技術の利用に関する省令」の別表第1で、電磁的記録による保存の対象に労基法109条が含まれています。ここでいう民間事業者等は、「法令の規定により書面又は電磁的記録の保存等をしなければならないものとされている民間事業者その他の者」となっています。

保存には3つの条件を満たす必要があると解されています（労基法コンメンタール）。①画像情報の安全性が確保されていること、②画像情報を正確に記録し、かつ、長期間にわたって復元できること、③労働基準監督官の臨検時等、保存文書の閲覧、提出等が必要とされる場合に、直ちに必要事項が明らかにされ、かつ、写しを提出し得るシステムとなっていること等です。

「その他労働関係に関する重要な書類」は、たとえば、出勤簿、タイムカード等の記録があり、労使協定も含まれます（前掲コンメンタール）。その他、始業・終業時刻など労働時間の記録に関する書類、退職関係書類、休職・出向関係書類が例として挙げられています。

「年休管理簿は、労基法109条に規定する重要な書類には該当しない」との解釈が示されています（平30・9・7基発0907第1号）。しかし、保存自体が不要というわけではありません。労基則で保存

が必要とされている記録があり、年休管理簿（労基則24条の7）もその1つです。保存期間の起算点は、有給休暇を与えた期間中および当該期間の満了後となっています。その他、時間外・休日労働（36）協定における健康福祉確保措置の実施状況に関する記録（則17条2項）もあります。

保存期間は3年から5年に延長されましたが、当分の間3年間としているのは、年休管理簿など労基則に基づく書類も同じです（労基則72条）。

Q63 加工販売は適用除外に？ 農業・水産業の事業 労働時間や休日などどうか

顧問先に農業関係の事業場があります。労働時間等に関して適用を除外していますが、当該事業場の従業員であれば、加工・販売などでもすべて除外されるのでしょうか。【福島・N社労士】

A. 実態から部門で別扱いも

農業または水産業（以下、「農業等」）の事業に従事する労働者は、労基法の「この章（4章）、6章および6章の2で定める労働時間、休憩および休日に関する規定」の適用がありません。4章は、労働時間、休憩、休日や年休、6章は年少者、6章の2は妊産婦等の規定です。適用がないのは労働時間等に関する規定なので、たとえば、「休暇」に関する規定は適用されます。

適用を除外する趣旨として、「この種の事業がその性質上天候等の自然条件に左右されるため、法定労働時間および週休制になじまない」ことを挙げています（労基法コンメンタール）。

法41条1号は、農業等の事業に従事する者について、適用を除外すると規定しています。当該事業場の事業が何に分類されるのかが、まずポイントです。労基法は事業場ごとに適用があり、事業場は原

則として場所ごとと解されています（昭 63・3・14 基発 150 号など）。一方で、場所的観念だけで適用単位を決定してしまうことは実情に合わない場合もあります。「同一場所にあっても、著しく労働の態様を異にする部門が存在する場合」において、「明確に区分され、かつ、主たる部門と切り離して適用を定めることによって労基法がより適切に運用できる場合」に、「その部門を一の独立の事業」としています（前掲通達）。

　上記をまとめる形で労基法コンメンタールは、場所的観念を原則としつつ、さらに「従業員規模、労働者および労務管理の区分の有無、組織的関連ないし事務能力等」を総合して適用単位が決まるとしています。農業に関して、厚労省と農水省がまとめた資料には、労働者数、売上高等で主たる業務を判断するとしたものがありました。

Q64 諸規程どこまで届出？　内規がたびたび問題に　金一封など規定化せず

　就業規則の作成や変更のタイミングで取扱いをどうするか話題になるのが内規です。就業規則であれば作成変更時の届出等が必要になりますが、内規はどのように考えれば良いのでしょうか。仮にですが金一封のようなものを出すことがあるとき、規定とは無関係に支給することもあるように思いますが…。【神奈川・Ｏ社】

A. 臨時の賃金等は記載事項

　事業場には、労働者一般が就業上守るべき規律や労働時間、賃金その他の労働条件に関する具体的細目等を定めた規則類が作られているのが通例です。就業規則と一言でいっても、具体的な細目等はそれぞれ別個の規程になっていることも少なくありません。賃金や退職金規程、安全衛生規程等です。労基法 89 条の就業規則は、こうした規則類の総称と考えられています。ちなみに、内規に関しては、

労働者に提示することを想定していない内部利用のための文書としたものがあります。

　平成10年の法改正までは、別規則となし得る事項を限定する規定がありました（旧法89条2項）。とくに大部で細かな規定となりやすい賃金、退職手当、安全・衛生、災害補償および業務外の傷病扶助に関する事項について、別規則となし得るとしていたものです。現在こうした規定はないため、就業規則のいかなる事項も別規則とできます。たとえば、育介法に基づく育児介護休業に関する規程ですが、これは法89条の「休暇」の項に含まれます（労基法コンメンタール）。任意に与える諸休暇（夏季・年末年始休暇、教育訓練休暇、慶弔休暇等）も含みます。

　就業規則に記載すべき事項は法89条で規定されています。法89条1〜3号が必ず記載が必要な絶対的必要記載事項であり、3号の2以下は定めをする場合に記載が必要な相対的必要記載事項と解されています（前掲コンメンタール）。作成変更の手続きが必要かどうかは労基法89条に基づき就業規則への規定が求められている事項かどうかで判断することはできそうです。たとえば、臨時の賃金等に関する記載は相対的必要記載事項に該当します（法89条1項4号）。一方で、結婚祝金、死亡弔慰金、災害見舞金等の恩恵的給付は原則として賃金とはみなしません（昭22・9・13発基17号）。

Q65　出向も含め手続き？　過半数代表者選出する際

　関連会社から出向労働者が来ています。関連会社では出生時育休中の一部就労ができ、当社も導入を検討中です。そのための労使協定の締結において、出向労働者も過半数代表者選出の手続きに含めるべきでしょうか。他の労使協定の参考にもしたいです。【茨城・T社】

A. 対象となる範囲すべての労働者

労使協定の締結対象者は、過半数労働組合がない場合は、過半数代表者です。過半数代表者は使用者の意向で選ぶことはできません。使用者から意見を聴取される者等を選出することを明らかにして実施される投票、挙手等の方法による手続きで選ばれた者であることが必要です（令3・11・30雇均発1130第1号）。

過半数代表者が代表する労働者の範囲は、労基法36条の時間外・休日労働（36）協定に関する解釈例規（昭46・1・18基収6206号）で、すべての労働者と解すべきであるとしています。パート労働者のほか、休職期間中の者なども含みます。

在籍型出向における出向労働者は、出向元・先両方で労働契約関係にあり双方で範囲に含まれるといえます。中小企業を対象に2023年3月まで、月60時間超の割増賃金の猶予を定めた法138条の「常時使用する労働者」の解釈でも、元・先の両方の労働者数に算入するとしています（平21・5・29基発0529001号）。

Q66 試用期間の延長は？　就業規則に根拠なし　個別労働契約で足りるか

当社では、正社員に3カ月間の試用期間を設定しています。本採用すべきか迷う事案が発生したときは、個別に期間を延長してきました。就業規則に規定はありません。試用期間満了で本採用を拒否するよりは、本人にとって有利と考えますが、このままでは問題があるのでしょうか。【神奈川・R社】

A. 最低基準効あり規定を

試用期間とは、勤務態度、能力、技能、性格等をみて正式に採用するか否かを決定するための期間と解されています（労基法コンメンタール）。

試用期間自体は、労働者の地位を不安定にするものといえますが、試用期間の長さに関する定めは労基法上ありません。一般的には、3カ月が多く、1〜6カ月にわたります。試用期間の延長は、就業規則等で延長の可能性およびその事由、期間などが明定されていない限り、原則として認めるべきでないとしています。厚労省のモデル就業規則では、試用期間における作業能率または勤務態度が著しく不良で、労働者として不適格であると認められたときを解雇事由として定めています。

　個別の労働契約で試用期間の延長に関する規定を設けた場合、就業規則で定める基準に達しない労働条件を定める労働契約は、その部分については、無効とするとしています（労契法12条）。裁判例（東京地判令2・9・28）においても、試用期間を延長することは、労働者を不安定な地位に置くことになるから、根拠が必要とあります。そのうえで、就業規則のほか労働者の同意も根拠に当たると解すべきであり、就業規則の最低基準効（労契法12条）に反しない限り、使用者が同意を得たうえで試用期間を延長することは許される、としました。ただし、職務能力や適格性を見出すことができるか見極める必要がある場合等の「やむを得ない事情があると認められる場合」に、本人の同意を得たうえで必要最小限度の期間を設定・延長しても就業規則の最低基準効に反しないとしています。

　実務的には、就業規則へ、試用期間満了までに試用期間中の従業員の適性等を考慮したうえで、通算6カ月間まで試用期間を延長することができるといった規定を設けておくのがベターです。

第2章
労災保険法編

総則関係

保険給付関係

総則関係

 地震でケガしたら給付？　業務遂行中に発生

　最近、地震が全国各地で発生しています。業務遂行中に起きた地震が原因で、災害を被った場合の労災保険の適用について教えてください。【千葉・Ｔ社】

A. 「危険な作業下」と認定も　避難中も救済の対象

　労災保険における業務災害とは、労働者が事業主の支配下にあることに伴う危険が現実化したものと経験法則上認められるものをいいます。いわゆる天災地変による災害の場合にはたとえ業務遂行中に発生したものであっても、一般的に業務起因性は認められず、原則的に業務上の災害とはいえないとしています。

　しかしながら、作業方法、作業環境、事業場施設の状況等からみて危険環境下にあることにより被災したものと認められる場合には、業務起因性が認められることになります。

　1　天災地変による災害の基本的考え方

　暴風雨、地震、落雷等の天災事変は、それ自体は業務とは関係のない自然現象なので、それに起因する災害は基本的には業務起因性がないということになります。

　そして、その理由としては、天災地変については不可抗力的に発生するものであって、その危険性については、事業主の支配、管理下にあるか否かに関係なく等しくその危険があるといえ、個々の事業主に災害発生の責任を帰することは困難だからとしています。

　しかしながら、作業方法、作業環境、事業場施設の状況から

みて、天災地変に際して災害を被りやすい事情がある場合には天災地変による災害の危険は同時に業務に伴う危険（または事業主の支配下にあることに伴う危険）としての性質を帯びることになります。

従って、天災地変に際して発生した災害も同時に災害を被りやすい業務上の事情があり、それが天災地変を契機として現実化したものと認められる場合に限り、業務起因性が認められることになります（労災法コンメンタール）。

2　具体的な災害に係る業務起因性

（1）家屋の倒壊や落石・土砂崩壊を直接原因として発生した場合の解釈

天災地変に際しての災害については、家屋の倒壊や落石・土砂崩壊 7 を直接原因として発生するものであり、この場合、もともと家屋あるいは山等の周囲の状況が災害（倒壊・落石崩壊）を引き起こす危険な要因を有していたという場合において、たまたま天災地変が契機となって家屋の倒壊あるいは、山の崩壊を生ぜしめた場合は、業務起因性の反証事由としての『天災地変』によるというべきではなく、天災地変を契機にとして当該家屋等に内在した危険が現実化したと見るのが妥当である」という解釈があります。

（2）避難行為

天災地変その他業務と関連する突発的事情によって臨機応変に行われる避難行為については、当該行為の合理性ないし必要性の有無を考慮し、その是非を判断する必要があり、一般的に業務遂行中に事業場施設に危険な事態が生じた場合において労働者が業務行為の継続が困難と判断しその危険を避けるために、当該施設より避難するという行為は、合理的行為として認められるとしています。

※参考通達

「地震に際して発生した災害の業務上外について」（昭 49・

10・25 基収 2950 号）

3　過去の大地震時に示された通達

　平成 23 年に発生した東日本大震災に関しては、同日付で「東北地方太平洋沖地震に伴う労災保険給付の請求に係る事務処理について」（平 23・3・11 基労補発 0311 第 9 号）が通達されました。

　その中において、「今回の地震による業務上外の考え方については、平成 7 年 1 月 30 日付『兵庫県南部地震における業務上外等の考え方について』に基づき、判断を行って差し支えない」としています。当該通達をみると、「被災労働者が、作業方法、作業環境、事業場施設の状況等からみて危険環境下にあることにより被災したものと認められる場合には、業務上の災害として取り扱っているところであり、昭和 49 年 10 月 25 日付け基収第 2950 号『伊豆半島沖地震に際して発生した災害の業務上外について』においても、この考え方に基づいて、個々の事例について業務上外の考え方を示したものであること。したがって、今回の地震による災害についても、従来からの基本的な考え方に基づいて業務上外の判断を行うものであること」としています。「個々の労災保険給付請求事案についての業務上外等の判断に当たっては、天災地変による災害については業務起因性等がないとの予断をもって処理することのないよう特に留意すること」としています。その他、当該通達の別添では、地震による災害事例がいくつか示されています。

 病院へ寄ったが通災か　出勤中に具合悪くなり

　朝、通勤途中に具合が悪くなり、病院に寄ってから出社した従業員がいました。通勤途中に病院へ行く際事故が発生すれば、労災補償の対象になると理解していたのですが間違いないでしょうか。【宮城・O社】

A. 逸脱中断中は補償なく

労災法の通勤とは、住居と就業の場所との間の往復などをいい（法7条2項）、移動の経路を逸脱、中断した場合には、逸脱中断の間とその後の移動は、原則として通勤には該当しません。ただし、逸脱中断の理由が関係してきます。「日常生活上必要な行為」をやむを得ず行うといった場合は、逸脱中断後の移動は通勤として補償の対象になり得ます。病院で診察治療を受けることその他これに準ずる行為が含まれています（労災則8条）。

たとえば、「午前は（病院へ行くため）休みます。午後から出社します」というときに、病院へ行く途中の事故は就業に関する移動ではありません。

病院に立ち寄ってから出勤する場合でも、逸脱中断の間を除き、通勤として考えます（法7条3項）。病院を受診するために通常の通勤経路と反対方向に向かっていることなどを理由に労働保険審査会が再審査請求を棄却した事案（平25労496号）があります。

Q3 第三者行為に該当？　建設資材が原因で事故

通勤途上、工事現場の付近を自転車で通りかかったとき、散乱していた資材に引っかかって転倒、負傷しました。通勤災害になる場合で、ケガの直接の原因は「物」ですが、これも第三者行為災害でしょうか。【愛知・R生】

A. 「人」の加害に限らない

労災保険給付の原因となった業務上または通勤災害が第三者の加害行為等によって発生した場合を第三者行為災害と称しています（労災法12条の4）。

第三者行為災害が成立するためには、①保険給付の原因となった災害が第三者の行為等によって生じたものであること、②第三者が受給権者に対し損害賠償責任を負っていることの要件をいずれも満たす必要があると解されています。

人の加害行為によって災害が発生した場合のみならず、土地の工作物等の設置または保存に瑕疵があり、民法の規定に基づきその占有者または所有者が損害賠償責任を負う場合、および動物の加害によって災害が発生した場合でその占有者等が民法の規定に基づき損害賠償責任を負う場合等も含まれます（第三者行為災害事務取扱手引）。事故の実態によることになりまして、管轄の労働基準監督署で第三者行為災害の相談をすることをおすすめします。

出社途中で通災か　午前中はテレワーク

午前中はテレワーク、午後から出社予定の従業員が、出社する途中にケガをしたとき、通勤災害でしょうか。【宮城・Ｓ社】

A. 出勤予定し通勤に該当

通勤とは、労働者が就業に関して、
① 　住居と就業場所との間の往復
② 　就業場所から他の就業場所への移動
③ 　①の往復に先行し、または後続する住居間の移動
を、合理的な経路および方法により行うことをいいます（労災法7条2項）。業務の性質を有するものを除きます。

テレワーク中は、事業場における労働者と同様、業務上災害として労災保険給付の対象となり得ます。ただし、私的行為等、業務以外が原因であるものは認められません（令3・3・25基発0325第2号等）。当該通達では、たとえば、テレワーク中の労働者に対して、

使用者が具体的な業務のために急きょオフィスへの出勤を求めた場合など、使用者が労働者に対し業務に従事するために必要な就業場所間の移動を命じ、その間の自由利用が保障されていない場合の移動時間は、労働時間に該当するとしています。いずれにしても、当初から出勤が予定されていれば通勤という解釈は可能でしょう。

Q5 死傷病報告と給付関係？　労災請求時に確認あり

　従業員が工場内（本社工場ではなく地方の工場）で転倒して左足の膝を強打して1週間ほど休業しました。休業補償給付の請求書を提出したところ、労働基準監督署労災課から「労働者死傷病報告書の提出年月日の記載がないが、提出したか？」との連絡を受けました。担当者が変更になったこともあってよく分からなかったのが原因なのですが、労働者死傷病報告書の提出義務と、労災事故、労災保険給付請求書の提出との関連性について教えてください。【神奈川・M社】

A. 提出した日付けの記載が必要　被災者所属先の管轄へ

　従業員が、負傷または中毒や疾病にかかったことにより、死亡もしくは休業を要した場合については、すべて「労働者死傷病報告」の提出が必要となります。この労働者死傷病報告とは労働安全衛生法等に基づく報告であり、労働災害等の原因によって労働者が死亡または休業した場合に提出するもので、労働災害統計の作成や事故等の原因の分析や再発防止のための対策の検討に生かされます。

1　労働者死傷病報告書とは

　労働者死傷病報告とは安衛法等の法令により、事業者に課せられる報告の一つであって、労働安全衛生規則97条に規定されています。この報告書は、死亡、休業した者が労働者でない場合は提

出する必要はなく、また当該労働者が休業しなかった場合、および通勤災害の場合も提出する必要はありません。

　注1）通勤災害の場合には提出する必要はありませんが、通勤途中の災害において「業務災害」となる場合がありますので注意が必要です。例えば、会社提供の専用交通機関を利用しての往復行為、突発事故等による緊急用務のために休日や休暇中に呼出しを受けて緊急出勤する場合などが該当します。

　注2）派遣労働者が派遣先で負傷等をして休業または死亡した場合は、派遣元および派遣先の双方に労働者死傷病報告の提出義務が課せられます。

2　労働者死傷病報告書の提出先

　今回の事故は本社工場ではなく、地方の工場で起きた災害とのことですが、労働保険継続事業の一括制度の認可を受けた事業場（被一括事業場）の労働者が被災した場合、労働者死傷病報告は、被災労働者の勤務（所属）先の労働基準監督署に提出します。

3　労働者死傷病報告書を提出しない場合の罰則

　労働災害の実態の把握と分析を通じてその問題点を的確に認識することは労働災害防止の基礎であり、同種災害の防止という観点から重要です。そのため、労働者死傷病報告書を提出しなかったり、虚偽の内容で提出することは「労災かくし」とされ、発覚した場合、安衛法違反として書類送検され、50万円以下の罰金に処せられます（安衛法100条1項）。

4　労災保険給付請求との関係

　労働者死傷病報告書は上記のとおり、安衛法等の法令に基づき事業者に課せられる報告の一つであって、労災保険の各種手続きとは別物ですので報告要件に該当した場合は必ず提出しなければなりません。

　当該災害が労働災害に該当したか否かを問わず提出しなければなりませんし、事業者が全額の補償を行い労災保険の請求をしな

かった場合でも提出しなければなりません。

5　第１回目の休業補償給付請求書を提出する際の死傷病報告書
　　提出年月日の記入

　労災保険における休業補償は休業４日目から支給されることに
なります。

　従って、第１回目の休業補償給付請求書を提出するということ
は当然に当該事故による労働者死傷病報告書が提出されていると
いうことになりますので、休業補償給付請求書の死傷病報告書提
出年月日が記入されていなければなりません。

　今回の労働基準監督署労災課から連絡があったのはそのためです。

6　休業日数のカウントについて注意

　労災保険の休業補償給付請求書を提出するに当たっての休業日
数のカウントと、労働者死傷病報告書の提出に当たっての休業日
数のカウントは異なりますので注意が必要です。

　労災保険においては、災害によって災害発生日の所定労働時間
の一部でも休業が発生した場合は、災害発生日当日を休業の初日
としてカウントします。

　対して労働者死傷病報告における休業日数は、負傷日の翌日を
起点としてカウントします。そのため、災害発生日の所定労働時
間の一部に休業が発生した場合でも、ケガした翌日以降１日も仕
事を休まなかったときは、休業は１日未満となり、不休災害とな
ります。この場合、労働者死傷病報告の提出対象にはなりません

Q6 単身赴任の災害補償は？ 週末帰省して住居間移動

単身赴任者が定期的に土日を利用して帰省している場合、赴任先の住居から帰省先の住居への移動中の災害は労災補償の対象になると聞きましたが、「住居間」の移動でも労災の対象となるのでしょうか。どのような要件のもとで、認定されるのか教えて下さい。【神奈川・Ｎ社】

A. 往復困難など条件あり　月１回程度の実績必要

単身赴任者が土日、休日を利用して勤務終了後に帰省し、次の就労に向けて赴任先へ戻るという場合は「住居」と「住居」間の移動となる場合がありますが、その移動の間に発生した災害についても通勤災害として保護されています。ただし、通勤災害として認められるためには、通達（平18・3・31基発0331042号）によって対象となる労働者の範囲、転任先の範囲等の要件が示されていますので注意が必要です。

労災法7条2項において、「通勤とは、労働者が、就業に関し、次に掲げる移動を、合理的な経路及び方法により行うことをいい、業務の性質を有するものを除くもの」としています。

一　住居と就業の場所との間の往復

二　厚生労働省令で定める就業の場所から他の就業の場所への移動

三　第一号に掲げる往復に先行し、又は後続する住居間の移動（厚生労働省令で定める要件に該当するものに限る）とされており、第一号に掲げる往復に先行し、又は後続する住居間の移動というのが単身赴任者の住居間の移動を指します。

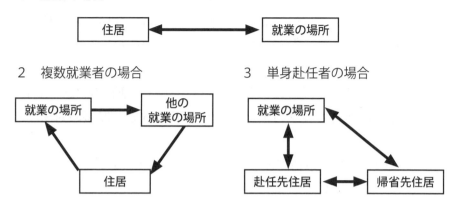

通勤の形態 　下図の２および３の形態については、一定の要件がありますのでご注意ください。

1　通常の場合

2　複数就業者の場合　　　3　単身赴任者の場合

労災保険法

一般に単身赴任は、自宅通勤ができない地域への転勤を命ぜられた場合に、家庭状況等を理由に、単身で勤務地へ赴任することをいい、やむを得ず行われるものと考えます。単身赴任者が週末等を利用して帰省する場合、赴任先の就業の場所から一旦赴任先の「住居」へ帰り、そこから帰省先の「住居」へ移動するというケースがみられ、帰省先住居から赴任先へ戻る際も、まず赴任先住居へ移動する場合がよく見られるところです。この移動は、「住居間の移動」ではありますが、その移動の間に発生した災害についても通勤災害として保護されています。しかし、当該住居間の移動がすべて「通勤」とされるわけではありません。このような移動の途上について通勤災害として認められるためには、次の条件を満たす必要があります。

1　転任直前の住居と就業の場所との間の日々の往復が距離等を考慮して困難であること（＊注１）。

2　赴任先住居は、労働者が日常生活を営む場所で、就業のための根拠となるところであること。

3　帰省先住居は、そこへの移動に反復継続性が認められること

（＊注2）。

　4　就業との関連性が認められる住居間の移動であること。

　具体的には、①赴任先住居から帰省先住居への移動については勤務日の当日または翌日に行われるもの、②帰省先住居から赴任先住居への移動については勤務日の当日またはその前日に行われるものをいいます（ただし、急な天候の変化により交通機関が運行停止になるといった外的要因等により、これらの日に移動できない場合については、勤務日の翌々日または前々日であっても保護の対象となります）。

　5　やむを得ない事情で転任により家族と別居していること。

　家族と別居している状況については、①配偶者と別居している場合、②配偶者がいない労働者が子と別居している場合、③配偶者も子もいない労働者が同居介護していた要介護状態にある父母または親族と別居している場合などをいいます。

　＊注1　往復が困難である距離とは原則60km以上をいいます。

　＊注2　反復継続性とは月1回程度の移動実績をいいます（平18・3・31基労補発0331003号）。

　単身赴任者の帰省は一般的に行われているものと思われますが、その間の災害が通勤災害に該当するかどうかは、個別具体的な事案に応じて判断されることになります。疑義が生じた場合には管轄の労働基準監督署へ相談されることをお勧めします。

 特別加入せず補償は？　副業先へ移動中にケガ

　当社を副業・兼業先として働いている人がいます。雇用契約ではなく、業務委託としています。当社への移動中にケガをしたときに、特別加入をしていないと保険給付は受けられないのでしょうか。【福岡・S社】

A. 健康保険から給付の可能性

就業場所間の移動も通勤に該当する可能性があり（労災法7条2項）、当該移動は第2の事業場への通勤であることから、第2の事業場で処理を行うことになります。

特別加入自体は現行法では任意です。特別加入者を希望する者の申請に対して所轄都道府県労働局長が承認することで保険としての効力が開始されます（労災保険特別加入関係事務取扱手引）。

副業・兼業であれば本業で健康保険に加入している可能性があります。健康保険の給付は、労災保険から給付がある業務災害以外の場合について行います（健保法1条）。

健康保険の療養の給付等は、「労災法等の規定によりこれらに相当する給付を受けることができる場合は行わない」と定めています（労災法55条）。通勤災害も、労災法の保護対象（7条1項2号）ですから、労災保険給付が優先するという扱いです。適正な請負かどうかという問題はあり保険者の判断になりますが、健康保険の対象となることはあり得ると解されています（平25・8・14事務連絡）。

Q8 海外派遣は事業者のみ？ 指揮命令系統がカギか 出張なら国内で処理可能

海外にある支店や工場等に赴いて勤務する場合、労災保険の適用が問題になることがあります。いわゆる出張のときは国内の保険関係で処理可能ですが、一方で海外派遣だと特別加入が必要と理解しています。派遣というのは、国内からの指揮命令系統がなく、事業者のように働く場合が当てはまるのでしょうか。【東京・P社】

A. 労働者性ある場合も対象

海外派遣者には、条文上2つのパターンが想定されています（労災法33条6号、7号）。本欄では6号は割愛します。7号には、さ

らに２つの区分があります（労災保険特別加入関係事務取扱手引）。

　ひとつは、日本国内の事業（有期事業を除く）から派遣されて海外支店等海外で行われる 300 人以下の労働者を使用する事業に従事する「事業主その他労働者以外の者」です。「300 人」は業種により人数の読替えがあり、中小事業主の範囲となっています。派遣先の海外の事業が中小企業に該当する場合に限り、その代表者（たとえば、現地法人の社長）など一般的に労働者としての性格を有しないと考えられる者について特別加入の対象とするものです。

　もうひとつは、同じく国内（有期事業を除く）から派遣されて海外支店等、海外で行われる事業に従事する「労働者」です。労働者として海外に赴く場合は、国内の派遣元の事業主の命令で海外の事業に従事し、その事業との間に現実の労働関係をもつ限りは、特別加入の資格に影響を及ぼすものではないとしています。

　一方で、国内の保険関係で処理できる海外出張者もいます。単に労働の提供の場が海外であるだけでなく、国内の事業場に所属し、当該事業場の使用者の指揮に従って海外で勤務するのか、それとも海外の事業場に所属して現地の使用者の指揮に従って勤務することになるのかという点から、その勤務の実態を総合的に勘案して判断するとしています（前掲手引）。

　海外派遣者の業務上外の認定に当たり、業務遂行性が認められる範囲ですが、労働者として海外派遣される者は、国内労働者の場合に準じて判断します。事業主等として派遣される者は、国内における中小事業主等の特別加入者の場合に準じて判断するとしています（昭 52・3・30 基発 192 号）。

保険給付関係

Q9 副業時に労働不能どう判断　休業補償給付の要件 一方で勤務できるとき

　副業・兼業を認める際の心配事に、長時間労働やケガ等があります。たとえば、当社（本業）はデスクワーク、副業で力仕事に従事したとします。副業でケガをしてもいずれかで働くことができるとき、労働不能かどうかはどう判断するのでしょうか。【兵庫・D社】

A. 一方で労働可能なら不支給

　いわゆる複数事業労働者の業務上の事由、2以上の事案を要因とする事由、通勤による傷病等により労災保険給付を行う場合、給付基礎日額は合算する仕組みです（労災法8条3項）。

　労働者が療養のため労働することができないために賃金を受けない日の第4日目から、複数事業労働者休業給付（以下、「休業（補償）等給付」）が支給されることがあります（労災法14条、20条の4など）。

　労働不能の判断ですが、本業と副業ともに労働者の事案は、「一般的に労働が可能な状態である場合、複数就業先のすべての事業場に係る休業（補償）等給付に係る保険給付について、不支給決定」（令3・3・18基補発0318第6号）となります。

　これと異なるのが「特別加入」です。特別加入者は、労働不能の考え方が労働者とは異なるため、労働者に係る保険給付のみを行うことなどがあり得るとしています（複数事業労働者における労災保険給付に係る事務処理要領）。

　本業が労働者、副業で特別加入する場合に、副業でケガをしたと

きですが、前掲要領では、まず災害発生事業場（副業）で作業に従事することが可能な場合、非災害発生事業場（本業）において労働者としての労働不能でも、不支給としています。

Q10 親への遺族補償どうなる　60歳以上が条件とあり

当社請負の建設現場において発生した死亡事故に伴い、労災の遺族補償請求を行うこととなりました。被災労働者の死亡時の状況を確認したところ、郷里に独り住まいしている母（58歳）がおり、パート勤めしているものの身体が弱いこともあり、毎月給料の一部を送金していたと聞いています。遺族補償年金を受けることができる遺族（受給資格者）の範囲の記載によると、生計維持関係にあることと、父母については60歳以上であることとなっています。本事案の場合の生計維持関係の考え方、母親は58歳であるのですが、年金受給の考え方を教えてください。【埼玉・N社】

A. 請求すると停止決定も　前払一時金は受給可能

生計維持関係にある55歳以上60歳未満の父母は遺族補償年金を受けることができる遺族にはなるけれども、60歳に達するまでの間支給が停止されるということになっています。

また、若年停止中であったとしても前払一時金の請求は可能であるということになります。

① 生計維持関係の考え方

労災保険では、業務上災害による死亡労働者の遺族に対して「遺族補償年金」または「遺族補償一時金」が支給されることになっています。

労災法 16 条の 2 に「遺族補償年金の受給者の範囲」が規定されており、遺族補償年金を受けることができる遺族は、労働者の死亡当時生計維持関係にあったものであって、父母については 60 歳以上か一定の障害状態にあることが要件になっています。

　「生計を維持していた」とは、もっぱらまたは主として労働者の収入によって生計を維持されていることは要せず、労働者の収入によって生計の一部を維持していれば足りるとされており、いわゆる共働きの夫婦であっても生計維持関係にあったものと認められます。

　また、別居の場合ですが、生計維持関係の判断は同居していることを要件としているわけではありませんので、例えば、出稼ぎのように一時的に別居していたとしても、労働者からの送金によって生計が維持されていたことが明らかであれば生計維持関係があったものと認められます。

　ご質問のケースについては、死亡労働者の母親はパート収入を得ていたものと思われますが、死亡労働者からの毎月の送金と合わせて母親の生計が維持されていたことが明らかであれば、生計維持関係があったものと判断してよいと考えます。

② 　55 歳以上 60 歳未満の父母の受給資格と若年停止

　父母については 60 歳以上か一定の障害状態にあることが要件になっていますが、「遺族補償年金に関する特例」（昭 40・法附則 43 条 1 項）の規定によって、「父母であって、労働者の死亡当時、その収入によって生計を維持し、かつ、55 歳以上 60 歳未満であったものは、法 16 条の 2 の規定にかかわらず、同法の規定による遺族補償年金を受けることができる遺族とする」とされており、3 項において 1 項に規定する遺族に支給すべき遺族補償年金は、「その者が 60 歳に達する月までの間は、その支給を停止する。ただし、労働者災害補償保険法 60 条の規定の適用を妨げるものではない」とされています。

これを「遺族補償年金の若年停止」といいます。

③　労災請求書の提出

　上記②のとおり、55歳以上60歳未満の父母であった場合、若年停止とはなりますが、遺族補償年金の請求手続きは行わなければなりませんので注意が必要です。

④　前払一時金との関連

　前掲「遺族補償年金に関する特例」3項の「ただし、労働者災害補償保険法60条の規定の適用を妨げるものではない」の規定は遺族（補償）年金前払一時金の規定を指しています。

　したがって、年金は若年停止中であったとしても前払一時金の請求は可能であるということになります。

　前払一時金の額は、給付基礎日額の200日分、400日分、600日分、800日分、1000日分の額の中から希望する額を選択することができますが、年金の前払いですので、ご両親が60歳に達したときに、直ちに年金の支給は開始されないということを意味します。

　遺族補償年金の毎月分の額（1年経ってからの分は、算定事由発生日における法定利率にその経過した年数を乗じて得た額）の合計額が、前払一時金の額に達するまでの間支給停止されますので（労災則附則34項により30項を読み替え）、60歳に達した時の生活状況等を勘案して請求額等必要な額について慎重に検討する必要があることを申し添えます。

 示談する場合の注意点は 「第三者行為災害」 が発生

　先日、当社従業員が自転車による通勤途中に自動車と接触して転倒、負傷するという事故が起きました。従業員にはほぼ過失はなく、労災保険による補償を受けてきましたが、今般相手方が加入する保険会社から「示談」の提案がありました。「示談」を行うに当たっての注意点がありましたら教えてください。【山梨・M社】

A. 労災給付がストップに　請求予定なら書面記載

　被災者等と第三者の間で、全部示談が真正に成立し、示談内容以外の損害賠償の請求権を放棄した場合、政府は、原則として示談成立以降の労災保険給付を行わないことになっていますので、示談前に都道府県労働局または労働基準監督署に相談することをお勧めします。

　厚生労働省の「第三者行為災害のしおり」も参考になるでしょう。

　1　「示談」とは

　示談は、損害賠償すべき額について、当事者の合意によって、早期に決定するため、当事者の話し合いにより互いに譲歩し、互いに納得する額で折り合うための契約をいいます。

　2　「示談」の効果（労災保険給付との関係）

　被災者等と第三者の間で、全部示談（被災者等が受け取るすべての損害賠償についての示談）が真正に（錯誤や脅迫などではなく両当事者間の真意によって）成立し、被災者等が示談内容以外の損害賠償の請求権を放棄した場合、政府は、原則として示談成立以降の労災保険給付を行わないことになっています。

　これは、示談を行って、損害賠償の全部・一部を放棄した場合、政府は保険給付を行っても第三者に求償できないことになるからです。

また、すでに労災保険給付が行われている期間より前の日を示談の効力発生日とする真正な示談が結ばれた場合、本来労災保険給付をすべきでない期間について保険給付をしたという状況が生じるため、当該給付分については回収されることがありますので注意が必要です。

3　「示談」に当たっての留意点

　不用意な、または真意に沿わないような示談は、上記2のように思わぬ損失となるので注意が必要であり、示談を行う際には、示談内容が、労災保険給付を含む全損害の補てんを目的とするものであるかどうか、示談の相手方に対して明確に意思表示し、示談内容とは別に、例えば治療費や休業損害に関する部分について、示談締結後に別途労災保険に請求する予定である場合は、その内容を示談書に明記する必要があります。

4　全部てん補を目的としているとは認められないもの」とは

ア　損害の一部について、労災から給付を受けることとしている場合

イ　文面上、全損害のてん補を目的とすることが明確ではない場合

ウ　文面上、全損害てん補の記載はあるが、内容や供述等から認められない場合

がありますが、文面例としては

・○○は労災から給付を受けることから、△△は政府による求償に応じることとする。

・今後の後遺障害については、別途請求に応じることとする。

という内容が考えられます。

5　示談前の相談

　示談については、示談成立日以前の労災保険給付への影響、示談後の労災保険給付への影響が生じることがあることから、示談を行う前に必ず都道府県労働局または労働基準監督署に連絡をして相談を行うことをお勧めします。

6　示談に関する判例

主なものとして下記があります。

①　労災保険金の受給権者が、加害者との間で示談契約を結び、その損害賠償債務を免除した後、受給権者に保険金が給付されても、そのときには受給権は消滅しているのであるから、国は、保険給付額と残余債権との差額について労災法20条1項（現行12条の4第1項）による損害賠償請求権を取得しないとされた事例（損害賠償請求上告事件＝最三小判昭38・6・4）

②　全損害を正確に把握し難い状況のもとにおいて早急に少額の賠償金をもって満足する旨の示談がされた場合には、その当時予想できなかった損害については示談の効力は及ばないとされた事例（損害賠償請求上告事件＝最二小判昭43・3・15）

③　示談成立後の示談の効力について判断が示された事例（損害賠償請求事件＝東京高判昭40・11・13、最二小判昭44・3・28、損害賠償債務不存在確認請求上告事件＝最三小判昭41・6・7、損害賠償請求事件＝東京地判昭43・1・23、交通事故補償金求償債権請求事件＝大阪地判昭49・10・17）

Q12　「再発」の考え方知りたい　障害一時金受給後に通院

当社従業員が1年前に仕事中の事故によって左足首を複雑骨折し、入院・手術を経て2カ月前に治ゆしました。労働基準監督署による障害認定のうえ障害補償給付（一時金）の支給も受け、職場復帰したのですが、最近骨折部位に痛みを感じるため手術をした病院を受診したところ、改めて通院が必要だといわれたとのことです。「再発」として労災保険扱いは可能でしょうか。労災における「再発」の考え方、手続き、障害補償給付との関連についてご教示ください。【広島・N社】

A. 原傷病悪化で要療養なら　障害重くなければ差額支給

　障害補償給付を受けた後、再び当該傷病につき療養を必要とするに至った場合、再発として取り扱われれば、再び所定の保険給付が受けられます。

　手続きとしては改めて「療養補償給付及び複数事業労働者療養給付たる療養の給付請求書（様式第5号）」提出することとなりますが、再発として保険給付が再び行われるか否かは、個別事案ごとに因果関係、医学的見解等から判断されることになります。

1　療養の給付期間の考え方と再発として取り扱われる要件

　労災による傷病について、症状が残っていてもそれが安定して、もはや治療の効果が期待できず、療養の余地がなくなった場合には療養の必要がなくなったものとされているところです（昭23・1・31 基災発3号）。

　また、一旦療養を必要としなくなった場合も、その後再び当該傷病につき療養を必要とするに至った場合（再発）は、再び給付が受けられます。

　再発は、

　①　本件傷病が原傷病と相当因果関係があると認められること

　②　症状固定時の状態からみて明らかに症状が悪化していること

　③　療養を行えば症状の改善が期待できると医学的に認められることが確認された場合において認められるものです。

2　再発扱いとしての請求手続き

　労災による負傷部位について再び給付を受けようとする場合には、改めて「療養補償給付及び複数事業労働者療養給付たる療養の給付請求書（様式第5号）」を提出することとなります。

　その場合、請求書に記載する「負傷又は発病年月日」は当初の災害発生年月日を記入します。再発として療養が必要となった年月日ではありません。

「災害の原因及び発生状況」には、今回改めて療養が必要となった経過を記入します。

3　障害補償給付（一時金）を受給した後に再発した場合の取扱い

　負傷部位の悪化が再発と認められた場合には、必要な補償は労災保険により行われることになります。

　再発として認定され、改めての療養後において治ゆし、なお障害が残った場合、残った障害が以前の障害より重くなってしまった場合は、既に行った障害補償給付と再発治ゆ後の障害補償給付との差額が支給されることになります。

　例えば、下肢の障害において、第10級「一下肢の三大関節中の一関節に著しい障害を残すもの」で障害補償を受けた者が再発し、再発治ゆ後の状態が第8級「一下肢の三大関節中の一関節の用を廃したもの」となった場合、障害等級第10級（平均賃金270日分）と、障害等級第8級（平均賃金450日分）の差額として、平均賃金の180日分の給付が行われることになります。

　再発治ゆ後の障害が以前の障害と同程度であった場合、または以前の障害より軽くなった場合においては、その障害に対する補償は完了していますので、さらに障害補償が行われることはありません。以前の障害より軽くなった場合であっても、既に行った補償を返納する必要はありません。

4　障害補償給付（年金）を受ける者が再発した場合の取扱い

　参考までに、障害補償給付（年金）を受ける者が再発した場合の取扱いについて補足すると、再発の場合、障害（補償）年金を受ける者は、当該障害（補償）年金の受給権を失権することになりますが、障害状態からみて、再発によって療養する期間について傷病（補償）年金の支給要件を満たす場合は、障害（補償）年金から傷病（補償）年金に切り替わることになります。その場合、その方が介護（補償）給付を受ける方である場合、通常、引き続き介護（補償）給付の支給要件を満たすものと考えられます。

障害状態からみて、再発によって療養する期間について傷病（補償）年金の支給要件を満たさない場合は、休業（補償）給付を請求することになります（平27・12・22基補発1222第1号）。

Q13 賞与ベースの給付教えて　新卒者などは対象外か

労災保険給付において、被災労働者が被災日前1年間に受けた賞与を基礎として算出した給付があると聞きました。具体的にどのような方法で算出されるのか、雇い入れ後の期間が短く、賞与の支給規定によって支給がなかった場合の考え方などについて教えてください。【神奈川・B社】

A. 障害や遺族給付に上乗せ　実績から推定して算出も

労災保険で給付される特別支給金には、定率または定額で支給されるものと、被災労働者が被災日前1年間に受けた特別給与を基礎として算定されるものがあります。

特別給与を基礎とする特別支給金は、「算定基礎日額」を基礎として給付額が決定されます（労災保険特別支給金支給規則6条）。

1　特別支給金の内容

特別支給金は、保険給付とは別に「社会復帰促進等事業」の一環として給付されるものです。休業・障害・遺族の給付に付加されます。

特別支給金の内容について整理したのが次ページの表です。

保険給付の種類	特別支給金 （定率または定額のもの）	特別支給金 （特別給与を基礎としたもの）
休業（補償）等給付	休業特別支給金 ＜休業4日目から、休業1日につき給付基礎日額の20%相当額を支給＞	なし
障害（補償）等年金	障害特別支給金 ＜障害の程度に応じて一時金として支給＞	障害特別年金 ＜障害の程度に応じて、算定基礎日額の313日分から131日分の年金＞
障害（補償）等一時金	障害特別支給金 ＜障害の程度に応じて一時金として支給＞	障害特別一時金 ＜障害の程度に応じて、算定基礎日額の503日分から56日分の一時金として支給＞
遺族（補償）等年金	遺族特別支給金 ＜遺族の数にかかわらず、一律300万円支給＞	遺族特別年金 ＜遺族の数等に応じて、算定基礎日額の245日分から153日分の年金＞
遺族（補償）等一時金	遺族特別支給金 ＜遺族の数にかかわらず、一律300万円支給＞	障害特別一時金 ＜算定基礎日額の1000日分の一時金＞

2　特別給与（賞与）の額から算出した「算定基礎日額」を基礎
とした特別支給金

「算定基礎日額」とは、原則として被災労働者が被災日前1年間に
事業主から受けた特別給与の総額（算定基礎年額）を365で割った
額をいいます（給付基礎日額×365の20%を上回る場合は、給付基
礎日額の20%が算定基礎年額となります。ただし、150万円が限度
です）。

例：給付基礎日額8000円の労働者が、年2回の賞与で合計50万
円受けていたとすると、算定基礎年額は、50万円です（50万円＜
8000×365×0.2＝58万4000円）。算定基礎日額は、50万円÷
365＝1369.86となり、円未満を切り上げて1370円です。

上表のように、特別年金、特別一時金については「算定基礎日額」
を基礎として支給額が算出されますが、被災労働者に支給された特

別給与の総額を算定基礎額とすることが適当ではない場合があり、「特別給与を基礎とする特別支給金の新設について」（昭52・3・30基発192号）によって、下記（※）のような取り扱いが示されています。

　ご質問のケースでは、雇入れ1年未満で被災した場合の考え方は以下のとおりであり、被災者において、当該事業に被災日までに1年以上使用されていたとした場合に被災日前1年間で受けたであろう特別給与の総額を下回っているときは、推計した特別給与の総額をもって算定基礎年額とすることになります。

（※）雇入後の期間が、その事業における同種の労働者に対し被災日以前1年間に支払われる特別給与の算定の基礎となる期間の全期間に満たないために、支払われた特別給与の総額が、当該労働者に適用される就業規則、その事業場における同種の労働者の受ける特別給与額等から推定して、当該労働者がその事業に被災日までに特別給与の算定基礎期間の全期間使用されていたと仮定した場合に、被災日以前1年間において受けたであろうと推計される特別給与の額を下回るとき
　　……その推計される特別給与の総額

第3章
雇用保険法編

総則関係

保険給付関係

総則関係

 被保険者になるか　自営業者がバイトしたら

近所の商店街で自営業の人から、先日、アルバイトの申込みがありました。早朝のシフト希望と働ける時間帯も当社に都合が良く雇用する予定です。週の所定労働時間は20時間を超える見込みですが、自営業者でも雇用保険の被保険者になるのでしょうか？【大阪・Ｓ社】

A. 週20時間以上など満たせば

雇保法は、適用事業に雇用される労働者を被保険者としている（法4条）ため、個人事業主や代表取締役などは、原則、被保険者になりません。また、労働者であっても、法6条で適用除外を定めており、1週間の所定労働時間が20時間未満の者や、継続して31日以上雇用されることが見込まれない者、昼間学校の学生なども、原則、被保険者としていません。

しかし、自営業を営みつつも、ほかの事業主の下で労働者となるときは、週20時間以上、かつ31日以上の雇用見込みがあるなど法6条に該当しない場合、従業員・自営業の収入のどちらが多いかにかかわりなく、被保険者になるとしています（雇用保険業務取扱要領）。

なお、離職後、自営業に専念するため求職活動をしなかったり、会社の役員として一定以上の収入があったりするなどの際には、失業等給付を受給できない場合があるため、注意が必要です。

親族は被保険者に該当か　結婚した子の配偶者

　当社は家族経営の小さな会社で、社長の長男が役員を務めています。このたび、結婚が決まったのですが、長男の新妻に、経理関係の業務を担当してもらおうと考えています。役員ではなく、従業員という扱いを予定していますが、社長の親族であっても、雇用保険に加入させる必要があるのでしょうか。【山形・Ａ社】

A. 「同居」でも労働者性みる　法人であっても実態判断

　雇用保険では、適用事業に雇用される労働者を被保険者とするのが原則です。ただし、週の所定労働時間20時間未満や雇用見込み31日未満の者など、一定条件に該当する者は労働者であっても、適用除外となります（雇保法6条）。

　ご質問のご家族（社長の長男の妻）が入社し、経理を担当されるということですが、フルタイムの無期雇用という扱いではないかと思います。そうであれば、適用除外の条件には該当しないので、雇保法の対象となる「労働者」に当たるか否かがポイントとなります。

　労働者とは、「事業主に雇用され、事業主から支給される賃金によって生活している者、および事業主に雇用されることによって生活される者」を指します（雇用保険業務取扱要領）。

　社長（事業主）の親族については、「同居の親族」に限って、原則として被保険者としないルールとなっています。長男が以前から、あるいは今度の結婚を契機として、独立して生活するというのであれば、その奥さんも「同居の親族」という条件に該当しません。

　仮に同居している場合であっても、次の要件を満たすときは被保険者になります。

①　業務を行うにつき、事業主の指揮命令に従っていることが明確であること

②　就業の実態が当該事業所の他労働者と同様であり、賃金もこれに応じて支払われていること。特に

イ　始・終業時刻、休憩時間、休日、休暇等

ロ　賃金の決定、計算・支払いの方法、賃金の締切・支払いの時期について、就業規則その他により、その管理が他の労働者と同様になされていること

③　事業主と利益を一にする地位（取締役）にないこと

基本的に、上記の判断基準の対象になるのは、「個人事業主と同居する家族」です。ただし、形式的には法人組織であっても、「実質的には個人事業と同様と認められる場合（税金対策のため法人としている場合、株式や出資の全部または大部分を代表者・親族のみで保有して取締役会や株主総会等がほとんど開催されていないような状況にある場合など）」には、個人事業主と同様に扱います。

Q3　20時間未満も被保険者か　卒業後も引き続き就労で

現在アルバイトとして雇用している大学生について、来春の卒業後、正社員として引き続き働き続けることになりました。すでに内定も出しております。卒業論文などがあるため、しばらくは従前と同じ働き方となり週の労働時間は20時間未満となる予定ですが、この場合でも雇用保険の被保険者になるのでしょうか。【東京・Ｈ社】

A.　所定労働時間で適用除外　昼間学生で内定出しても

被保険者となるのは、原則、適用事業所に雇用されている労働者ですが（雇保法4条）、法6条で適用除外となる者を定めています。例えば、①1週間の所定労働時間が20時間未満の者（日雇労働被保険者となる場合を除く）、②継続して31日以上雇用される見込みの

ない者、③季節的に雇用される者のうち、雇用期間が4カ月以内または週の所定労働時間が30時間（平22労働省告示154号）未満の者、④学校教育法1条（大学など）、124条（専修学校）または134条1項（各種学校）の学校の学生または生徒であって、①〜③に掲げる者に準ずるものとして厚生労働省令で定める者です。

　この④で、昼間学生は原則として被保険者となりません。夜間等において就労してもそれは変わりません。しかし、大学の夜間学部、高等学校の夜間等の定時制の課程の者は被保険者となります（雇保則3条の2第3号）。また、昼間学生でも、次に掲げる者は被保険者になります。（1）卒業見込証明書を有する者であって、卒業前に就職し、卒業後も引き続き当該事業に勤務する予定のもの、（2）休学中の者、（3）雇保則3条の2第1〜3号に準ずる者として職業安定局長が定めるものです。

　（1）は、労働政策審議会の職業安定部会雇用保険部会（55、57回）のなかで説明があり、卒業する前の段階で、すでに内定を通されている就職先に雇い入れられているというようなケースの方としています。（3）は、雇用保険業務取扱要領で、社会人大学院生などといった、事業主との雇用関係を存続したうえで、事業主の命によりまたは事業主の承認を受け、大学院等に在学する者や、その他一定の出席日数を課程終了の要件としない学校に在学する者であって、当該事業において同種の業務に従事する他の労働者と同様に勤務し得ると認められるものとしています。

　ご質問のケースは、同じ企業から内定を得てそのまま働き続けるため（1）の要件には該当するものの、所定労働時間を変更せず週20時間未満のままであることから、引き続き被保険者にはならないといえます。なお、この週20時間に関しては、実際の勤務時間に常態的に乖離があり、その乖離に合理的な理由がない場合、原則として実際の勤務時間により判断する（前掲要領）としている点には留意が必要です。

雇用保険法

Q4 日雇いで保険加入か　月 13 日勤務する予定

　スポットで業務が発生することがあるため、その都度従業員を雇用できないかと考えています。雇用保険には日雇いの保険があったと思いますが、月 13 日というのが一つの目安になってくるのでしょうか。【神奈川・M社】

A. 同一事業主は対象外に

　まず 13 日という数字ですが、これは雇用保険の日雇労働者被保険者が失業したときに、求職者給付を受給するのに必要な条件と関係しています（雇保法 45 条）。失業の日の属する月の前 2 カ月に、印紙保険料が通算して 26 日分以上納付されていることが受給要件となっています。

　雇保法の日雇労働者とは、日々転々と異なる事業主に雇用され極めて不安定な就労常態にある労働者（雇用保険業務取扱要領）をいいます。過去の通達（平 28・12・8 職保発 1208 第 1 号）では、同一の事業主に継続して雇用されている実態がある場合には、もはや雇保法でいう日雇労働者ということができないため、一般被保険者等としての適用要件を満たさない場合は、適用除外とすることが適切（法 6 条）としていました。なお、前 2 カ月の各月において 18 日以上同一の事業主に雇用される者は一般の被保険者となる可能性があります。こうした判断は実態により行うことになります。

Q5 １事業所のみ離職なら？　65歳超の複数就業者保険給付を受けられるか

令和４年１月から、雇用保険のマルチジョブホルダー制度が始まりました。一定要件に該当すれば、２事業所に勤務する65歳以上高年齢者は、申出により雇用保険の二重加入が可能になったということです。そこで疑問なのですが、２事業所同時の失業より、１事業所のみの離職の可能性が高いと考えられます。この場合、１事業所では就労が続きますが、保険給付の対象になるのでしょうか。【神奈川・Ｒ社】

A. 可能だが支給額は片方分

新制度の対象になるのは、次の条件を満たす従業員がハローワークに申し出た場合です（雇保法37条の５）。

① 複数事業所に雇用される65歳以上労働者

② ２事業所（週所定労働時間５時間以上20時間未満）の労働時間合計が20時間以上

③ ２事業所の雇用見込みが31日以上

ご質問にある「１事業所のみの失業」の場合、前記①～③の要件を満たさなくなるので、２事業所（ａ、ｂ）で同時に資格喪失の手続きを採ることになります（ａ、ｂ双方の事業所について、それぞれ雇用保険マルチジョブホルダー喪失・資格喪失届を提出）。ｂを離職した場合、就労している他の事業所（ａ）で、資格が継続するわけではありません。

なお、ａ、ｂのほか、ｃ事業所にも勤務し、ｂを離職したときは、ａ、ｂについて資格喪失届を出し、新たにａ、ｃについて資格取得の手続きを採るとしています（厚労省Ｑ＆Ａ）。

１事業所のみ離職の場合、高年齢被保険者は２とおりの選択肢があります。

第1は、高年齢求職者給付金の申請をするというパターンです。この場合、資格喪失届のほか、ａ、ｂ事業所の離職証明書も必要となります（ａ事業所は、賃金関係の記載不要）。1事業所のみの離職でも、高年齢求職者給付金の対象となります（Q＆A）。ただし、離職事業所（ｂ）の賃金のみが給付額算定の基礎となります。賃金日額の下限の適用もありません。

　第2は、給付金の申請を留保するというパターンです。この場合、新しい事業所（ｄ）への就職が決まり、再び資格を取得したときは、以前の「被保険者だった期間」は「通算」となります（1年以内の就職が条件）。次に2事業所同時に失業した場合等に給付金申請すれば、高年齢求職者給付金の金額面で有利となります。

 算定基礎に含むか　休業給付を受給したら

　このたび従業員が辞めることになったため、雇用保険の説明をしていたところ、算定基礎期間について質問を受けました。この従業員は、当社での雇用期間内において、育児・介護休業給付のどちらも取得していますが、何か影響はあるのでしょうか。【岡山・Ｕ社】

A. 介護は通算し育児除外する

　算定基礎期間とは、同一の事業主の適用事業所に被保険者として雇用された期間のことをいい（雇保法22条3項）、失業時に何日分の基本手当を受給できるかを決める基礎となります。

　転職などで被保険者であった期間に空白があっても、直前の離職で基本手当などの支給を受けておらず、かつ空白が1年以内であれば、通算できます。逆にいえば、基本手当などを受給すると通算されません。

このほか、育児休業給付の支給を受けた期間もカウントされません（法61条の7第8項）。具体的には、支給対象となる期間から就労日数を除いた日数となり、1日単位で計算されます。一方、介護休業給付に関しては、規定がなく通算の対象となります。

カウントの仕方については、暦年・月・日のそれぞれごとに加算し、暦月の12月をもって1年、暦日の30日をもって1月とするとしています（業務取扱要領）。

 再び給付制限期間あるか？　再就職先を早期に離職

　3カ月前に雇用した従業員から申出があり、退職することとなりました。前職の離職の際は、受給資格の決定は受けたものの、自己都合退職による給付制限を受けたそうで、同期間が終わる前に当社へ入社したとの話です。今回の離職においても給付制限は受けるのでしょうか。【新潟・N社】

A. 前職受給資格なら行わず　待期翌日から起算と考え

　基本手当の受給に際し、離職の理由が自己の責めに帰すべき重大な理由による解雇だったり、正当な理由がない自己の都合による退職だったりするときは、待期期間の満了後、給付制限期間が設けられます（雇保法33条）。

　自己の責めに帰すべき重大な理由による解雇とは、たとえば、故意または重過失で事業所の設備を破壊したことや就業規則に違反したこと、機密情報を漏洩したことなどを理由とする解雇です。このケースにおいて、給付制限期間は3カ月となります（雇用保険業務取扱要領）。

　次に、正当な理由がない自己の都合による退職について、ここでいう正当な理由とは、具体的には、事業所が倒産した場合や、賃金

が予見困難な形で85％未満まで低下した場合、上司・同僚などから故意の排斥、著しい冷遇、嫌がらせを受けた場合などです。正当な理由に該当しないときの給付制限期間は、原則2カ月となります。令和2年10月までは3カ月でしたが、安易な離職を防止するという給付制限の趣旨に留意しつつ、転職を試みる労働者が安心して再就職活動を行うことができるよう支援する観点から、短縮されました（令元・12・25労政審職業安定分科会雇用保険部会報告）。

　ただし、最後の離職日からさかのぼり5年以内において、正当な理由のない自己都合退職をすでに2回していると、最後の離職における給付制限期間は3カ月となります。このほか、正当な理由のない自己都合退職をして受給資格の決定を受けたものの、待期期間の途中で再就職、しかし1カ月以上経過した後に新たな受給資格を取得することなく再離職した場合については、前職の給付制限期間にかかわらず、新たな給付制限期間を1カ月とするなどの措置も採られています。

　ご質問のように、再離職では新たな受給資格を取得しないが、前職で受給資格の決定をすでに受けており、前職の受給資格に基づき基本手当を受給する場合については、再離職時において、その離職理由による給付制限は行わないとしています（同要領）。また、給付制限は「待期の満了の日の翌日から起算して」考えるとしていることから、前職における給付制限期間中に就職したとしても、給付制限期間の日数が経過した後に離職したのであれば、給付制限は受けないといえます。

「更新なし」で加入不要か　たまたま 31 日以上に

当社工場で短期間のアルバイトを募集採用します。これまでは、数週間の契約で「更新なし」として、そのまま期間満了という形でした。「更新なし」の予定が、やむを得ず更新して 31 日以上に達することになった場合に、被保険者になるのはいつからになるのでしょうか。【岐阜・S社】

A. 見込みとなった時点で　同一ケースあると注意

　週 20 時間未満である者（法 6 条 1 号）や同一の事業主の適用事業に継続して 31 日以上雇用されることが見込まれない者（同条 2 号）等は、雇保法の適用が除外され、被保険者となることができません（法 6 条）。ただし、31 日以上の雇用見込みに関しては、例外があります。日雇労働者で、前 2 カ月の各月において、18 日以上同一の事業主の適用事業に雇用された者等は、この限りではありません。

　労働条件の明示において、労基則 5 条では「契約を更新する場合の基準に関する事項」は書面等を交付しなければならないとしています。通達（平 24・10・26 基発 1026 第 2 号ほか）では、当該内容について、例えば「更新の有無」として、「更新する場合があり得る」「契約の更新はしない」といったものが示されています。厚労省のモデル労働条件通知書の記載もこれに沿った形になっています。

　雇用契約で「更新しない」旨の明示がある場合における雇用保険の被保険者の考え方は次のとおりです。

　当初の契約期間満了とともに雇止めする場合、雇入れの当初から31 日以上の雇用見込みがないものとして、加入できません。次に、更新しない旨の明示があることにより、雇入れの当初から 31 日以上の雇用見込みがないものと判断し雇用保険の適用にならなかったが、契約期間の途中で 31 日以上の雇用見込みとなった場合です。

「雇用保険事務手続きの手引き」（令和3年8月版）では、25日間の契約で更新なしのパターンにおいて、契約期間中に7日間延長したケースを紹介しています。この場合、31日以上に達したときに加入するのではなく、31日以上の雇用見込みとなった時点から加入するとしています。延長したタイミングで判断することになります。その他、「更新する旨の明示がない」場合でも、同様の契約に基づき雇用されている者がいて、更新等により31日以上雇用されている実績がある場合は要注意です。31日以上の雇用実績がある場合、雇入れ日から加入という考え方が示されています。

社会保険関係にも似た仕組みがあります。2カ月以内の期間を定めて使用される者は適用除外ですが、「継続的な使用関係が認められる場合は、採用当初から被保険者」（日本年金機構疑義照会）です。

Q9 受給期間の延長は　労働時間で資格喪失時

あるパート労働者の週の労働時間を、本人の希望で週20時間未満へ変更するため、雇用保険の被保険者資格を喪失させることになります。基本手当を受給するつもりはないようですが、雇用関係が継続した場合でも受給期間の延長などはできないでしょうか。【佐賀・E社】

A. 措置ないため原則どおりに

雇用保険の適用除外となる者は雇保法6条に挙げられています。その1つに、週の所定労働時間が20時間未満の者があります。労働条件が変わるなど20時間未満になると、雇用関係が継続していても、臨時・一時的な場合を除き、被保険者資格を喪失することになります。

週所定労働時間は、基本的には、就業規則や雇用契約書などで通常の週に勤務すべきこととされている時間を指し、祝祭日や年末年

始の休日といった特別休日を含まない週で考えます。

　基本手当が受給できる受給期間は、原則、離職の日の翌日から起算して1年となっています（法20条）。延長は、妊娠、出産、育児などで引き続き30日以上職業に就くことができない状態にあったり、60歳以上の定年に達したことで離職したりした場合などに認められます。しかし、労働時間が短くなったことによる資格喪失の場合は、延長措置はなく原則どおりの扱いとなります。

収入十分で資格喪失!?　副業して失業不安なし

　副業・兼業を推進しています。独立自営する従業員から、「副業・兼業で十分な収入があるので失業の心配はない。雇用保険に加入しなくても良いのではないか」との話がありました。雇用保険には失業時のセーフティーネットの面はあるにしても、こうした場合に資格喪失ということになるのでしょうか。【静岡・O社】

A. 主たる賃金を受ける会社でのみ被保険者に

　副業・兼業をしている人が、貴社を離職したとしても失業等給付は受給できない可能性があります。離職前からの雇用関係、委任関係または自営業を継続すること等により受給資格の決定の際に「就職状態」にある場合、受給資格の決定を行うことはできないとしています（雇用保険業務取扱要領）。

　雇用保険においては、一般的に「その者が生計を維持するに主たる賃金」を受ける会社でのみ被保険者になると解されています。主たる賃金に関して、前提となるのは「同時に2以上の雇用関係にある労働者」です。一方が労働者で、もう一方が労働者ではないときにはこの限りではありません。

　適用事業の事業主（貴社）に雇用されつつ自営業を営む者または

他の事業主の下で委任関係に基づきその事務を処理する者等が、適用事業の事業主の下での就業条件が被保険者となるべき要件を満たすものである場合には、引き続き被保険者として取り扱うという結論になります。

保険給付関係

Q11 高年齢求職者給付金に上限？ 65歳以上の一時金

当社の兼務役員が、退職しました。兼務なので、雇用保険の被保険者資格があり、高年齢求職者給付金の手続きに行ったそうです。ご本人は、「50日分の手当が出るという話だったんだけれど、ずいぶん、少なかった」といいます。高年齢雇用継続給付のように、支給限度額のようなものはないと思いますが、どうなのでしょうか。【神奈川・M社】

A. 賃金日額から限度額出る 50日分だと約34万円

高年齢被保険者（65歳以上の被保険者）が離職した場合、基本手当ではなく、一時金方式の高年齢求職者給付金が支給されます（雇保法37条の3）。

被保険者期間が6カ月以上あることが要件で、被保険者だった期間（算定基礎期間）が1年以上なら基本手当50日分、1年未満なら同30日分が支給されます（37条の4）。

離職した高年齢被保険者は、ハローワークに求職の申込みをします。自己都合離職等でなければ、待期期間満了後おおむね2週間以内の範囲で失業認定日が指定されます。認定後、手続きに必要な日数を考慮し、支給日（口座振込）が決まります。

ご質問の方は兼務役員で、賃金（役員報酬除く）はかなり高額だったと想像されます。しかし、賃金の50日分がそのまま支払われるわけではありません。

高年齢求職者給付金には、高年齢雇用継続給付のような支給限度

額（令和4年度は、36万4595円）は設けられていません。しかし、賃金日額・基本手当を計算する際には、上限・下限の適用があります。その結果として、「思ったより、給付額が少なかった」と感じるケースが多いようです。

　賃金日額の上限は、雇保法17条に規定されています。ただし、法律本則上の数字は、毎年の賃金変動に応じて調整される仕組みとなっています。

　令和3年度の数字（「令和4年8月1日以後の雇用保険法第18条第4項に規定する自動変更対象額）

・60歳以上65歳未満：1万5950円
・45歳以上60歳未満：1万6710円
・30歳以上45歳未満：1万5190円
・30歳未満：1万3670円

　ここには65歳以上の上限は定められていません。しかし、雇保法37条の4により、「30歳未満の上限」が適用されます。30歳未満は、上限額がもっとも低い階層となります。

　賃金日額が1万2380円以上のとき、基本手当は賃金日額に50％を乗じて算出します。賃金日額が上限いっぱいの1万3670円の人の場合、基本手当の1日分は6835円となります。

　その50日分ですから、高年齢求職者給付金の最高限度は34万1750円ということになります。

 併給が可能なのか　高年齢継続と介護休業

　60歳の定年後に嘱託として継続再雇用している従業員から、「親の体調が悪くなったため、介護休業を取得したい」という相談を受けました。現在、高年齢雇用継続基本給付金を受給していますが、介護休業給付金と併給することはできるのでしょうか。【栃木・S社】

A. 介護休業が月の一部なら調整なく併給可

　高年齢雇用継続基本給付金は、原則、60歳到達時と比べて賃金が75％未満に低下した際に支給されます（雇保法61条）。対象は、被保険者であった期間が5年以上ある、60歳以上65歳未満の被保険者です。

　支給は、各暦日の初日〜末日まで被保険者である支給対象月を単位として行います。最大で、61％未満まで低下した場合に、支給対象月に支払われた賃金の15％を受けられます。61％以上75％の未満の際は、ここから一定の割合で逓減する率を乗じて得た額となります。なお、令和7年4月からは、最大で、64％未満へ低下のときに10％給付へと変わります。

　支給対象月の一部だけ介護休業給付の対象となる休業をしたとしても、高年齢雇用継続基本給付金は調整されないとしています（厚労省Q＆A）。ただし、月の初日〜末日まで引き続いて休業した場合には、高年齢雇用継続基本給付金は支給されません。

Q13 返還の必要あるか　高年齢給付金　給付から日数浅く

　高い専門性を持っている 66 歳の人を雇うことになりましたが、つい先日、基本手当 50 日分相当額の高年齢求職者給付金を受給したばかりとの話です。受給してからまだ 50 日経過していないのですが、このような場合、一部返還の必要などあるのでしょうか。【大阪・W社】

A. 認定日に失業状態なら不要

　65 歳以上は高年齢被保険者となり、失業したときは、高年齢求職者給付金が支給されます（雇保法 37 条の 2）。要件は、離職日以前 1 年間に被保険者期間が 6 カ月以上あることです。原則、算定基礎日数 11 日以上の月を 1 カ月と数えますが、6 カ月に満たないときは、賃金の支払の基礎となった時間数が 80 時間の月も対象です。

　算定基礎期間（被保険者だった期間）が 1 年以上なら 50 日分、1 年未満なら 30 日分の基本手当の日額に相当する額が、一時金として支給されます。受給に当たっては、求職の申込みをした後、7 日の待期期間、さらに離職理由によっては給付制限を経て、失業の認定を受ける必要があります。

　基本手当は失業している日数に応じて支給されますが、高年齢求職者給付金は、失業の状態にあれば支給されます。つまり、失業の認定の日に失業の状態にあれば良く、翌日から就職しても返還の必要はありません（雇用保険業務取扱要領）。

出生時育休で給付金減る？　月の一部のみ就労調整する仕組み教えて

　出生時育児休業中の働ける日に上限がありますが、雇用保険給付の金額は、働いた日の賃金は出ないということでしょうか。仕組みを教えてください。【神奈川・Ｎ社】

A. 就労等した日数、時間分は減額

　出生時育児休業給付金は、休業１日当たり休業開始時賃金日額の67％相当額が支給されます。これに休業期間の日数を乗じた額となります。休業開始時賃金日額が7000円ならば、10日間休めば10日分の67％に相当する４万6900円になる計算です。事業主から賃金が支払われた場合は、給付額を調整する仕組みがあります（雇保法61条の８第５項）。調整対象は「出生時育休を対象とする」期間の賃金です。休業期間を含む賃金月の分として支払われた賃金のうち、出生時育休期間中に就労等した日数、時間に応じて支払われた額をいい、家族手当等で日数等にかかわらず一定額が支払われているものは対象になりません（雇用保険業務取扱要領）。

　給付金と賃金の調整ですが、次のルールに従い行います。金額の調整に関しては、月単位で処理する規定としています。

①　賃金が賃金月額の13％を超えて80％未満…賃金月額の80％と賃金の差額を支給（減額支給）

②　賃金が賃金月額の80％以上…不支給

　前掲要領は、月給30万円の場合で、31日の月に10日間の出生時育休を取得したときの考え方を示しています。10日休んで控除する額は、会社の規定によることになります。要領の例では、賃金日額をベースにしているのか、７万円控除する場合と、暦日数で按分した額に相当する10万円弱の控除をする場合があるとしています。

　両者を比較して、差額を「出生時育休期間を対象とする賃金」と

していて、実際に控除した額が暦日数で按分した額を上回るときには、「出生時育休期間を対象とする賃金」を0円として取り扱うとしています。この例でいうと、10日休んで暦日数で按分した額を上回る額を控除しているときには、「出生時育休期間を対象とする賃金」は0円として給付が満額出る可能性があります。

Q15 すべて育休給付の対象か　分割取得した場合で端数切捨てなど取扱いは

改正育介法により、男性の育休取得が増えると予想しますが、改正法の規定では「労使で調整した結果、何度も分割して取得」するケースが発生しそうです。こうした場合も、すべて雇用保険の育児休業給付の対象になるという理解で良いでしょうか。端数の日数が切り捨てられるといった不利益はないでしょうか。【愛知・S社】

A. 回数制限あり計180日まで

男性の育休取得を阻害する要因の1つとして、「業務との調整の難しさ」が挙げられます。改正育介法のうち、「出生時育児休業の創設」と「育休の分割取得」に関する部分は令和4年10月1日から施行されました。

出生時育児休業は、子の出生後8週間の間に4週間を限度として取得できます。2回に分割できますが、最初の申出時に2回分の休業取得予定を申し出ます。

出生時育児休業期間中は、労使協定を締結し、労使が話し合う（調整する）ことを条件に就労が可能になります。基本的には、休業開始前までにスケジュールを決めます。

さらに、出生時育児休業を取得した労働者であっても、レギュラーの（既存の規定に基づく）育児休業制度も利用できます。こちらも、

改正により２回に分けて取得できるルールに変わります。

　育介法の整備を受け、雇用保険法についても、令和４年 10 月１日から、育児休業給付に関する規定が見直されています。

　まず、育児休業給付を既存の育児休業給付金（雇保法 61 条の７）と出生時育児休業給付金（61 条の８）の２種類に区分しました。両給付は、ともに原則として「３回目以降の育休は支給対象としない（それぞれ２回目までは支給される）」旨、明記されました。なお、育休給付は「支給単位期間ごと」に支給されますが、従来から、短期の休業は、休業開始日から終了日までの日数に応じて支給される規定となっています（雇保法 61 条の７第４項２号）。

　複数回休業を取得する場合、給付要件を満たすか否かは初回の際に判断し、２回目以降は確認の手続きを要しません。

　給付金の金額は、休業開始から 180 日までは休業開始時賃金の 67％、それ以降は 50％相当となります。この 180 日のカウントは、出生時育休と通常の育休を通算する規定です。

Q16　給付金は受給可能か　出生時育休中に就労で

　出生時育児休業中の就業に関する記事を読みました。出生時育休期間中に就業させた場合ですが、その分だけ出生時育児休業給付金の支給は受けられないことになるのでしょうか。または、給付が受けられる就業日数の上限が決められていますか。【福島・Ｅ社】

A.　取得日数に比例して上限決まる

　出生時育児休業の取得時は、出生時育児休業給付金を受給できます（雇保法 61 条の８）。みなし被保険者期間が 12 カ月以上あるなどの要件は、通常の育休給付金と同様です。１日当たりの支給額も、

両者で同じです。なお、取得日数が 180 日になるまでは休業開始時賃金日額の 67％が支給されますが、この日数のカウントにおいて、両者は通算されます。

　労使協定を締結し出生時育休中に就業したときも、日数次第で受給が可能です。就業日数の上限は出生時育休の取得日数に比例し、最大は、28 日取得で就業 10 日（10 日を超える場合は就業時間が 80 時間）以下です（雇保則 101 条の 31、雇用保険業務取扱要領）。具体的には、{10 日（80 時間）×取得日数÷ 28} で計算します。たとえば取得が 10 日なら、10 × 10 ÷ 28 ＝ 3.57 日で、端数を切り上げて 4 日まで就業しても支給対象です。4 日を超え時間でみるときは、80 × 10 ÷ 28 ＝ 28.57 時間です（端数処理なし）。

Q17　賃金日額は再計算？　パパ育休後に通常の育休

　今月配偶者の妊娠が分かった従業員がおり、10 月早々に出生時育児休業の対象者が現れそうです。当社は 7 月昇給です。10 月に出生時育休を取得後、間を置き通常の育休を取った場合、休業開始前 6 カ月間の賃金の平均額が異なりますが、通常の育休取得時に再計算されますか。【山梨・Ｓ社】

A.　2回目以降と扱い同じ額で

　令和 4 年 10 月から、子の出生後 8 週間以内に 4 週間まで取得できる出生時育児休業に対し、出生時育児休業給付金が支給されるようになりました（雇保法 61 条の 8）。支給額算定の基礎となる休業開始時賃金日額は、法 61 条の 7 の通常の育休と同様で、休業開始日の前日を離職日とみなし、失業時における基本手当の賃金日額と同じ方法で計算します。簡潔にいえば、休業開始前 6 カ月間の賃金総額を 180 で割ります。

支給要件となる被保険者期間の確認や、支給額決定に必要な休業開始時賃金月額証明書の提出などは、初回のみ行い、分割取得の2回目以降でこれらの手続きは不要となります（雇保則14条の2）。出生時育休を取得した際は、これが初回の休業に該当し、続く法61条の7の育休は2回目以降と扱われます（法61条の8第8項、厚労省パンフ）。通常の育休を取得した際に再計算はされないということになります。

Q18 賃金日額に影響あるか？　休業手当支払った場合

退職する従業員がいますが、3カ月前に10日ほど、使用者の責めに帰すべき事由による休業のため、平均賃金の6割の休業手当を支払った期間があります。その分だけ賃金日額が下がらないよう、何か救済などあるのでしょうか。【佐賀・I社】

A. 額と日数から控除の措置　適切でない場合へ該当で

基本手当の支給額の計算に用いる賃金日額は、原則、被保険者期間の最後の6カ月間に支払われた賃金の総額を180で割って求めます（雇保法17条1項）。実際には、賃金締切日を基準に計算します。賃金締切日の翌日～次の賃金締切日までの期間を賃金月といい、そのうち満1カ月かつ賃金支払基礎日数が11日以上あるものを完全な賃金月と呼ぶとしていますが、算定基礎期間に完全な賃金月が6以上あるときは、最後の完全な6賃金月の賃金総額を180で割って求めます（雇用保険業務取扱要領）。

法17条3項では、算定が困難だったり、原則的な方法で算定することが適切でなかったりする際は、厚生労働大臣が定めるところにより算定した額を賃金日額とするとしています。ここに労基法に基づく休業手当が支払われた日がある場合が挙げられています（昭

50・3・20労働省告示8号）。

　賃金日額の算定対象となる賃金月（算定対象賃金月）に休業手当が支払われたときは、額・日数の両方から休業手当分を控除する処理を挟むことになります。具体的には、月給制の場合、①算定対象賃金月における賃金の総額から休業手当の額を引き、これを② 180日から休業手当の支払い対象となった日数を引いて求めた日数で割ります。こうして求めた額に③ 180 を掛けて④ 180 で割ると、賃金日額が算出されます（前掲要領）。図でいうと、算定対象賃金月は6月25日からさかのぼった6カ月間で総額はB＋C＋D＋E＋F＋G円ですが、休業手当が3月1〜10日の10日間にE'円支払われているので、総額からE'円を引きます（①、図の式の分子）。次に180日から10日を引いて（②、図の分母）、①÷②をします。ここへ180を掛けて180で割ることで、計算されます。なお、日給制の場合は、たとえば②、③で180ではなく賃金支払基礎日数を用いるなど、計算方法が異なります。

【図】

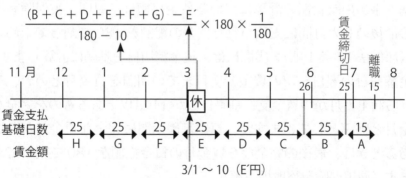

　支払われた期間が算定対象賃金月に属していなかったり、原則どおり計算した賃金日額の方が高いケースなどについては、3項の適切でない場合に該当しないとされています。

 求職者給付はどうなる？　受給待ちの状態で再就職

　　求人に応募してこられた高齢者の方ですが、資格・経験ともに当方の条件にピッタリです。以前に勤めていた会社では、仕事の方針について、上層部と意見が合わず、辞職を選択されたそうです。現在は、高年齢求職者給付金の受給を待っている状態ということですが、当社に再就職した場合、給付金の権利はどうなるのでしょうか。【福岡・O社】

A. 再離職したときに不利も　前職の受給資格が消滅

　65歳以上の被保険者が離職した場合、被保険者期間（原則として算定基礎日数11日以上の月、被保険者期間が6カ月に満たないときは算定基礎時間80時間の月も1カ月とカウント）が6カ月以上あれば、高年齢求職者給付金を受給できます（雇保法37条の3）。

　給付金は、一般被保険者の基本手当と異なり、一時金という形で支給されます。金額は、算定基礎期間（被保険者だった期間）の長短に応じ、次のとおりとなっています。

・算定基礎期間1年以上…50日
・算定基礎期間1年以上…30日

　一時金は、ハローワークが指定した失業の認定日に失業の状態にあり、かつ、労働の意思・能力があることが支給条件となります。

　ご質問にある方は、「上層部と意見が合わず、辞職」されたということなので、ハローワークが定める認定日は「給付制限期間（自己都合退職は2カ月が基本）が経過すると見込まれる日から、おおむね2週間を超えない範囲内の日」となります。

　まだ認定日が到来する以前に就職した場合の扱いですが、その時点で権利は消滅しません。A社を退職後、B社に再就職し、早期に退職すれば、A社離職時の高年齢求職者給付金を受給できます。

雇用保険法

注意が必要なのは、Ｂ社（貴社が該当します）に就職後、半年（長期の欠勤等がないとして）が経過すると、今度はＢ社で給付金の権利が発生する点です。

　新たな権利を得た後に離職したときは、Ａ社を離職してから１年（受給期限）が経過していなくても「前の（Ａ社の）高年齢受給資格は消滅」します（雇用保険業務取扱要領）。

　Ａ社離職時には算定基礎期間が１年以上あり50日分の給付金の権利があったとします。半年でＢ社を離職すると、30日分の給付金しか受給できません。２つの給付金の権利のうち、どちらかを選択するわけではありません。

　貴社で１年間働けば、その間にＡ社の受給期限は経過してしまいます。貴社を離職時には、算定基礎期間１年以上で50日分の給付金をもらえるようになります。

　ご質問にある高齢者の方には、Ｂ社での勤務期間が６カ月以上１年未満のときは、給付金の金額で不利益を被る可能性があると説明してあげればよいでしょう。

 定着手当は受給できるか　６カ月経過後すぐ離職

　８カ月前に雇用した従業員が、諸事情により、このたび退職することとなりました。当社に就職したときに雇用保険の再就職手当を受給したうえ、先日、就業促進定着手当の受給の申請をしたばかりと聞きます。就業促進定着手当は受給できるのでしょうか。また、離職後の失業保険はどうなるのでしょうか。【長野・Ｂ社】

A. 定着手当の受給は可能　期間内なら基本手当も

　再就職手当は、基本手当の支給残日数が３分の１以上ある状態で安定した職業に就くなどした場合に、一時金として支給されます（雇

保法 56 条の 3 第 1 項 1 号ロ）。その額は、基本手当日額（上限あり）
×支給残日数に、①支給残日数が 3 分の 1 以上 3 分の 2 未満である
ときは 60%、② 3 分の 2 以上のときは 70% を乗じて計算します。受
給した際は、再就職手当の額を基本手当日額で除して得た日数に相
当する日数分、基本手当を受給したとみなされます（雇保法 56 条の
3 第 5 項）。

　就業促進定着手当は、再就職手当を受給した者が、再就職日から引
き続き 6 カ月以上、同じ事業主に被保険者として雇用され、かつ再就
職後の賃金（みなし賃金日額）が離職時（基本手当の算定基礎日額）
より低下した際に支給されます。みなし賃金日額は、再就職後 6 カ月
間に支払われた賃金を 180 で割って求めます（上限、下限あり）。

　支給額の計算式は、{（算定基礎日額－みなし賃金日額）×再就職
日からの 6 カ月のうち賃金の支払い基礎となった日数} です（雇保
則 83 条の 3）。上限は、基本手当日額×支給残日数× 40%（再就職
手当の給付率が 70% の場合は 30%）となっています。こちらにも
みなし規定があり、就業促進定着手当の額を基本手当日額で除して
得た日数に相当する日数分の基本手当を支給したとみなされます（同
条同項）。

　就業促進定着手当の受給要件を満たした後すぐに離職した場合で
も、同手当自体は受給可能です。「6 カ月以上雇用された後、支給申
請時にすでに離職していたとしても（6 カ月以上雇用の要件を）満
たす」（雇用保険業務取扱要領）としているためです。

　次に、基本手当については、再就職後の離職に関する被保険者期
間が 12 カ月に達しないことから、特定受給資格者・特定理由離職者
に該当することなどがない限り、受給資格を満たしません。

　しかし、新たな基本手当の受給資格を得ていないときは、前の離
職における受給期間内であれば、再び従前の基本手当の支給を受け
られます。もっとも、例えば基本手当の所定給付日数が 90 日で、支
給残日数が 50 日の状態で再就職したとすると、再就職手当受給時点

で支給残日数は 20 日となり、さらにここから就業促進定着手当の受給分が引かれるので、一般の受給資格者の場合、残日数はあまりないといえます。

Q21　2人同時に受給？　同じ家族へ介護休業で

ある従業員から、「配偶者の母が要介護状態になり現在は配偶者が介護しているが、2人で協力し進めたいことがあるため、介護休業を取得したい」という相談がありました。配偶者は介護休業給付を受給予定で、本人も取得を考えているようでしたが、同時に複数人が受給できるものなのでしょうか。【和歌山・Ｎ社】

A.　各人が支給の要件満たせば

介護休業給付は、要介護状態にある対象家族を介護するために休業した日について支給されます。対象家族に含まれるのは、被保険者の配偶者および父母、子、祖父母、兄弟姉妹、孫のほか、配偶者の父母も該当します（雇保法 61 条の 4、雇保則 101 条の 17）。平成 28 年度までは、祖父母、兄弟姉妹、孫については、同居かつ扶養しているという条件がありましたが、現在は削除されています。

同じ対象家族につき 3 回まで分割して取得可能で、上限は合計 93 日です。支給額は、休業開始時賃金日額の 67％で、休業開始時賃金日額は、分割取得した場合、休業ごとに計算し直されます（雇用保険業務取扱要領）。

ある対象家族について複数の被保険者が同時に介護休業を取得したとしても、各々が支給要件を満たせば、給付の受給が可能とされています（厚労省Ｑ＆Ａ）。ご質問のように期間が被る場合のほか、たとえば本人が上限に達した後に配偶者が休業を開始するなど、被らない取り方も可能です。

 休職満了後に再就職!? 傷病手当金を受給中で

休職期間満了により、退職する従業員がいます。本人は傷病手当金を受給しているものの、簡単な仕事なら見つかるかもしれないといいます。病気で休んでいた以上、基本手当を受給するのは難しそうですが、どのように考えれば良いのでしょうか。【兵庫・R社】

A. 実態による 能力有さないという判断も

失業して基本手当を受給するためには、労働の意思および能力を有することが前提です（雇保法4条3項）。労働の意思とは、就職しようとする積極的な意思をいいます。意思はあっても能力の問題があります。ハローワークは、「体力、知力、技能、経歴、生活環境等を総合してその有無を判断」します（雇用保険業務取扱要領）。

「労災法の休業補償給付その他これに相当する給付」の支給を受けている者は、一般に労働の能力がないものと判断されますが、1日の一部について労働不能であり、（雇用保険の）被保険者となり得る条件での労働の能力が医師の証明等で立証できる場合はこの限りでないとはしています（前掲要領）。これに相当する給付に、傷病手当金等が含まれています。

実態判断にはなりますが、受給期間の延長が選択肢に入ってくるでしょう。

 **10日より短くなるか　支給単位期間が1月未満**

あと3週間ほどで育児休業から復職する従業員がいますが、その人でないと技術的に対応できないトラブルが発生したため、臨時的就労を頼む予定です。1カ月に満たない最後の支給単位期間に入っていますが、就労の10日、80時間以下の基準は、支給単位期間の日数の影響を受けるのでしょうか。【鹿児島・S社】

A. 日数に関係なく原則で

育児休業給付金の支給の有無やその額は、休業開始日から1カ月ずつに区切った支給単位期間ごとに決まります（雇保法61条の7第4項）。最後の区分など育休終了日を含む場合は、その日までです。

要件は、原則、

①　初日〜末日まで被保険者で、

②　就業日数が10日（10日を超える場合は80時間）以下であり、

③　実際に支給された賃金の額が、賃金月額（休業開始時賃金日額に支給日数を乗じて得た額）の80％未満となっている。

のすべてを満たすことです。80時間以下か否かを判断するときは、支給単位期間の時間数を合計し、分単位を切り上げて考えます。

ぴったり1カ月とならない最後の支給単位期間についても、②に関しては、日数にかかわらず、原則どおり10日（80時間）以下かどうかで判断するとしています（雇用保険業務取扱要領）。なお、③や支払われた賃金との調整については、日数の影響を受けることになります。

原則どおり算定か？　時短で賃金低下期間あり

配偶者が転勤を命じられて引っ越すことから、このたび退職することになった従業員がいます。ただ、2カ月ほど前までの数カ月間、親の介護のために短時間勤務制度を使用し、賃金が低下した期間があります。基本手当も、この低下した額で計算されることになるのでしょうか。【大阪・R社】

A.　離職理由により特例措置適用も

基本手当の計算に用いる賃金日額は、原則、被保険者期間の最後の6カ月間の賃金総額を180で割って求めます（雇保法17条1項）。ただし、育児・介護のための休業や労働時間の短縮措置の利用で最後の6カ月間に賃金が喪失したり低下したりした時期があり、かつ離職理由により特定受給資格者または特定理由離職者に該当するときについては、特例が設けられています（同条3項、昭50・3・28労働省告示8号）。

この場合、短縮措置などを適用する時点（開始時）で計算した賃金日額と、原則どおりの離職時の賃金日額を比較し、高い方を適用することになります（雇用保険業務取扱要領）。なお、離職前の4年間に、短縮措置などを開始する直前の6カ月間の期間が含まれていることなどが必要です。

ご質問の場合は、短縮措置を利用し賃金が低下しており、かつ配偶者の転勤が離職理由と特定理由離職者に該当する可能性が高いため、特例の対象になるといえます。

Q25 基本手当は返還が必要か　出戻り従業員を雇用なら

半年前に退職した従業員に連絡を取ったところ、再就職に苦労しているようです。現在人員不足であるため、当社でもう一度働かないか声をかけようと考えています。ただ、雇用保険の基本手当を受給中であり、雇用した場合に不正受給とならないか心配です。【岩手・J社】

A. 就業促進手当と異なり可　循環的離職者に注意して

基本手当の支給を受けるには、原則、被保険者期間が12カ月以上（特定受給資格者などに該当する場合は6カ月）あるなどの要件を満たさなければなりません。受給に際しては、公共職業安定所へ出頭し求職の申込みをしたうえで、失業の認定を受ける必要があります（雇保法15条）。

支給されないケースについて、雇保則などで要件をみても、離職前の事業主に再び雇用された場合というものが見当たりません。これは、失業中に常用雇用等以外の形態で就業したときに支給される就業手当や、支給残日数がある程度ありながらも早期に安定した職業に就いた場合に受けられる再就職手当などとは異なります。

よって、結果的に出戻りの形で離職前の会社に就職した際も、基本手当は受給可能といえ、就職後の返還も必要ないでしょう。

ただし、注意は必要です。厚労省「雇用保険事務手続きの手引き」をみますと、「循環的失業者」という言葉が出てきます。同一事業所にて一定期間に複数回連続して就職、離職、失業等給付の基本手当の受給を繰り返している者を指します。また、過去3年間に3回連続して同一事業所を離職し受給していた者と記載している資料もあります（沖縄労働局の「雇用保険の失業等給付受給資格者のしおり」）。

循環的離職者を再雇用した際は、雇用保険の受給資格決定前から

再雇用予約があったものとして、受給資格者本人のみならず、事業主も共謀して不正受給をしたとして、連帯して返還命令処分を受ける「場合がある」としています。不正受給と判断されると、①不正のあった日から基本手当等の支給を受ける権利がなくなり（支給停止）、②不正な行為により支給を受けた金額は全額返還しなければなりません（返還命令）。さらに、悪質とされると、③不正な行為により支給を受けた金額の最高2倍の金額の納付が命ぜられます（納付命令）。②と併せることで不正受給した金額の最高3倍の金額を納めなければなりません。

受給の際に必要な失業の認定時にも、形式上は離職していても当該事業所に再雇用の予約がなされている場合が少なからずあると想定されることから、その労働の意思の確認を慎重に行うものとすることとしているほか（平14・9・2職発0902001号）、離職前事業所以外の事業所への就職を希望していない場合には労働の意思があるものとは認められないものと扱うとしています（雇用保険業務取扱要領）。

 **不合格になったら？　一般訓練給付金の受給**

当社ではある資格の取得を奨励しています。雇用保険の一般教育訓練給付金を使用し講習を受けに行きたいと従業員から相談があった際、不合格になったらどうなるのかと質問がありました。どうでしょうか。【茨城・B社】

A. 修了が要件であるため対象

一般教育訓練給付金の受給には、教育訓練開始日である基準日において、同一の事業主に雇用された期間を指す支給要件期間が、初回の場合は1年以上、2回目以降は3年以上あることが必要です（雇

保法60条の2）。かつ、基準日に被保険者であるか、基準日が被保険者でなくなってから1年以内（疾病などの事情による延長措置あり）にあることも求められます。

　教育訓練を受講し修了すると、教育訓練経費の20％に相当する額を受けられます。ただし、上限は10万円で、4000円を超えない場合は支給されません。

　修了後の資格試験などで不合格となったとしても、修了が要件のため、ここを満たせば受給可能といえます。修了の翌日から1カ月以内に行う申請時には、確認書類として一般教育訓練修了証明書の提出が求められます。

　なお、専門実践教育訓練給付金に関しては、資格の取得等を行うと給付額が増える仕組みが設けられています。

 退職届出せば自己都合？　解雇してほしいと要望　失業給付の上乗せねらい

　問題がある従業員に退職を勧奨したところ、雇用保険の所定給付日数を多くしたいため、退職届等を出すつもりはなく解雇してほしいといいます。さらに、解雇でも「自分に落ち度はない」といいます。本人の希望を聞く形で解雇すべきでしょうか。【静岡・R社】

A. 「特定受給」に該当可能性

　基本手当が何日支給されるかは、所定給付日数が何日あるかで決まります（雇保法22条）。解雇等で離職し特定受給資格者に該当すれば、自己都合退職と比べて給付日数は上乗せされます（雇保法23条2項）。たとえば、35歳以上45歳未満で、算定基礎期間（被保険者として雇用された期間）が10年以上20年未満のとき、自己都合退職が120日のところ、特定受給資格者は倍の240日といった具合

です。単純に２倍になるわけではありませんが、こうした差があります。

　特定受給資格者になり得る解雇には、自己の責めに帰すべき重大な理由によるものは含みません。たとえば、長期間正当な理由なく無断欠勤し、出勤の督促に応じない場合などが該当し得ます。これは労基法の解雇予告の除外認定を受けるときを想定しています（雇用保険業務取扱要領）。すなわち、就業規則等の違反の程度が軽微な場合には、ここでいう自己の責めに帰すべき重大な理由による解雇には当たりません。

　特定受給資格者に該当するのは、解雇に限りません。解雇その他の厚生労働省令で定める理由も対象です。その中に「事業主から退職するよう勧奨を受けたこと」（雇保則 36 条 9 号）が含まれています。会社が退職勧奨をしたかどうかがポイントになり、離職票の離職理由欄等にもその旨記入します。退職届等を出したときに離職理由が自己都合に切り替わるわけではありません。

　前掲要領では、ここでいう退職勧奨を２つのパターンに分類しています。①企業整備における人員整理等に伴う退職勧奨など退職勧奨が事業主（または人事担当者）より行われ離職した場合、②希望退職募集への応募に伴い離職した場合です。②は、恒常的な制度を想定したものではなく、募集期間が３カ月以内である場合などをいいます。

第4章
健康保険法編

総則関係

保険給付関係

総則関係

 資格喪失日はいつ？　年休消化中に転職先へ

> 当社を退職する従業員が年次有給休暇をまとめて消化する予定
> です。実際は、転職先で勤務する可能性は否定できません。こう
> した場合、被保険者資格を喪失するタイミングはいつになるので
> しょうか。【北海道・G社】

A. 原則として退職日翌日

原則として、次のいずれかに該当するに至った日の翌日に、被保
険者の資格を喪失します（健保法36条）。たとえば、①死亡したとき、
②その事業所に使用されなくなったとき、③法3条各号の適用除外
の規定に該当するに至ったときなどが規定されています。

②は、解雇、退職、転勤、事業廃止等の場合です。事実上使用関
係が消滅した日と解されています。休職期間中に関する解釈ですが、
給与の支給がなされれば資格は継続（昭27・1・25保文発420号）
するとしたものがあります。

一方で、被保険者の資格取得の時期は、適用事業所に使用される
に至った日等です（健保法35条）。両社で被保険者資格が重複する
ときには、2以上の事業所勤務に関する手続きが必要になることが
考えられます。当該手続きをするのは被保険者自身です（健保則1
条の2、37条）。

出向して資格得喪か　労働時間管理は「先」

出向する従業員の社会保険ですが、出向元で加入しています。労働時間管理は「先」で行っていますが、報酬を支払っている「元」の適用で良いのでしょうか。【滋賀・K社】

A. 報酬支払う「元」で継続

被保険者とは、適用事業所に使用される者等をいいます（健保法3条）。いわゆる在籍型出向は、出向元および先事業主双方との間に雇用契約関係があるとされ、出向先事業主と労働者との間の雇用契約関係は通常の雇用契約関係とは異なる独特のもの（派遣業務取扱要領）となっています。

出向に際して具体的な労働条件を明示する必要があります。社会保険関係においては報酬の支払関係も判断のポイントの1つとしています（日本年金機構疑義照会）。出向元で報酬を支払うに際しては、労働者の勤務状況等について把握していると考えられること、そして通知（昭32・2・21保文発1515号）によると「労働の対償とは、被保険者が事業所で労務に服し、その対価として事業主より受ける報酬の支払いないし被保険者が当該事業主より受けうる利益」としていることから、一般的に出向元で適用するのが妥当としています。

健康保険法

Q3 治療中に資格喪失扱いか　任意継続からどう移行

健保法の改正で、本人申出により任意継続被保険者の資格喪失ができるようになったと聞きます。現在、病気で治療中の人が資格喪失を希望する場合、どのような形で制度を移行するのでしょうか。【山梨・M社】

A. 月末までは被保険者資格　保険証あらためて返送

　改正健保法のうち、任意継続被保険者に関する部分は、令和4年1月1日から施行されています。

　従来、資格の喪失事由は6種類（2年が経過した、就職して被保険者となったなど）定められていましたが、今回、「任意継続被保険者でなくなることを希望する旨を、保険者に申し出た場合」が追加され、7種類となりました（健保法38条7号）。

　改正前は6種類の喪失事由に該当しない限り、任意の脱退はできないルールでした。例えば、退職して任意継続被保険者となった後で、結婚したとします。配偶者が健保の被保険者だった場合、被扶養者となれば、自分自身は保険料を納める必要がなくなります。しかし、「被扶養者となるので、資格を喪失します」という形の申出は認められていませんでした。

　しかし、改正後は「被保険者等記号・番号又は個人番号、氏名及び生年月日を記載した申出書を保険者に提出する」ことによって脱退できます（健保則42条の2）。

　申し出た場合、「その申出が受理された日の属する月の末日が到来したとき」、資格を喪失し、喪失日は翌月の1日となります（令3・11・10事務連絡）。受理された日とは、「保険者に到達した日（保険者の郵便受けに投函された日等）を指します。

　月の途中で申し出ても、喪失日は翌月の1日です。ですから、治療中の病気があるときは、月末までは、任意継続被保険者証を使うことになります。

　このため、「資格喪失の申出書には、原則として被保険者証を添付しないこと（翌日1日以降に保険者が指定する方法で回収すること）」とされています（前掲事務連絡）。回収方法としては、郵送等が想定されています。

退職後の資格どうする　高収入なら任継選択か

　退職後の被保険者資格ですが、選択肢としては任意継続被保険者、家族の扶養、国民健康保険が挙げられます。扶養はともかく、実際は保険料に上限があり、任意に脱退もできるようになった任継がおすすめになるでしょうか。【京都・Ｎ社】

A. 離職理由で国保は軽減

　任意継続被保険者は、標準報酬月額の上限が 30 万円で計算される仕組みがあります（健保法 47 条）。なお、健保組合は、これと異なる取扱いがあるため注意が必要です。一方の国民健康保険料（税）は、各市町村の条例などで定められます。災害、その他特別の事情により保険料（税）を納めることが困難な場合、減免や納付猶予を受けられる場合があります（国保法 77 条）。協会けんぽでは、解雇等で失業した人の保険料（税）について、失業の翌年度末までの間、前年所得のうち給与所得を３割として算定するとしています（平 22・3・24 保保発 0324 第２号など）。

　非自発的失業者の人は任意継続の保険料よりも安くなる場合がありますので、市役所等へ確認する必要があるでしょう。前掲通知では、特定受給資格者等である任意継続被保険者のうち保険料を前納した後になって軽減制度について知った者は、申出により、当該前納を初めからなかったものとして取り扱うとしています。

Q5 任継の手続きは？ 令和4年1月に改正

退職後、健康保険（協会けんぽ）の任意継続被保険者となるか、国民健康保険の被保険者となるか比較検討するうえで、令和4年1月の法改正はどのような影響を及ぼすのでしょうか。【千葉・G社】

A. 年度替わりで脱退検討

任意継続が有利な点には、標準報酬月額の上限（30万円）が挙げられます。また、保険料のベースは退職時の標準報酬月額であり、傷病手当金のように継続した12カ月間の各月の標準報酬月額を平均した額ではありません。一方で、国民健康保険には、雇用保険の特定受給資格者等に該当した場合の保険料の減免等があります。

改正点として、任継を任意に脱退できる時期が選択できるようになったことが挙げられます（健保法38条7号）。これまで資格喪失となるパターンは、「2年経過」や「75歳到達」のほか、保険料を納付期限までに納めなかったときがありました。

保険料滞納の方法はイレギュラーな方法としては存在していましたが、今後はこうした方法によることなく資格喪失が可能です。国保は前年所得等を元に年度の保険料が決まるため、一般的には、年度替わりでの移行が考えられるでしょう。

Q6 脱退すれば保険料返納か 任意継続被保険者の扱い

令和4年1月から、任意継続被保険者の任意脱退が可能になりました。その件で、退職者から問い合わせがありました。この方は保険料の前納を行っていましたが、脱退すれば、当然、保険料は返納されるという理解で間違いないでしょうか。【佐賀・C社】

A. 喪失申出月は加入扱い　未経過期間が返還対象

　任意継続被保険者の資格喪失事由が改正され、従来の6種類が7種類に増えました（健保法38条）。

① 任意継続被保険者となって2年経過
② 死亡
③ 保険料を納付日までに未納
④ 新たに健保被保険者資格を取得
⑤ 船員保険の被保険者資格を取得
⑥ 後期高齢者医療の被保険者に該当
⑦ 任意継続被保険者でなくなることを保険者に申し出た場合、申出が受理された日の属する月の末日が到来

　⑦が今回、追加された項目です。申出が受理されると、翌月の1日が資格喪失日となります。

　任意継続被保険者は、一般の被保険者と異なり、「その月の10日（初めて納付するときは保険者が指定する日）」までに、保険料を納付します（健保法164条）。

　そこで、資格喪失の申出と保険料の関係を確認しましょう。任意脱退の申出を行った場合、前記⑦の事由により、「月の末日が到来」して初めて資格喪失の効果が生じます。一方、申出を行い、その月の保険料を10日までに納付しないと、前記③の事由により未納となった時点で、資格喪失となります（令3・11・10事務連絡）。

　保険料の納付を行った後、⑦により資格喪失した場合、喪失日が「翌月の1日」となります。喪失日の前月までの保険料納付が必要なので、申出月に収めた保険料は返納されません。

　ご質問の方は、一定期間の保険料を前払い（健保法165条）されているとのことです。その場合は、申出月までの保険料が返還されず、それ以降の未経過期間に係る保険料が返還の対象になります。

健康保険法

Q7 継続２カ月へ通算か　任継被保険者の要件で

　中途で労働者を採用したものの、諸事情により、１カ月半で退職することとなりました。任意継続被保険者へ変更するに当たり、継続２カ月の被保険者期間が必要ですが、前職の被保険者期間と通算できるのでしょうか。なお、前職の退職日の翌日に当社へ入社しており、空白期間はありません。【和歌山・Ｓ社】

A. 空白がないなら対象に

　健保法の被保険者が、退職後などでも引き続き健康保険へ加入し続けられる仕組みとして、任意継続被保険者制度が設けられています。要件は、資格喪失の前日まで継続して２カ月以上被保険者であること、資格喪失の日から20日以内に保険者へ申し出ることです（法３条４項、37条）。要件を満たせば、資格喪失日にさかのぼって、任意継続被保険者の資格を取得することになります。なお、保険料については、使用者負担分がなくなり、全額を自ら納付します。

　要件にある継続２カ月以上のカウントに関しては、ご質問のように、１日の空白もなく転職し被保険者資格に切れ目がない場合は、通算されることになります。離職直前が協会けんぽ、その前職が健保組合のように保険者が異なっても、空白がなければ対象です（協会けんぽ）。一方、日雇特例被保険者、任意継続被保険者、共済組合の組合員であった期間は、カウントしないとしています。

保険料はどうなるか　任継が月途中の入社で

　このたび新しく労働者を雇用することになりましたが、入社に向けた準備期間が必要と双方でなったことから、入社日を来月の途中とすることを考えています。社会保険について、現在は任意継続被保険者とのことですが、入社月の健康保険料は両方支払いが必要なのでしょうか。【山形・Ｓ社】

A. 新しい資格に基づく方を払う

　退職などで任意継続被保険者（健保法３条４項）となった場合、保険料は、その月の10日までに自ら納付することになります。正当な理由なく期日までに納付しなかったときは、期日の翌日で資格を喪失します。保険料の額は、退職時の標準報酬月額がベースとなりますが、協会けんぽの場合、30万円を超えていたときは、30万円で計算されます。

　任意継続被保険者が、月の途中で就職し新たに適用事業所の被保険者となった場合、その月については、任意継続被保険者としての保険料は発生せず、就職後の被保険者資格に基づく保険料を納付します。前月から引き続き被保険者である者がその資格を喪失した場合においては、その月分の保険料は、算定しないとしているためです（法156条３項）。前納も含め、任意継続被保険者の資格を喪失した月以降の保険料を納付していたときは、協会けんぽなら、支部から還付請求書を送付され、これを提出することで戻ってきます。

Q9 逮捕されて保険料発生!? 被保険者資格は継続で家族が病院行くことも

従業員が逮捕されたときの対応を話し合う中、社会保険料を長期間徴収できない事態は避けたいので、年次有給休暇で処理し控除するのはどうかという意見が出ました。そもそも、逮捕勾留の場合も被保険者資格は継続し、被扶養者がいて病院に行くような場合も考えると、保険料もかかるという認識で良いでしょうか。

【兵庫・K社】

A. 徴収の特例あり届出を

被保険者等が、少年院、刑事施設、労役場その他これらに準ずる施設に収容等されたときには、（一部を除き）保険給付は行わない（健保法118条）とあります。なぜ制限が課されるかですが、概ね公費負担があるのがその理由とされています（健康保険の解釈と運用）。

被保険者等が収容等されたときでも、被扶養者に係る保険給付を行うことは妨げないとあります（同条2項）。一般的な感覚としても、被扶養者まで給付が制限されてしまうのは酷でしょう。

給付制限が課されても、被保険者資格自体は喪失事由が発生しない限り失いません。ただし、事業主は手続きが必要です（健保則32条）。被保険者またはその被扶養者が法118条1項各号のいずれかに該当し、または該当しなくなったときは、5日以内に、厚生労働大臣または健康保険組合に届け出なければならないとしています。厚労大臣の権限は、年金事務所に委任されています（健保則158条の3第11号、法204条1項21号）。日本年金機構のホームページに、健康保険法118条第1項該当・不該当届に関する詳細説明、記入例があります。

保険料の徴収に関して、法118条には規定がありません。仮に、年休を請求・取得すれば一定の報酬が支払われます。法158条は「保

険料の徴収の特例」を定めています。前月から引き続き被保険者（任意継続被保険者を除く）である者が法118条1項各号のいずれかに該当するに至った場合はその月以後（略）、同項各号のいずれかに該当しなくなった月の前月までの期間、保険料を徴収しません。前掲「解釈と運用」は、刑事施設等に収容されているときは徴収しないとしています。ただし、被保険者が同項各号のいずれかに該当するに至った月に同項各号のいずれかに該当しなくなったときは、この限りではありません（徴収する）。

Q10　1月超要件で合算するか　出生時育休後に育児休業

　育児休業と、賞与に関する社会保険料の免除について、出生時育児休業は4週間までしか取得できず、単体では1月超の免除の要件を満たせないため、続けて通常の育児休業を取得したいといわれました。そもそもこれらの期間は合算できるのでしょうか。
【東京・R社】

A.　1つとみなし期間は通算　免除かどうかは月末時点

　健康保険・厚生年金の被保険者が育児休業等をしている間は、事業主が保険者へ申出をすることで、社会保険料が免除されます（健保法159条）。

　令和4年10月以降において、免除を受けられる期間や要件は、報酬と賞与で異なります。報酬については、①その月の末日が育児休業期間中である場合と、②同一月内で育児休業を取得（開始・終了）し、その日数が14日以上の場合に、該当する月の保険料が免除となります。例えば、10月15日〜11月10日や、10月25日〜31日に取得した際は、10月において末日が育休中であるため、①として10月分の社会保険料が免除されます。②は、10月14日〜29日に

取得したときに 10 月分が免除になるといった具合です。

　一方、賞与は、連続して 1 月超取得した者に限り、対象となります。1 月超は、暦で計算するとしています。また、取得しているか否かは月末時点で判断されるため、育休等期間に月末が含まれる月に支給された賞与に係る保険料を免除するとしています（令4・3・31 事務連絡）。例えば、10 月 10 日〜 11 月 24 日に取得した際は、10 月に賞与を受けると対象となります。

　この育児休業等には、子の出生後 8 週間以内 4 週間分に取得できる出生時育休も含まれます（前掲事務連絡）。育児休業の一類型として創設されるためです。

　複数の育休等を連続して取得した際は、 1 つの育休等とみなし、合算して育休等期間の算定に含めます（法 159 条 2 項）。よって、出生時育休に続き育休を取得した場合、両者は合算され、さらに合計して 1 月超となれば、免除の対象になるといえます。

Q11　時間短縮して資格継続か　「短時間正社員」に転換

　国は副業・兼業の拡大を推進していますが、当社でも、起業にチャレンジする従業員をサポートしたいと考えています。本人希望により所定労働時間を短縮しても、「短時間正社員」という扱いにすれば、社会保険資格を維持できると聞きます。基本的に、労働時間按分で賃金カットする仕組みとすれば、条件を満たすという考えで間違いないでしょうか。【千葉・S社】

A.　3条件満たせば加入可能　賃金の時間単価は変えず

　個人的な事情で労働時間を短縮したいという場合、 2 つの問題が生じます。

　第 1 は、収入の低下です。特に正社員からパートに雇用形態が変

わるときは、不利益の程度も大きくなります。

　第2は、ご質問にある社会保険資格の問題です。現在、段階的に社会保険の加入範囲の拡大が進められています。しかし、その対象外（および任意適用事業所でない）である中小・零細企業では、労働時間の短縮幅により、社会保険の適用除外となるケースが少なくありません。

　貴社では、「短時間正社員」とすることで、この問題に対応したいと考えておられるようです。パートではなく、「正社員」ですから、収入減も「労働時間按分」による低下分にとどまります。

　社会保険の関係でも、短時間正社員の取り扱いについては特別な考え方が示されています。具体的には、次の3条件を満たすときは、社会保険の適用があると解されています（平21・6・30保保発0630001号）。

①　労働契約、就業規則・給与規定等に短時間正社員に係る規定がある

②　期限のない労働契約が締結されている

③　給与規定等における時間当たりの基本給・賞与・退職金の算定方法等がフルタイム正規労働者と同等であり、就労実態も諸規定に即したものとなっている

　単に、正社員と同様の待遇を保証すると約束するだけでなく、賃金・賞与・退職金の計算方法等までキチンと短時間正社員制度に関する規定を整備しておく必要がある点には留意が求められます。

当社は60歳の誕生日の日をもって定年退職としています。健
康保険等の被保険者資格は形として喪失、再取得ということにな
ります。定年年齢に達した月に賞与を支払ったときの社会保険料
ですが、事実上雇用関係は継続しているといえますし、保険料計
算に影響はないと考えて良いのでしょうか。【福岡・D社】

A. 喪失前支給なら賦課せず

　健保法の条文をベースにして、基本的な仕組みから確認していき
ます。保険料の額は、各月につき決まります。月の最終日に被保険
者資格を取得すれば、その月における被保険者期間は1日ですが、
1カ月分の保険料がかかります。標準報酬月額および標準賞与額に
それぞれ一般保険料率を乗じて算出します（健保法156条）。前月か
ら引き続き被保険者である人が被保険者資格を喪失したとき、その
月分の保険料は算定しないというルールがあります（同条3項）。月
末退職のときに保険料が2カ月分かかるのは、翌月の初日が資格喪
失日となるためです。資格喪失日の属する月の保険料の算定は行わ
れませんが、退職月の保険料は徴収されます。

　定年後嘱託として再雇用された者ですが、事実上の使用関係は中
断することなく存続している形になります。ただし、被保険者資格
に関して、雇用契約によって報酬が変わった場合には実務上、使用
関係がいったん中断したものとみなすことができます。この同日得
喪の仕組み自体は、過去何度か見直しがありましたが、現在は、60
歳以降に退職後継続して再雇用される者を改定の対象としています。

　同日得喪で被保険者資格喪失届を出しますが、資格取得届も出し
ますから、当月の保険料がかかります。賞与支払月との関係ですが、
日本年金機構は賞与支給のタイミングが関係してくるとしています。

これによれば資格喪失日前の同月に賞与が支給された場合は賞与の保険料は徴収されず、継続雇用による資格取得日以後の同月に賞与が支給された場合は、保険料を徴収するとしています。

Q13 シルバー人材の扱いは？　保険適用どう考えるか

当社をリタイアして、しばらく経ったＯＢの方とお話ししました。「雇用保険の給付も終わったし、少し、退屈してきたので、シルバー人材センターで働こうかとも思う」といわれました。こうした働き方をしていて、仮に事故に遭った場合、保険はどのようになるのでしょうか。【宮城・Ｋ社】

A. 非雇用なら任継で処理可　労働者の業務災害は労災

シルバー人材センターは、高年齢者法に基づく公益団体で、高年齢者を対象に臨時的・短期的な業務に就く機会を提供しています。広く知られているのは、委託・請負によるパターンです。そのほか、有料職業紹介、派遣形態を利用することも認められています（高年法38条）。

職業紹介・派遣という形を採る場合、高齢者は会社と雇用契約を結ぶことになります。労働者ですから、働いている間に事故に遭えば、労災保険から給付を受けます。

しかし、委託・請負という場合、個人事業主という立場になるので、労災保険の保護対象とはなりません。

ご質問にあるＯＢの方は、退職後、健康保険の任意継続被保険者になっているのが普通でしょう（退職から、2年間が上限）。奥さんの被扶養者扱いになっている可能性も否定できません。

一般に、業務中にケガをした場合、健康保険を使えないといいます。それでは、シルバー人材センターからの委託・請負で働いている間に、

事故に遭ったら、どうなるのでしょうか。

　健保法1条では、「労働者または被扶養者の業務災害（労災法7条1項1号に規定する業務災害をいう）以外の疾病、負傷もしくは死亡または出産に関して」保険給付を行うと規定しています。

　労働者でなければ、業務中にケガをしても、上記の「業務災害」に該当しません。労災保険の給付を受けられないときは、任意継続被保険者・被扶養者いずれの立場であっても、健保の被保険者証を使って治療を受けることができます（平25・8・14事務連絡）。

Q14　通勤中に役員ケガしたら　労災の特別加入はせず

　会社役員が、通勤中に階段で転んで、ケガをしました。当社では、労災保険に特別加入していません。役員の場合、業務上災害で健保を使えないといいますが、通勤災害も同様なのでしょうか。
【岐阜・K社】

A.　健康保険使うことは可能　「労働者」でない場合

　健保の被保険者証を使えないのは、第1に「労働者の業務上のケガ・疾病等（労災法7条1項1号に規定する業務災害）」です（健保法1条）。

　通勤災害（労災法7条1項2号）は業務災害とは異なり、除外の対象とされていません。しかし、一般的には、通勤災害に健保は適用されないといいます。これはどういうことかというと、「労災法、国家・地方公務員災害補償法その他の規定により、健保給付に相当する給付を受けるとき」は、労災法その他が優先するという調整規定が置かれているためです（健保法55条）。

　お尋ねにある会社役員は労働者ではない（兼務取締役等の場合は労働者）ので、業務遂行中等にケガ・疾病等にり患しても、「労災法7条1項2号に規定する業務上災害」に該当しません。ですから、

健保法１条の除外対象となりません。

　しかし、法人の役員については、上記とは別に「業務に起因する傷病等に関し、保険給付は行わない（被保険者数５人未満の適用事業所の役員を除く）」という規定が存在します（健保法53条の２）。業務上の傷病は、こちらの制限にひっかかり、保険給付の対象になりません。

　健保法53条の２は、業務上の災害のみを対象としていて、通勤災害には触れていません。このため、法人の役員が通勤災害に遭ったときは、「労災法…その他の規定により、健保給付に相当する給付」を受けられなければ、健保を使うことができます。

　労災保険に特別加入していれば、労働者とみなして、労災保険の保護を受けられます。つまり、健保は使えません。

　しかし、貴社では特別加入されていないということで、健保による治療が可能という結論になります。

Q15 定時決定行うのか　休職中で報酬を受けず

　当社には、先月から休職している従業員がおり、復帰は７月以降になる見込みです。休業期間中は、傷病手当金は受給しているものの、当社から給料の支払いはまったくありません。健保・厚年の定時決定は４〜６月の報酬で行いますが、このような場合にはどうするのでしょうか。【宮城・Ｄ社】

A. 標準月額は従前のまま

　定時決定は、原則として毎年、４〜６月の報酬を基準に、標準報酬月額を見直す制度です（健保法41条）。同期間における報酬の総額の月平均額を求め、それが何等級に該当するかをみて、標準報酬月額が決まります。なお、傷病手当金は、労働の対償として受ける

ものでないとされているため、報酬には含めないとしています（令3・4・1事務連絡）。

　月平均額を求める際にカウント対象となる月は、原則として、報酬支払基礎日数が17日以上の月です。たとえば6月しか17日以上の月がないケースでは、6月の報酬を基に標準報酬月額を決めます。

　ご質問のように、休職していて4〜6月の報酬がまったく支払われていないときは、保険者決定の扱いになって、結果として従前の標準報酬月額を引き継ぐことになります（日本年金機構）。社会保険料なども従前のままです。

Q16　途中入社で定時決定は　月給制なら当月を除外

> 月途中で入社した月給者は、入社月の報酬が日割り計算され、定時決定の算定対象月からは除いてきました。パートなど時給制の場合は、働いた分は支給される形ですが、入社月はどう考えれば良いですか。【愛知・D社】

A.　時給者も同様の扱いが可能

　まず、4月、5月に入社し被保険者資格を取得した者は、定時決定の対象になります。一方、6月1日以降に資格を取得した被保険者は対象にはなりません（健保法41条）。

　月の途中で資格を取得した者に対しては、保険者算定（昭37・6・28保険発71号）によるとしています。ただ、こちらは月給の例となっています。

　日本年金機構の解釈で、「日給・時給者においても1月の勤務期間が確保されていないため、通常よりも低額の標準報酬月額で決定される場合があることは、月給者および日給月給者と同様」であり、「日給・時給者においても保険者算定を行うことはできる」としたもの

があります。

　保険者算定による場合、９月以降において受けるべき報酬月額となり、すなわち「通常の給与を受けた月」の平均により、標準報酬月額を決定します（厚労省「標準報酬月額の定時決定及び随時改定の事務取扱いに関する事例集」）。

Q17　随時改定の対象か　固定的賃金変動が複数

　会社の近隣に住む者に近距離手当を支給しています。現在遠方に住む従業員が引っ越しをして対象となるのですが、近距離手当という固定的賃金の増額がある一方、通勤手当で減額が生じる場合も、随時改定の対象になり得ますか。【愛知・Ｓ社】

A.　合計額みて判断される

　随時改定を行うのは、固定的賃金が変動した際に、変動月以後の継続した３カ月における平均報酬（残業手当等の非固定的賃金を含む）の標準報酬月額等級と、現在の等級に２等級以上差が生じ、かつ同３カ月の報酬支払基礎日数がすべて17日（特定適用事業所の短時間労働者は11日）以上である場合です（健保法43条）。

　ご質問のように、同一月に複数の固定的賃金の増減が発生した際は、固定的賃金の変動に当たり対象となり得ます。また、随時改定は、固定的賃金が増加した場合は増額改定のみ、減少時は減額改定のみという取扱いですが、その合計額で、増額・減額改定のいずれに当たるかが判断されます（令３・４・１事務連絡）。

　なお、固定的賃金が増額する一方で非固定的賃金が減少したが、結果的に２等級差が生じたときなど、固定的賃金と、実際の平均報酬月額の増額・減額が一致しない場合は、対象となりません。

被保険者資格　2カ月雇用をどう解釈？　条文では適用除外　臨時・一時的な見込み

　2カ月間の期間で従業員を採用しようと検討しています。臨時的、一時的な雇用の予定です。2カ月以内の期間を定めて使用される者ですが、見込みに関してはどういう扱いなのでしょうか。【大阪・K社】

A. 原則は期間超えた時点

　健康保険や厚生年金の適用事業所に使用される者のうち、臨時に使用する者等は適用除外となります（健保法3条、厚年法12条）。

　適用除外となる者に、

①　日々雇い入れられる者（健康保険の日雇特例被保険者を除く）

②　2カ月以内の期間を定めて使用される者

がいます。ただし、①は1カ月を超えて引き続き使用されるに至った場合は、この限りではありません。②も所定の期間を超え、引き続き使用されるに至った場合に被保険者となります。たとえば、30日を超えて引き続き同一の事業所に使用されるに至ったときは、期間終了日の翌日、すなわち31日目から被保険者資格を取得（「健康保険法の解釈と運用」）するのが原則です。ただし、単に所定の期間を超えればただちに被保険者に移行すると解すべきではなく、日本年金機構は、継続的な使用関係が認められる場合は、採用当初から被保険者として扱うとしています。

　令和4年10月から、②は、「2月以内の期間を定めて使用される者であって、当該定めた期間を超えて使用されることが見込まれないもの」は、適用を除外するという規定に変わりました。

　労働条件を明示するうえで、2カ月以内と定めていても、更新する場合がある等としているか、あるいは、同一事業所において同様の雇用契約を締結した者が2カ月を超えて雇用された実績があるか、

いずれかに該当するときは見込まれるものに該当します（令4・3・18事務連絡）。なお、この場合でも、あらかじめ当事者間で2カ月を超えて雇用しないことを合意している場合は「見込まれない」ものとして扱うとしています。

当初定めた期間を超える見込みがあり、雇入れ当初から被保険者として処理したとします。業務の都合で2カ月で終了するときでも、さかのぼって被保険者の資格取得を取り消すことはできません。

Q19 複数で被保険者なのか？ 労働者を出向させた場合

このたび当社の労働者を出向させることになりました。賃金は、今のところ出向元である当社で全額払う予定ですが、この場合、被保険者資格は当社だけで取得したままなのでしょうか。また、按分して支払うような場合はどうなのでしょうか。【兵庫・T社】

A. 使用関係と報酬から判断 元が全額払えば該当せず

健康保険法の適用事業所（以下、事業所）に使用される者は、基本的に被保険者となります（健保法3条）。2以上の複数の事業所に勤務する際も、各事業所ごとに被保険者資格を満たすか判断され、満たした複数の事業所においては被保険者という扱いです。このときは、被保険者の届出により、主たる事業所を選択して管轄する年金事務所または保険者等を決定します。

標準報酬月額は、各事業所で受ける報酬月額を合算した月額で決まります。保険料は、決定した標準報酬月額による保険料額を各事業所で受ける報酬月額に基づき按分し決定されます（法161条など）。

出向には在籍出向と転籍出向があり、前者の場合、出向先と出向元が出向契約を結ぶ一方、労働者からみると、出向元・先の両方と雇用関係にある状態となります。

厚労省「在籍型出向『基本がわかる』ハンドブック」（令3・12・7）では、在籍出向の場合、出向労働者は、出向元・先企業のうち、使用関係があり報酬が支払われている企業（一方または双方）で社会保険の適用を受けるとしています。よって、2以上勤務の判断がなされることがあります。

　日本年金機構内において、年金事務所等と機構本部の間で問い合わせと回答を行った結果である疑義照会をみますと、出向元のみが報酬を支払い、出向先で指揮命令を受けるケースについては、被保険者資格は出向元で適用するのが妥当としています（疑義照会2010-654）。労務管理を出向先で行っていても出向元で報酬を支払うに際してその労働者の勤務状況等を把握していると考えられ、また、解釈例規（昭32・2・21保文発1515号）で「労働の対償とは、被保険者が事務所で労務に服し、その対価として事業主より受ける報酬の支払ないし保険者が当該事業主より受けうる利益」とあることを理由に挙げています。

　出向元・出向先で基本給等を按分して支給しているケースに関しては、「各々の事業所が、人事、労務、給与の管理等を行っているのであれば常時的使用関係があると認められ、2以上勤務の被保険者となる」としています。一方、片方が基本給等を支給し、もう片方が通勤手当や住宅の給与（現物給与）を支給している場合については、後者に関して、通勤手当などのみの支払いであり、これのみをもって常用的使用関係があるとは認めがたいことから、2以上の被保険者とはならないとしています（疑義照会2010-553）。

 **１カ月超どう判断？　賞与の社会保険料免除**

　　育児休業中の社会保険料の免除の仕組みが変わりました。２カ月にまたがり休業したときで、ちょうど休んでいないタイミングで支給日がある賞与は免除対象なのでしょうか。【福岡・Ｏ社】

A. 従来どおり　月末で判断

　改正前の扱いを確認してみましょう。育児休業等をしている被保険者が使用される事業所の事業主が、保険者等に申出をしたときは、その育休等を開始した日の属する月からその育休等が終了する日の翌日が属する月の前月までの期間、被保険者に関する保険料を徴収しないとしています（健保法159条、厚年法81条の２）。月末に１日だけ育休等を取得すれば、その月に支給された賞与は免除になるという仕組みでした。

　令和４年10月からは、育休等の期間が１カ月以下である者は、標準報酬月額に係る保険料に限り免除になることがあるという形で改正され、一方の賞与（標準賞与額）の保険料免除は１カ月超の育休等が要件になりました。

　厚生労働省は、１月超の育休等は、従来どおり月末時点に育休等を取得しているかどうかで保険料免除を判断するため、育休等期間に月末が含まれる月に支給された賞与に係る保険料を免除する（令４・３・31事務連絡）としています。

 適用拡大で資格に影響か　短時間正社員の扱いは？

> 当社では今後、勤務地や仕事の内容を限定した形で社員を募集・採用することを検討しています。労働契約の期間の定め自体は、設けない形を想定しています。いわゆる短時間正社員も社会保険の被保険者になるということですが、令和4年10月からの適用拡大の対象事業所においては、所定労働時間等の条件を満たす必要もあるのでしょうか。【群馬・E社】

A. 労働時間長短問わない　引き続き被保険者と扱う

　令和4年10月から、新たに101人以上の企業等に社会保険の適用が拡大されました。対象となるのは、①週労働時間20時間以上、②月額賃金8.8万円以上、③学生は適用除外といった条件を満たした労働者です。従来、勤務期間1年以上の見込みという要件がありましたが撤廃されました。

　適用除外に関する条文（健保法3条1項9号）で規定されている短時間労働者とは、1週間の所定労働時間が同一の事業所に使用される通常の労働者の1週間の所定労働時間に比し短い者をいいます（令4・3・18保発1号）。通常の労働者とは、短時間労働者と同種の業務に従事する者をいうと規定しています。

　いわゆる限定正社員には、勤務地、職務、勤務時間を限定したタイプがあります。

　このうち、短時間正社員は、正社員であるのと同時に短時間で働く者でもあります。通達（平21・6・30保保発0630001号）では、労働時間に関して、短時間勤務・短日勤務のいずれも可、としていました。就業規則等で短時間正社員を規定したうえで、給与はフルタイム正社員の月給を時間比例で支給あるいはフルタイム正社員の時間当たりの基本給と同等の水準の時間給を支給するといったことなどの

条件を満たす場合に、被保険者として取り扱うというものでした。

令和4年3月に示された厚生労働省のQ&Aの中で、短時間正社員は、従来どおり、所定労働時間の長短にかかわらず、被保険者資格を取得するとしています。

 20時間をどう考える　短時間労働者の社保加入

従業員数が100人を超えるため、令和4年10月からパート従業員などを社会保険へ加入させることになりました。ただ、年に何回か忙しい月があることから、所定労働時間は月単位で定めています。週所定労働時間20時間に該当するかについては、どのように考えるのでしょうか。【山梨・D社】

A. 就業規則で確認　不可ならば実態

短時間労働者が被保険者となるには5つの要件を全部満たす必要があり、その1つに、週所定労働時間20時間以上というものがあります（健保法3条）。週所定労働時間とは、就業規則、雇用契約書などで、通常の週に勤務すべきとされている時間を指します（令4・3・18保保発0318第1号）。

週所定労働時間が短期的かつ周期的に変動する場合は、周期における平均で算定し、月単位で所定労働時間が決まる場合は、通常の月の同時間を12分の52で除して算出します。就業規則などで明示的に確認できない際には、実際の労働時間を事業主などから事情を聴取した上で、個別に判断するとしています（令4・3・18事務連絡）。

なお、週20時間未満でも、実際の労働時間が、連続する2カ月において週20時間以上で、かつこの状態が続いたり、続くと見込まれたりすると、実際の労働時間が週20時間以上となった月の3月目の初日に被保険者の資格を取得します。

Q23 標準月額どうなる　被保険者を正社員転換

アルバイトで働いている若手の労働者を正社員へ転換しようと、現在話を進めています。労働時間が長かったので、すでに社会保険の被保険者資格は取得しています。転換に際して時給制から月給制に変わりますが、標準報酬月額はどうなるのでしょうか。
【埼玉・N社】

A. すぐは変動せず随時改定契機に

パート・アルバイトから正社員へ転換する場合、転換前から健康保険・厚生年金の被保険者資格を取得していたときは、転換時には標準報酬月額は変わらず、随時改定の対象かどうかが判断されます。

随時改定の要件は、原則、①固定的賃金に変動があって、②変動以後の連続３カ月間の報酬から算定した標準報酬月額の等級と従前の等級との間に２等級以上差があり、③同３カ月の各月の報酬支払基礎日数がすべて17日以上あることです（健保法43条）。①には、日給から月給へ変わったり、就業規則などの規定に基づき所定労働時間が変更されたりするといった給与（固定的賃金または給与体系）の変更が該当します（日本年金機構疑義照会）。よって、随時改定の契機になり、②、③も満たせば、変動月を含めて数えて４カ月目に等級が変わることになります。

なお、新たに被保険者資格を取得する場合は、資格取得時決定を行うことになります。

Q24 新報酬月額の通知必要か　保険料額は給与明細に

定時決定の季節ですが、改定された標準報酬月額はそもそも本人に通知する必要があるのでしょうか。控除した保険料額等が分かれば、問題はないでしょうか。【静岡・Ｙ社】

A. 控除額のみだと不足　「審査請求欄」を例示

日本年金機構「算定基礎届の記入・提出ガイドブック（令和４年度）」などをみると、「決定された標準報酬月額の内容については、日本年金機構からの通知の後、すみやかに被保険者本人あて通知していただくようお願いします」といった記載があります。

法的な根拠規定も確認してみましょう。保険者等は、標準報酬（標準報酬月額および標準賞与額）の決定もしくは改定を行ったときは、その旨を当該事業主に通知します（健保法 49 条１項）。事業主は、速やかに、これを被保険者または被保険者であった者に通知しなければならない（同条２項）となっています。２項は、罰則付きとなっています（健保法 208 条２号）。なお、「被保険者であった者」としているのは、健保法 39 条１項の資格の得喪の確認が含まれているためでしょう。

その他、保険料を源泉控除した場合の通知（法 167 条）もありますが、本件の標準報酬の通知とは、根拠規定が異なるということになります。

日本年金機構では、「事業主が被保険者または被保険者であった者へ通知する際の方法は任意ですが、明確かつ確実に通知するよう」求めています。例示されている様式（下図）をみる限り、定時決定の時期、従前と決定後の標準報酬月額をそれぞれ記入する形となっています。ただし、日本年金機構は、通知の際には、決定内容に加え、通知された決定内容に不服があるときは、決定を知った日の翌日か

健康保険法

ら３カ月以内に審査請求ができることについても、併せて知らせる
よう求めています。

| 健康保険・厚生年金保険 標準報酬月額及び標準賞与額等の通知書（被保険者用） | | | | | | 氏名 | | | 例示 | |

	資格取得時の決定	令和	年	月	日	標 準 報 酬 月 額 (健保)		(厚年)	千円
	定 時 決 定	令和		年	月	従前の標準報酬月額 (健保)		(厚年)	千円
						決定後の標準報酬月額 (健保)		(厚年)	
	随 時 改 定	令和		年	月	従前の標準報酬月額 (健保)		(厚年)	千円
						改定後の標準報酬月額 (健保)		(厚年)	
	賞与支払時の決定	令和	年	月	日	標 準 賞 与 額 (健保)		(厚年)	千円
	資格喪失日	令和	年	月	日				

このたび上記チェック項目のとおり、日本年金機構より決定通知されましたのでお知らせします。
この決定に不服があるときは、決定があったことを知った日の翌日から3か月以内に文書又は口頭で社会保険審査官（地方厚生（支）局内）に審査請求できます。

Q25 標準報酬月額はどうなる 終了時改定待たず産休へ

育児休業を終え近々復職する従業員と話をしていたところ、第
２子を身ごもっており、復職から２カ月後に産前休業に入れない
かと相談がありました。育児休業等終了時改定を待たず産前休業
に入った場合、標準報酬月額はどうなるのでしょうか。【新潟・
Ｆ社】

A. 申出なければ従前どおり　出産手当金など考慮も

育児休業から復職すると、標準報酬月額に関して、育児休業等終
了時改定を受けられます（健保法43条の２）。育休等終了日の翌日
が属する月以後の３カ月間に受けた報酬の総額の平均に基づいて新
しい等級を決定し、育休終了日の翌日から数えて４カ月目の月から
適用します。報酬をみる３カ月については、原則、報酬支払基礎日
数が17日未満（被保険者数が一定以上の規模の特定適用事業所に勤
務する短時間労働者は11日）の月はカウントしません。

現在（育休終了時）の等級と１等級でも差があれば同制度を使用

できますが、被保険者の希望により、事業主を経由して保険者へ申出をする必要があります。

　等級が下がれば保険料は下がりますが、一方、厚生年金の保険給付に関しては、救済措置として、従前報酬みなし制度が設けられています（厚年法26条）。3歳未満の子を養育する被保険者について、養育開始の前月の標準報酬月額を「従前標準報酬月額」として、それより低下した期間につき、保険給付の計算では従前標準報酬月額を用います。

　第1子の育休終了後、育休等終了時改定の要件を満たさなかったり申出をしなかったりして、改定をせずに第2子の産前休業に入ったときは、ほかに定時決定などがなければ、従前の標準報酬月額が適用され続けるといえます。なお、復職後、1カ月でも報酬支払基礎日数が17日以上の月があれば終了時改定の申出ができますが、例えば産前産後休業中に支給される出産手当金については、支給開始日以前12カ月間の標準報酬月額の平均を計算に用いることなどから、復職から少し間が空くケースのような、申出をしないほうが有利になる場合もあるといえます。

Q26　実態に即した等級可能か　定時決定で4月に繁忙

　毎年4月が繁忙期の部署があります。結果として割増賃金が多くなり、定時決定後の標準報酬月額も高くなってしまいます。一方で他の時期については、ほぼ残業のない月もあります。他の月を加味した、実態に合う標準報酬月額とはできないものでしょうか。【静岡・T社】

A.　保険者算定の仕組みあり　申立をすることが必要

　保険料や年金額などの決定に用いる標準報酬月額は、定時決定と

して、4〜6月の報酬をベースに、原則として毎年見直されます（健保法41条）。

　カウント対象となる月に受けた報酬の総額を同月数で割って月平均額（報酬月額）を求め、これを基に標準報酬月額の等級を決めます。カウント対象となるのは、報酬支払基礎日数が17日以上の月です。パートタイマーといった短時間就労者の被保険者については、17日以上の月が1月もない場合、15日以上17日未満の月で平均を求めます。3カ月とも15日未満の場合は、従前の標準報酬月額となります（平18・5・12庁保険発0512001号）。なお、現実に支払われた報酬で算定するため、たとえば月末締め翌月15日払いのようなケースでは、3月分の労働に対する報酬が対象になることとなります。

　こうして決まった標準報酬月額は、随時改定などがない限り、9月〜翌年8月まで使用します。

　ご質問のように、4〜6月に繁忙期があり、割増賃金などで他の時期と比べて報酬が著しく高くなってしまう場合には、より実態に即した取扱いとなるよう、1年間の報酬月額の平均による保険者算定を行うとしています（平30・3・1保発0301第8号）。具体的には、当年4〜6月の報酬月額から求めた標準報酬月額と、前年7月〜当年6月までの報酬月額から算出した標準報酬月額との間に2等級以上の差があり、かつこの差が業務の性質上例年発生することが見込まれる場合に実施します。たとえば、人事異動や決算のために4月が繁忙月になり残業代が増加する総務、会計などの部署が対象です。偶然その年が忙しかっただけのように、一時的な繁忙による報酬の増加などは対象外となります（平30・3・1事務連絡）。

　この保険者算定を求めるときは、被保険者の同意を得て、事業主が申立を行う必要があります。同意が得られないときは、原則どおりの定時決定となります。

　なお、4月に昇給があるなど、4〜6月の間に固定的賃金の変動

が起こり、従前の標準報酬月額等級と比べ2等級以上の差が生じた結果、7～9月のいずれかの月を改定月とする随時改定が行われる場合は、随時改定が定時決定に優先することになるため、1年間の報酬月額の平均による保険者算定を行うことはできないとしています（前掲事務連絡）。

資格登録の費用は報酬か　給与規程等に定めなし

　当社では、業務上必要な資格を取得後、登録等に要する費用を会社で負担することを検討しています。給与規程等に定めるかどうかもこれから考えます。社会保険において報酬となるのでしょうか。【和歌山・N社】

A. 実質的な収入と判断も　年や月など定期支給なら

　労基法の賃金の定義（11条）に該当すれば、その決定、計算方法および支払方法等に関して、就業規則の記載も必要になってきます。賃金の基準として、任意恩恵的なものや福利厚生施設、企業設備の一環か否かがあります（労基法コンメンタール）。

　社会保険関係で報酬・賞与にどのようなものが含まれるかですが、健保法3条5項および6項において「労働者が、労働の対償として受けるすべてのもの」と規定しています。労働の対償として経常的かつ実質的に受けるもので、被保険者の通常の生計に充てられるすべてのものを包含するもの（健康保険法の解釈と運用）とあります。

　日本年金機構が過去示していた疑義照会は、弁護士資格に関してでした。当該会社は、業務と弁護士資格の関係はなく報酬には当たらないなどと主張していたものです。これに対して、日本年金機構は、上記労働の対償とは、「現実に労働が提供され、その現実の提供に対して」という狭い意味ではなく、雇用関係があり、被用者が使用者

に労務を提供するということを前提として使用者が被用者に支払うものであればよいという解釈（昭32・2・21保分発1515号）としました。さらに、給与規定等に定めがない場合であっても、被用者に毎年（毎月）生じる費用を使用者が支払う場合は、被用者にとっての経常的実質的収入の意義を有するものと考えられることから、報酬に含むのが妥当としています。　給与規程等に定めがない場合の報酬の判断基準として、別の疑義照会でポイントにしているのは、次の2点です。

① 労働者が自己の労働を提供し、その対償として受けるものであること

② 常時または定期に受け、労働者の通常の生計に充てられるものであるもの

Q28 資格取得時に算入!?　フル出勤条件の手当

パート・アルバイトが入社して社会保険の資格取得届を出す際は、たとえば残業代は見込みを書くなどといわれているかと思います。当社では、月途中に入社する場合、一部の手当が出ません。こうした手当でも、資格取得時に計上すべきなのでしょうか。【岐阜・O社】

A. 当月不支給で含まない

考えられるパターンとして、報酬額の見込みで資格取得時の決定をするか、もしくはその後実際に支給されたタイミングを固定的賃金の変動として随時改定と扱うかの2択のイメージです。前者では、当月に関して実際の報酬額と異なる保険料額となり、後者では、月初めに入社した人と標準報酬月額が相違することになります。

まず、月給や週給の場合などで働く日数や出来高に関係なく、一

定の期間によって報酬が定められている場合は、被保険者となった日現在で定められている月当たりの額が報酬となります（健保法42条）。

　本件は被保険者となった日現在において、その月は手当が支給されないことが明白です。当月に支給しないことが明確なら不算入、一方で単に支給が1カ月遅れになるものは算入という扱いが示されています（日本年金機構疑義照会）。

 学生でも被保険者か　4分の3基準超えたら

　　猫の手も借りたいなか、就活などを終えた学生アルバイトが頑張ってくれています。ここ1カ月の労働時間が正社員の4分の3を超えていますが、仮にこれが続いてしまったとしても、学生なので被保険者資格は取得しないという理解で良いでしょうか。【千葉・E社】

A. 被保険者になる　短時間だけ非該当要件

　労働時間などが通常の労働者に比べ短いアルバイトの労働者が被保険者となるのは、週の所定労働時間および月の所定労働日数が、同じ事業所で同様の業務に従事している通常の労働者の4分の3以上（4分の3基準）であるときです。これに該当しなくても、週所定労働時間が20時間以上、昼間学生でないこと、企業規模などのいくつかの要件をすべて満たすと、短時間労働者として被保険者になります（健保法3条）。

　4分の3基準を満たしたときは、学生でも被保険者になるとされています（短時間労働者に対する健康保険・厚生年金保険の適用拡大Q＆A集〈その2〉〈令4・10施行分〉）。就業規則等では同基準を満たしていなくても、実際の労働時間と日数が連続する2月にお

いて同基準を満たし、同様の状態が続いているまたは続くことが見込まれる場合は、同基準を満たした月の3月目の初日に被保険者資格を取得することになります。

 残業代のみで改定？　手当はプラマイゼロ

　残業代が増えたため、標準報酬月額が2等級以上変動しそうです。これだけでは随時改定の対象とはなりませんが、たとえば、家族手当が増えて同時に基本給が減った結果、固定的賃金の増減は差し引きゼロのときに、改定を行うのでしょうか。【岩手・R社】

A. 固定的賃金の増減なく不要

　随時改定する場合として、いわゆる増額改定や減額改定と呼ばれるものがあります。固定的賃金の増減と、変動月から3カ月間の報酬の平均額をみたときに、増減の結果が同じでなければ改定は行いません（標準報酬月額の定時決定及び随時改定の事務取扱いに関する事例集）。たとえば、固定的賃金と解されている通勤手当が減ったときに、非固定的賃金である残業代が増えて、現在の標準報酬月額よりも2等級上になっても改定しません。

　改定の契機となるのは、固定的賃金が増額または減額する場合になります（健康保険法の解釈と運用）。日本年金機構は、プラスとマイナスが相殺され、固定的賃金の合計額に変化がないため随時改定の対象にならないとしています。なお、固定的賃金といってもいろいろなものが考えられ、複数の手当額の増減と報酬額の増減の関連が不明確ですと改定の対象になることもあり得ます（前掲事例集）。

 残業代を含めるか　適用拡大の 8.8 万円

令和 4 年 10 月以降の社会保険の適用拡大について、週 20 時間以上働くパートですが、残業代は 8.8 万円に含まないとの理解で正しいですか。【宮城・Ｋ社】

A. 「所定外」が除外賃金に

被保険者となることができない者が、健保法 3 条等に列挙されています。同条 9 号ハに報酬に関する要件があります。すなわち、厚生労働省令で定めるところにより、法 42 条 1 項の規定の例により算定した額が、8.8 万円未満としています。ここでいう報酬から、最低賃金法（略）4 条 3 項各号に掲げる賃金に相当するものとして厚生労働省令で定めるものを除きます。省令は健保則 23 条の 4 を指し、ここに「所定労働時間を超える時間の労働に対して支払われる賃金」があります。

一方で、適用除外に該当せず被保険者資格を取得するときについてですが、「適用拡大の実施に伴い、新たに被保険者資格を取得する短時間労働者の（略）報酬月額の算出方法は、従来からの被保険者資格取得時の報酬月額の算出方法と同一」（令 4・3・18 事務連絡）としています。資格取得時の標準報酬月額を決定する際においては、当初見込まれる残業代を記載することになると解されています。

健康保険法

 固定残業見直し月変か　差額支給など手当改廃

固定残業代を導入していますが、残業時間数とのバランスが取れない従業員がいます。手当等を廃止すれば固定的賃金の変動ということになるのでしょうか。経過措置として、調整手当の支給を考えています。【兵庫・D社】

A. 経過措置終了も改定の契機

固定残業代を廃止する際には、一定の経過措置を設けることがあります。「不利益変更」の問題を考えて、一定の期間は固定残業代の額と実際の残業代の差額を、調整手当で一部補てんするというものです。報酬の減額が一定程度生じる場合においても、標準報酬月額が2等級以上変動しなければ随時改定の対象にはなりません。

経過措置が終了して調整手当を廃止するときですが、残業手当、能率手当等、稼働実績により変動する賃金はいわゆる「非固定的賃金」と解されています。

通知（令3・4・1事務連絡）では、「超過勤務手当等の非固定的手当が廃止された場合、随時改定の対象となるか」という問いに対して、「非固定的手当であっても、その廃止は賃金体系の変更に当たるため、随時改定の対象」としています。

Q33 シフト制の扱いは？　社会保険適用拡大で

社会保険を適用する際の週20時間の条件ですが、いわゆるシフト制はどのように判断されますか。【千葉・E社】

A. 実時間から平均を算出

　所定労働時間が、就業規則、雇用契約書等から明示的に確認できない場合、実際の労働時間を事業主等から事情を聴取したうえで、個別に判断（令4・3・18保保発0318第1号）とあります。ただシフト制の文言自体は、Q＆A集（令4・3・18事務連絡）に出てきません。

　いわゆる「シフト制」により就業する労働者の適切な雇用管理を行うための留意事項（令4・1・7）は、労基法の関係のみならず社会保険の加入等に関しても規定しています。健康保険・厚生年金の所定労働時間は、雇用保険と同様の取扱いとしています。シフトが直前にならないと判明しない場合や、契約書等の内容と実際の勤務時間にかい離がある場合は、実際の勤務時間に基づき平均の労働時間を算定するとあります。

　雇用保険業務取扱要領では、入職から離職までの全期間を平均して1週間当たりの通常の実際の勤務時間が概ね20時間以上に満たず、そのことについて合理的な理由がない場合は、被保険者とならないとしています。

5人どうカウント？　士業の適用業種が追加

　社会保険の適用事業所の範囲が見直され、士業の適用業種が追加されました。常時使用する5人のカウントはどのように行うのでしょうか。【北海道・D社】

A. 4分の3条件がまず基準に

　健康保険や厚生年金の適用事業となるのは「法人」や「常時5人以上の従業員を使用する事業所」等です（健保法3条3項）。後者は、

令和4年10月の法改正で、法律または会計に係る行政手続等を扱う業種（士業）の事業所等が適用事業所の範囲に追加されました（健保法3条3項）。弁護士、公認会計士その他政令（健保令1条）で定める者が法令の規定に基づき行うこととされている法律または会計に係る業務を行う事業です。

　5人のカウントは、健康保険の被保険者たるべき者はもちろん、法3条1項ただし書きで被保険者になれない者でも常時使用される者は算入します（昭18・4・5保発905号）。当該通知の解釈として過去の日本年金機構の疑義照会では、法3条1項2号から5号の臨時に使用される者等は員数の算定に含まないとしていました。同機構は、週の所定労働時間および月の所定労働日数が通常の労働者の4分の3以上ある人をいい、日々雇い入れるなど常時使用される者ではない場合は含まれないとしています。

Q35 年106万円は基準になるか　被保険者の適用拡大で

　被保険者の適用拡大のニュースをみていて、いわゆる「年収の壁」を取り上げているものをいくつか目にしました。被扶養者の判断基準となる130万円や税金関係などが一緒に紹介されていました。適用拡大により106万円の壁が新たに加わったと考えていいのでしょうか。【岡山・T社】

A. 月8.8万円以上か確認　賞与や割増賃金含まず

　被保険者とは、適用事業所に使用される者等をいいます（健保法3条）。ただし、同条1項各号の適用除外の条件に該当する場合はこの限りではありません。適用拡大により被保険者となるのは、①週の所定労働時間が20時間以上、②報酬（最低賃金法で定める賃金に算入しないものに相当するものを除く）の月額が8.8万円以上、③学

生でない、④特定適用事業所等に使用されていることです。④の範囲が順次見直されていて、令和4年10月以降は常時100人を超える範囲になりました。

②の報酬に関して、8.8万円を12倍して1年に換算した額が約106万円ということになります。この8.8万円からは上記のとおり最賃において算入しない精皆勤手当、通勤手当および家族手当は除きます。基本給および諸手当で判断するため、賞与や時間外労働等に対する割増賃金も除きます。ですから、年収といってしまうとイコールとはいえないところがあります。

事務連絡（令4・9・28など）では、「年収が106万円以上であるかないかも勘案するのか」という問いに対して、「月額賃金が8.8万円以上であるかないかのみに基づき、要件を満たすか否かを判定」するとしていて、年収106万円以上というのはあくまで参考の値としています。

ちなみに、健康保険の被扶養者の認定について、収入要件の変更はありません。なお、年収が130万円未満であっても、前述の4要件を満たした場合や常時100人未満の事業所等においていわゆる4分の3基準を満たした場合は、健康保険等の被保険者となります。

Q36 保険証がなくても給付？　入社して間もないケース

入社直後など保険証がまだないときでも病院にかかれば保険給付は受けられるはずです。今後マイナンバーカードとの関係がどうなるのかはよく分かりませんが、現在の仕組みがどうなっているのかを教えてください。【千葉・I生】

A. 現物給付は事前申請を　全額負担でも清算可能

被保険者証とは、「被保険者であることの唯一の証明書」であり、「療

養の給付を受ける受診券」と解されています（健康保険法の解釈と運用）。

　通常の流れとしては、被保険者資格取得届を提出すれば保険者（協会けんぽ）は、被保険者証を交付します（健保則47条1項）。被保険者証は、事業主に送付され、事業主は遅滞なく被保険者に交付します（3項）。ただし、条文上は被保険者へ直接送付することも可能になっています。

　保険証が手元に届くまでの間、保険給付を受ける方法としては、原則どおり3割負担して現物給付を受けるか、いったん医療費の10割を自己負担して事後精算するか、2パターンあります。

　病院で受ける治療や薬の支給は、療養の給付（健保法63条）となりいわゆる現物の給付です。病院等の窓口では、医療機関等で治療に要した費用等の一部を支払う必要があり、70歳に達する日の属する月の前月以前である場合は医療費の3割（法74条）を負担します。

　一方、療養の給付等を行うことが困難なときで、保険者がやむを得ないと認めるときには療養費（法87条）として事後精算されます。保険証が届く前に医療機関で診療を受けて医療費を全額負担した場合で、保険証が手元に届いた後に支給申請するのも療養費です。

　前者で現物給付を受けようとする場合、あらかじめ申請が必要です。被保険者証に代わるものとして資格証明書があります（健保法50条の2）。申請する際の窓口は、事業所の所在地を管轄する年金事務所です。事業主だけでなく被保険者も申請が可能です。様式では、有効期間は証明年月日から20日以内となっています。

保険給付関係

喪失後でも通算か？　傷手金の法改正あったが

傷病手当金を受給中の者がいます。休職開始前に話をした際、「傷病手当金の支給期間が通算化されたが、資格喪失後はどうなのか」と質問がありました。こちらも通算して考えるのでしょうか。【群馬・Ｓ社】

A. 従来どおり継続必要に

傷病手当金は、退職などで被保険者資格を喪失した場合でも、喪失日の前日までに被保険者期間（任意継続被保険者の期間を除く）が引き続き１年以上あり、かつ現に傷病手当金を受けているか、または受けられる状態であれば、被保険者として受けることができるはずであった期間、継続して支給対象となります（健保法104条）。"継続して"なので、一旦就労可能な状態になるなど不支給となった場合は、完全治癒であると否とを問わず、その後労務不能となっても支給は復活しません。

法改正で、支給期間は、支給開始日から通算して１年６カ月間へと変更されました。一方、資格喪失後については、変更なく従来どおり通算しません（令3・11・10事務連絡）。たとえば、がんなどを患い、一度就労可能な程度に回復したが再発したようなときは、在職中なら再発後も支給対象となり得ますが、喪失後は対象外となります。

 転職後の傷手金は？　12 カ月平均どう計算

　転職して中途採用した従業員がケガをしたとします。傷病手当
金の計算ですが、月途中に転職すると、その月には 2 つ以上の標
準報酬月額がある形になります。傷病手当金はどのように計算す
るのでしょうか。【神奈川・T 社】

A. 各月最後の標準報酬で

　傷病手当金の額は、支給を始める日の属する月以前の直近の継続
した 12 カ月間の各月の標準報酬月額を平均した額がベースになりま
す（健保法 99 条）。同じ保険者なら、直近 12 カ月は平均の対象です。
　前職の被保険者資格は、その事業所に使用されなくなった日の翌
日に喪失し（法 36 条）、転職して適用事業所に使用されるに至った
日等に取得します（法 35 条）。
　同一の月内で被保険者資格の喪失および取得が発生したことによ
り、同一の保険者等において定められた標準報酬月額が 2 以上ある
場合は、「各月において最後に定められた標準報酬月額」を使用する
のが原則です（平 27・12・18 事務連絡）。ただし、転職した月にケ
ガをしたような場合、傷手金の支給を始める日の属する月に 2 以上
の標準報酬月額があるときには、「支給を始める日において定められ
ている標準報酬月額」で計算します。

 **傷手金の額変わるか　定年で同日得喪あれば**

　傷病手当金を受給中の労働者が、まもなく定年を迎えます。引き続き嘱託として再雇用の予定です。報酬が下がるため同日得喪の手続きをする予定ですが、この場合、傷病手当金の額に影響はあるのでしょうか。【秋田・D社】

A. 支給開始日を基準に額決定

　雇用契約上一旦退職したものの１日の空白もなく同じ事業所に再雇用された場合は、事実上の使用関係が中断せずに存続していることから、被保険者資格も継続します。ただし、60 歳以上の継続再雇用のときは、使用関係が一旦中断したとみなし、事業主から資格喪失届と資格取得届を提出させる取扱いとして差し支えないとしています（平25・１・25 保保発 0125 第１号）。報酬が変動するのに被保険者資格を継続すると、標準報酬月額の設定に不利益が生じるためです。

　傷病手当金の額は、支給を始める日の属する月以前 12 カ月間における標準報酬月額の平均を 30 で割った額の３分の２です（健保法99 条）。支給を始める日とは、実際に傷病手当金の支給を始める日を指し、通常、一旦額が決まれば、後に標準報酬月額が変動しても傷病手当金の額は変わらないとしています（平 27・12・18 事務連絡）。

Q40 **支給期限はあり？　傷病手当金の通算１年半へ**

　今年に入り入院した従業員が退院し復職しますが、今後、症状の悪化などで入退院を繰り返す可能性があるとのことです。傷病手当金の通算化が始まりましたが、通算１年６カ月以外に、支給期限などは設けられているのでしょうか。【山形・R社】

A. 打切りに関し限度を設けず

令和4年の1月から、同一の疾病または負傷等において、傷病手当金の受給が可能な支給期間については、通算して1年6カ月を経過した時点までとなりました（健保法99条4項）。

通算1年6カ月に達する前に労務可能となった場合にいつまでなら次回の受給が可能かに関しては、期限は設けられていません。法改正に先立ち、社会保障審議会医療保険部会でも、「通算化により延長されうる支給期限については、共済組合と同様に限度を定めず、文書により確認できる範囲内で対応する」との方向性を示していました（令2・12・24「議論の整理」）。

なお、通算は同一の疾病などの話です。医師から全治とされ療養を中止し、自覚症状などがなく、勤労に服した後の健康状態も良好な場合など、社会通念上一度治ゆしたとされるときは、その後の再発は別の疾病となり、新たな傷病手当金の対象となります（昭26・12・21保文発5698号）。

Q41 扶養へ変更で引き継ぐか　高額療養費の多数該当は

病気を患い、退職することとなった従業員がいます。社会保険については、現在は協会けんぽの被保険者ですが、退職後は、同じ協会けんぽである夫の被扶養者となる予定との話です。何度か高額療養費を受給しており、今は多数該当として自己負担限度額が引き下げられているとのことですが、被扶養者となっても該当回数は引き継げますか。【群馬・E社】

A. いったんリセット扱いに　保険者が同じだとしても

医療費の自己負担額が高額となった場合、家計の負担を軽減でき

るよう、一定の金額（自己負担限度額）を超えた部分が払い戻されるという高額療養費制度が設けられています（健保法115条）。自己負担限度額は、被保険者の標準報酬月額により、区分が設定されています（健保令42条）。例えば、70歳未満で標準報酬月額が28万〜50万円（21〜30等級）の場合、8万100円＋（総医療費−26万7000円）×1％となります。また、標準報酬月額は、条文で「療養のあった月の標準報酬月額が…」としていることから、月ごとに判断されます。

さらに負担を軽減する仕組みとして、診療のあった月以前の12カ月以内にすでに高額療養費が支給されている月が3月以上あるときは、4回目からの自己負担限度額が下がるようになっています。前述の所得区分の場合には、4万4400円となります。

この月数のカウントについては、例えば転職などで健保組合から協会けんぽへ移るなど、保険者が変わった場合には通算されません（昭59・9・29保険発74号・庁保険発18号）。これは、レセプト（保険医療機関などが保険者に請求する医療費の明細書）が保険者ごとに区分されているためです。

一方、協会けんぽ同士など被保険者が変わらない場合には、通算されます。ただし、被保険者から被保険者、その被扶養者から同一の被保険者の被扶養者と変わる場合に限られ、例えば退職して被保険者から被扶養者に変わるようなケースでは、多数該当の月数に通算されません（協会けんぽ）。

 産前産後あり傷手金は？ 中断したときどうなる

　傷病手当金の支給期間に関する計算方法が変わりました。途中で病気が回復し、不支給期間が生じた場合等は、その分、支給期間が延長される（１年６カ月を超えて支給される）という話です。たとえば、出産により支給が中断した場合、どのような扱いになるのでしょうか。【兵庫・Ａ社】

A. 停止した分は受給可能　通算して１年６カ月に

　従来、傷病手当金の支給期間は、「支給を始めた日から『起算して』１年６月」と定められていました。しかし、令和４年１月から、「通算して１年６月」に改められました（健保法99条）。

　つまり、支給が中断した期間を除き、実際に手当が支給された日数が549日になるまで（令3・11・10事務連絡）、支給が継続します。

　被保険者が、傷病手当金と出産手当金、双方の権利を得た場合、「出産手当金が傷病手当金に優先する」ルールとなっています（健保法108条）。

　２つの手当の金額はおおむね同水準ですが、「支給を始める日の属する月以前、原則12カ月の標準報酬月額平均」をベースに計算するので、「支給を始める日の属する月」が異なれば、金額に差が生じるケースもあります。

　出産手当金が傷病手当金より高額、または両者が同額の場合、傷病手当金はすべて支給停止となります。こうしたケースでは、出産手当金が支給されている期間、傷病手当金の支給期間は減少しません（前掲事務連絡）。支給期間の終期が、後ろにズレる形となります。

　一方、傷病手当金が出産手当金より高く、両者の差額が傷病手当金として支給されるときは、支給期間が減少します。

　なお、傷病の初診日から起算して遅くとも１年６月後には、傷病

が治ゆしなくても、障害年金等の認定が行われます。障害年金が支給される際も、傷病手当金との調整に関する考え方は同じです。傷病手当金の一部でも支給されるときは、その分、支給日数は減る扱いとなります。

Q43 75歳以上の窓口負担は？ 法改正で一部引上げ

当社では、75歳以上の高齢者を非常勤の顧問としています。業界内に人脈パイプがあり、トラブル時に相談に乗ってもらっています。法改正により、後期高齢者が病院を利用した際の窓口負担が、一部、引き上げられると聞きます。具体的には、どのような人が対象になるのでしょうか。【富山・K社】

A. 10月から2割枠を新設　外来診療に上限あり

後期高齢者医療の対象になると、健保の被保険者はその資格を喪失します。原則は75歳到達時ですが、寝たきり状態の場合、65歳以上でも認定を受けられます。

ご質問にある顧問は、現在、後期高齢者医療の被保険者であるはずです。

現在、後期高齢者の窓口負担は、収入に応じて2段階となっています（後期高齢者法67条）。

① 原則…1割
② 現役並み所得者…3割

現役並み所得者とは、被保険者（または同一世帯の被保険者）のうち1人でも課税所得が145万円以上である世帯の被保険者をいいます。ただし、収入額が520万円（世帯に他の被保険者がいないときは383万円）未満であるときは、届出により現役並み被保険者の対象外となります。

この２段階の窓口負担区分が、令和４年10月１日から改正されました。今回の改正では、上記の２区分の中間に、新たな区分が創設されています。

　対象となるのは、課税所得が28万円以上で、かつ、年収が200万円以上（複数世帯の場合は後期高齢者の年収合計が320万円以上）の被保険者（現役並み所得者となる者を除く）です。窓口負担割合は、２割とされます。

　ただし、今回改正により、被保険者の窓口負担が急激に増えるのを避けるため、経過措置（配慮措置）が設けられています（令和７年９月30日まで）。対象となるのは、外来受診の窓口負担額が一定額を超える場合です。

　窓口負担が１割の被保険者の場合、外来受診の自己負担上限額は１万8000円です。今回新設の窓口負担２割の被保険者も、この上限額は同様です。

　ですから、自己負担２割の被保険者の場合、原則どおりなら、医療費が９万円になるまで、その２割を負担する理屈になります。しかし、配慮措置により、医療費が３万円を超えた場合、外来受診の負担増加額が最大でも3000円となるよう調整が実施されます。例えば、医療費が６万円の場合、２割負担なら１万2000円のはずですが、負担増加額を3000円に収めるため、9000円（１割負担分の6000円＋3000円）に引き下げます。これは、負担増となると想定される被保険者のうち、80％が外来受診を受けている点を考慮した措置です。

　私生活で自動車を飲酒運転して自損事故を起こした従業員がいます。一般的に交通事故に健康保険は使えないということを聞くこともありますが、飲酒運転の場合に保険給付はどうなるのでしょうか。同乗者がいたときの考え方も教えてください。【岡山・Ｉ生】

A. 被扶養者のケガも制限　第三者行為災害届を提出

　自賠責保険等の関係は当欄では割愛します。健康保険給付に関する条文では、自己の故意の犯罪行為や故意に給付事由を生じさせたときは、保険給付は行わないとする法116条があります。ここでいう犯罪行為は、刑法その他の法令（条例含む）に違反し処罰された場合をいい、飲酒による無謀運転で事故を起こし、負傷した場合などは故意の犯罪行為（健康保険法の解釈と運用）としています。

　法116条は、「被扶養者について準用」します（法122条）。仮にですが、ドライバーが被扶養者で、飲酒運転をして事故を起こしてケガをすれば、被扶養者自身に保険給付の制限が及びます。

　飲酒運転の車に同乗した被扶養者のケガはどうなるでしょうか。前掲「解釈と運用」によれば、前述の「給付事由」には、被扶養者についての給付事由も含むとしていて、要は被保険者の行為で被扶養者がケガをしたとき、家族療養費等は支給されないとしています（なお、配偶者間暴力被害（ＤＶ）に関しては、これと取扱いが異なります）。

　その他、第三者（加害者）が関係する自動車事故は、第三者行為災害の適用があります（平23・8・9保保発0809第3号、平26・3・31保保発0331第1号）。第三者とは、当事者たる保険給付を受ける権利を有する以外の者という意味です。医療保険各法は、被害者である被保険者に対して、その事実等を保険者に届け出ることを義務

健康保険法

付けています（健保則 65 条）。協会けんぽの記入例は、被保険者情報とともに、負傷したのが被扶養者の場合を示しています。

Q45 傷病併発時の支給期間は⁉ それぞれ通算１年半か 二重受給できないはずで

うつ病で休業して傷病手当金を受給している従業員がいます。休業中に持病の手術をしたとします。傷病手当金の受給期間の通算化が始まりましたが、こうして療養の期間が重複するときの取扱いを教えてください。【京都・Ｅ社】

A. 重複部分延びない取扱い

まずは、傷病手当金が二重に支給されるかを考えてみましょう。傷病手当金は、１日につき各月の標準報酬月額を平均した額の 30 分の１に相当する額の３分の２に相当する金額です（健保法 99 条）。「健康保険法の解釈と運用」によれば、この点「標準報酬の３分の２の２倍、すなわち本来の所得以上の所得補償が行われることは不合理」としたうえで、「両者が１本の傷病手当金という形に合わさって具現化しているものと解」するとしています。

２つの疾病がある場合の傷病手当金の支給額は、健保則 84 条の２第７項に規定があります。傷病手当金の受給期間中に別の傷病等につき傷病手当金の支給を受けることができるときは、それぞれの傷病等に係る傷病手当金について法 99 条２項の規定により算定される額のいずれか多い額を支給するとしています。

傷病手当金の支給期間が通算化されたのは、令和４年１月でした（経過措置あり）。同一の傷病等に関しては、その支給を始めた日から通算して１年６カ月間支給されます。異なる傷病等に関しては原則としてこの限りではありません。厚労省の事務連絡（令３・11・10、令３・12・27）では、複数の疾病等について同じ期間に傷病

手当金の支給が行われる場合の支給期間を次のように述べています。すなわち、「疾病等ごとに支給期間が決定し、複数の疾病について、同じ期間に傷病手当金の支給が行われる場合、各々の疾病等について、それぞれ傷病手当金が支給されると解する。このため、傷病手当金が支給された日数分だけ、各々の疾病等に係る支給期間は減少することとなる」というものです。協会けんぽは、後発の疾病等について受給期間が延びるという趣旨ではないとしています。仮に報酬等との併給調整により、傷病手当金が不支給とされた場合であれば支給期間が減少しませんが（前掲事務連絡）、本件はこれとは扱いを異にするということになります。

第５章
厚生年金保険法編

65歳から年金どう変わる　優遇措置を設けると聞く

　改正高年法への対応で、当社でも、65歳に達した後、一定の基準を満たす高年齢者は、継続雇用する規定に改めています。一方、年金法の改正で、65歳以上の在籍者について、年金の優遇措置が講じられたと聞きました。具体的には、どのように変わったのでしょうか。【長崎・K社】

A.　毎年10月に年金額を改定　従前は資格喪失時のみ

　年金の受給権を得た後も、在職し、厚生年金の被保険者資格を継続した場合、年金額がどう計算されるのか、法律の規定を確認しましょう。

　改正前は、次のような形となっていました。

　まず、60歳代前半の老齢厚生年金の支給開始年齢に達した時点（受給権を得た時点）で、年金額を計算します。「被保険者であった全期間の平均標準報酬額と被保険者期間の月数」が、計算のベースとなります（厚年法43条1項）。

　受給権者が引き続き在職していれば、その後も、被保険者期間の月数が増えていき、平均標準報酬額も変動します。しかし、改正前の厚年法43条2項では、「権利を取得した月以後における被保険者であった期間は、計算の基礎としない」と定めています。つまり、年金額は受給権取得時に計算した額で固定（賃金・物価等によるスライドを除く）です。

　その後、65歳に達し、法律の本則に基づく老齢厚生年金に移行する時点で、年金額の再計算（それ以前の被保険者であった全期間の平均標準報酬額と被保険者期間の月数が計算ベース）が行われます。引き続き在職しても、年金額は固定のままで、退職または70歳に到達し、資格を喪失するときに、改めて年金額を調整します。さらに

70歳以降に就労しても、被保険者期間は増えないので、年金額に変更はありません（在職老齢の対象にはなります）。

　しかし、令和4年4月1日からは、厚年法43条2項が、次のように改正されました。「受給権者が毎年9月1日（基準日）において被保険者である場合の老齢厚生年金の額は、基準日の属する月前の被保険者であった期間をその計算の基礎とする」。ですから、毎年、それ以前1年間（または受給権を取得してから基準日が属する月の前月までの期間）の被保険者期間に相当する年金額が上乗せされていく形となります。被保険者期間の増加が速やかに年金額に反映されることにより、65歳以上高齢者の就労意欲が高まることが期待されます。

　なお、60歳台前半の老齢厚生年金に関しては、「43条2項の規定は、適用しない」（厚年法昭60附則9条）とされています。こちらは、将来的に消滅することが確定している年金なので、優遇の対象から除かれています。

在職老齢の対象どの部分　65歳で遺族も支給される

> 　社長が急逝し、その妻が事業を継ぐこととなりました。遺族厚生年金に加え、65歳ということで妻自身の老齢厚生年金も受給できるようですが、報酬の関係で、在職老齢年金の適用を受けそうです。どの部分が支給停止の対象となるのでしょうか。【大阪・S社】

A. 老齢厚生年金だけ対象に　代わりに増額などはなく

　遺族厚生年金は、①被保険者が死亡、②被保険者期間に初診日がある病気やケガで、初診日から5年以内に死亡、③障害等級1・2級の障害の状態にある障害厚生年金の受給権者が死亡、④老齢厚生

年金の受給権者または受給資格を満たした人が死亡したときに、配偶者や子などの遺族へ支給されます（厚年法 58 条 1 項）。①〜③を短期要件、④を長期要件といいます。①、②のときは、死亡月の前々月までに、国民年金の被保険者期間のうち、保険料納付済期間と保険料免除期間の合計を 3 分の 2 以上有することなどが必要です。④の場合は、同期間が 25 年以上あることが求められます。

支給額は、死亡した人の被保険者期間に基づく老齢厚生年金の報酬比例部分の 4 分の 3 です（法 60 条）。つまりは、平均標準報酬額 × 5.481 ÷ 1000 ×被保険者期間の月数（平成 15 年 4 月より前は、平均標準報酬月額× 7.125 ×同月前までの被検者期間の月数）に 4 分の 3 を掛けた額です。短期要件で被保険者期間月数が 300 カ月に満たないときは、300 カ月として計算されます。

遺族厚生年金の受給権者が、死亡した者の配偶者で 65 歳以上、かつ自身の老齢厚生年金も受け取ることができる場合は、（1）前述の原則的な額と、（2）｛（前述の原則的な額× 3 分の 2）＋（自身の老齢厚生年金の額× 2 分の 1）｝の額とを比較し、多い方が遺族厚生年金の支給額となります。なお、実際には、自身の老齢厚生年金が優先的に支給され、その分について遺族厚生年金は支給停止となります。

次に、在職老齢年金とは、厚生年金保険に加入しながら老齢厚生年金を受給する際に、年金額と報酬に応じて、老齢厚生年金を一部または全部停止する仕組みです。基本月額（老齢厚生年金の月額）と総報酬月額相当額（標準報酬月額と、当月以前 1 年間の標準賞与額の総額の 12 分の 1 との合計）が 48 万円（令和 5 年度）を超えると対象になります。

老齢厚生年金と遺族厚生年金の両方を受給し、さらに在職老齢年金の適用も受けるときは、老齢厚生年金として支給される部分のみ、在職老齢年金の停止の対象となります。遺族厚生年金の部分については、対象とならず、通常どおりの額、つまりは（1）または（2）の額から、在職老齢年金を適用しなかったときの老齢厚生年金の額

を引いた部分を受け取ることになります。逆にいうと、在職老齢年金による停止を受けても、その分遺族厚生年金の支給額が増えることはありません。

 配偶者の保険料どうする　夫が 60 歳定年でリタイア

　まもなく 60 歳定年に達しますが、体調が思わしくないため、再雇用を選択せず、完全リタイアすることを考えています。知人の話では、退職すると、妻の年金保険料を支払う必要があるということです。これまで、年金保険料は給与から天引きされていましたが、今後は、どのような形で支払うのでしょうか。【大阪・A 生】

厚生年金法

A. 60 歳未満なら 1 号加入　半年～2 年分を前納可能

　一昔前まで、60 歳で完全リタイアは珍しくありませんでしたが、現在は高年法で「65 歳まで希望者全員継続雇用（経過措置付）」「70 歳までの就業確保（努力義務）」が定められています。

　夫（妻）の退職に伴い、配偶者が年金に加入するパターンはいくつか考えられます。代表例は、次のとおりです。

①　60 歳未満の夫が、退職（解雇）により 1 号被保険者となった
②　60 歳定年で完全リタイアした
③　厚年法の「65 歳まで希望者全員継続雇用」の経過措置により 64 歳で雇止めとなった
④　65 歳に到達した

　厚生年金の被保険者に生計を維持されている配偶者（20 歳以上 60 歳未満）は、国民年金の第 3 号被保険者となります（国年法 7 条）。しかし、夫が退職（または、65 歳に達し、年金の受給権があるとき）すれば、第 3 号被保険者資格を失います。その時点で、20 歳以上 60 歳未満であれば、第 1 号被保険者に切り替える必要があります。

夫が 65 歳なら、妻も 60 歳以上の可能性が大きいですが、夫が 60 歳なら、妻が第 1 号被保険者になるケースが多いでしょう。

ご質問者については、妻が年上なら問題ありません。年下なら、住所地の市町村役場で国民年金第 1 号被保険者への変更手続きをする必要があります。

年金保険料の納付者は本人である奥さんですが、世帯主・配偶者は連帯して保険料を納付する責任を負います（国年法 88 条）。保険料は、1 カ月 1 万 6520 円です（令和 5 年度）。銀行・コンビニ等で納めるのが原則ですが、口座から自動引き落としの手続きを採ることもできます。

さらに、半年〜2 年の範囲内で前納することも可能です（国年法 93 条）。一定期間をまとめて支払うことで、保険料が割引となります。現金納付・口座振替いずれも利用できますが、口座振替による前納額は、下記のとおりと発表されています。

- ・6 カ月前納（令和 5 年 4 月〜9 月、または令和 5 年 10 月〜令和 6 年 3 月）：9 万 7990 円
- ・1 年前納（令和 5 年 4 月〜令和 6 年 3 月）：19 万 4090 円
- ・2 年前納（令和 5 年 4 月〜令和 7 年 3 月）：38 万 5900 円

Q4 年金額の算出方法教えて　納めた総額か年収平均か

　嘱託再雇用の従業員が、まもなく 60 歳台前半の老齢厚生年金の支給開始年齢に達します。手続き等の質問を受けた際、年金額の話題が出ました。私は、「被保険者期間を通した収入（年収）平均に応じて、年金額が決まる」と説明したのですが、「納めた保険料額に応じて決まるんじゃないですか」と反問されました。考え方としては、どちらが正しいのでしょうか。【熊本・Y社】

A. 賞与含めた平均報酬みる　保険料率も過去変動

　老齢厚生年金・基礎年金のうち、基礎年金は国民年金の保険料納付済期間（免除期間も一部考慮）の長短に応じて金額の多寡が決まります。そういう意味では、「納めた保険料に応じて年金が決まる」ということができます。ただし、サラリーマンの場合、直接、国民年金の保険料を納める形になっていません。厚生年金の保険料を納めれば、国民年金の保険料納付済期間として扱われます。

　一方、老齢厚生年金は、「標準報酬月額・賞与額」と「被保険者期間の月数」の2つのファクターが影響します。

　計算式は次のとおりです。

　①　平成15年3月以前

　　平均標準報酬月額×生年月日に応じた乗率×被保険者期間の月数

　②　平成15年4月以降

　平均標準報酬額×生年月日に応じた乗率×被保険者期間の月数

　標準報酬月額は、4～6月の報酬額を基に決定し、基本的に年度単位で固定です。月額の上限は65万円（32級）で、それを超える収入があっても一律65万円として扱われます。標準賞与額は、実際の支給額（1000円未満切捨て）を基に決めますが、1回の上限が150万円とされています。

　平成15年3月以前の期間（総報酬制の導入以前）は、賞与の額は関係ありません。標準報酬月額の平均と被保険者期間の月数に応じて年金額が決まります。

　平成15年4月以降は、標準賞与額も含めた平均報酬月額と被保険者期間の月数が年金の算定ベースとなります。つまり、総報酬制導入後は、「年収に応じて年金額が決まる」といういい方は、当たらずといえど遠からずです（実際の年収でなく、標準報酬月額・賞与額に上限がある点には注意）。

　一方、標準報酬月額・賞与額と保険料は基本的にリンクしていますが、時代によって、保険料率が違います。支払った保険料が多く

ても（保険料率が高い時代の年収が高め）、少なくても（保険料率が低い時代の給料が高め）、それは直接的には年金額に関係ありません（年金額の算式に「料率」は含まれていません）。また、育休で保険料が免除されても、平均報酬月額・被保険者月数が同じなら年金額も同じです。

Q5 再就職手当も調整あるか　60歳前半の厚生年金受給

　60歳代前半の人を雇用することになりました。すでに特別支給の老齢厚生年金は受給可能な状況ですが、雇用保険の基本手当をもらいながら求職活動をされていたとのことです。高年齢再就職給付金は要件の関係で受給できないものの、再就職手当の要件は満たせそうなのですが、再就職手当と老齢厚生年金で調整はあるのでしょうか。【埼玉・B社】

A. 対象外で停止にはならず　基本手当は月1日でも

　65歳になる前の老齢厚生年金は、受給中、さらに失業等で雇用保険の基本手当の支給を受けようとすると、実際に受けたかにかかわらず、老齢厚生年金の方を停止する仕組みとなっています（厚年法附則7条の4、法附則11条の5など）。老齢厚生年金は、規定の年齢に到達したことで支給される特別支給の老齢厚生年金だけでなく、繰上げ支給によるものも含みます。加給年金も対象です。

　支給停止される調整対象期間は、求職の申込みをした月の翌月から、①基本手当の受給期間が経過した月（受給期間満了日の翌日が属する月）または②所定給付日数分の基本手当を受け終わった月（最後の失業認定日が属する月）までです。なお、調整対象期間内でも、基本手当の支給を受けたとみなされる日およびこれに準ずる日が1日もない月については、支給停止にはなりません。準ずる日には、

待期期間や給付制限期間などがあります（厚年令6条の4）。逆にいうと、1日でもあると支給停止されます。調整対象期間中に基本手当を受けなかった月分の年金や、受給期間が経過したときの年金の支払い開始は、約3カ月後となるとしています。

　基本手当の給付日数が同じでも、受け終わる時期が月末か月途中かなどによって調整対象期間が変わることから、事後精算の制度が設けられています。{年金停止月数－（基本手当の支給対象となった日数÷30)}で求めた支給停止解除月数が1カ月以上の場合、その月数分の年金がさかのぼって支払われます。1未満の端数は切り上げます。また、計算式の日数には、待期期間や給付制限期間は含みません（日本年金機構パンフ）。

　早期に再就職したとき、具体的には支給残日数が3分の1以上ある状態で、1年を超えた雇用が確実と認められる安定した職業に就いたときは、雇用保険の再就職手当が支給されます。受給すると、支給額に応じた基本手当の日数分の支給を受けたとみなされます。

　この再就職手当については、条文などをみても調整規定が設けられていません。したがって、再就職手当のみを受給した月については、老齢厚生年金は停止されないといえます。ただし、前述のとおり、何日付けで再就職となるかなどによって、1日でも基本手当を受給できると、事後精算の仕組みがあるとはいえ、その月は停止対象となるため注意が必要です。

Q6　繰下げの判断どう説明？　損得は寿命としかいえず

　嘱託再雇用の従業員から、老齢厚生年金の繰下げについて、質問を受けました。この方はまもなく65歳に達しますが、「70歳まで継続雇用」の対象になりそうで、ご本人も働く意欲があります。繰下げは確かに金額増につながりますが、得するか否かは「どれだけ長生きするか」によります。その辺りの事情を、どのように説明してあげればよいでしょうか。【沖縄・D社】

A.　申出しなければ保留状態　「遡及払」の選択も可能

　厚年法の本則に基づく老齢厚生年金は、65歳から支給がスタートします。しかし、本人の申出により、支給開始年齢を繰り下げることができます（厚年法44条の3）。現在は最長70歳までですが、令和4年4月から選択の幅が75歳まで広がりました。

　繰下げの申出をすると、その期間に応じて、年金の額が増額されます（1カ月当たり0.7％）。受給開始が遅れますが、長生きをすれば、生涯ベースで受け取る年金額が増える可能性があります。

　逆にいえば、受け取る期間が短ければ、損をするということです。健康に不安のある人は、繰下げの判断をする際には慎重を期すべきです。

　ただし、繰下げに関しては、繰上げと異なり、「撤回の余地」があります。

　繰上げの申出は、「60歳以上65歳未満であるものが、65歳に達する前」に行います（厚年法附則7条の3）。例えば、「私は、61歳から支給開始を希望します」と申し出て、それが受理されれば、後から後悔しても取り返しが付きません。

　一方、繰下げについては、2つのステップを踏みます。第1に、65歳に達しても（受給権を取得しても）、「老齢厚生年金の請求手続

きを採らない」という選択をします。第２に、「受給権を取得した日から起算して１年を経過した日後に」、繰下げの申出（例えば、67歳から支給開始を希望します）をします。

第２ステップの繰下げの申出をするまでは、単に手続きが遅れている状態と変わりありません。その間に、健康不安が生じたときは、さかのぼって「65歳から、通常の（増額しない）年金を受給する」という請求をすることができます。例えば、２年分を遡及払してもらい、その後も、通常の額の年金を受け取るという形となります。

これに対し、実際に繰下げの申出をしてしまえば、その後、すぐに死亡したとしても、増額された年金を生存期間に応じて受け取るだけとなります。

ご質問にある方が繰下げに興味があるようでしたら、「とりあえず請求手続き（第１ステップ）を遅らせ、最終的に繰下げを申し出る（第２ステップ）か否かの判断は、当面、保留する」のも有力な選択肢といえるでしょう。

繰下げに調整ある？　65歳以降も就労を継続で

従業員に対し65歳以降の労働契約の話をしたときに、「働き続けたいので年金の繰下げ受給を考えているが、どの程度年金が増えるのか」との質問を受けました。65歳以降において受給権が発生した後も働き続ける場合、繰下げ期間へ単純に比例して加算されていくのでしょうか。【鹿児島・Ｓ社】

A.　在職老齢の考え用いる調整規定

老齢厚生年金は、支給繰下げの申出をすることで、支給額を増やせます（厚年法44条の３）。加算額は、基本的に、老齢厚生年金の額（加給年金額を除く）に、増額率を乗じて求めます。増額率は、0.7％

×受給権発生月～繰下げ申出月の月数で計算し、従来は最大で60カ月分の42％でしたが、令和4年4月から120カ月分の84％までとなりました。

　受給権発生後、年金を受給せずに繰下げの申出をしつつ被保険者として働く際は、その期間につき、調整が行われます。加算額の対象は、仮に発生時から年金を受給していたと考えた場合に在職老齢年金制度を適用したとして、支給停止にならなかった部分です（厚年令3条の5の2第2項）。支給停止が発生するのは、総報酬月額相当額（標準報酬月額と、その月以前1年間の標準賞与額の12分の1の合計）と基本月額（年金の月額）の合計が48万円（令和5年度）を超えるときなので、これに該当しないなら、すべて加算額の対象になるといえます。

Q8　一括請求は一部時効に!?　70歳以降の年金裁定

　年金の繰下げですが75歳まで可能になったということです。実際、年金を受給する際に手続きをするとして、例えば72歳のときに一括して支払いを受けようとしても、一部は時効消滅してしまうのでしょうか。【岐阜・T社】

A.　改正後遡って繰下げ可　令和5年4月から施行

　支給の繰下げに関する条文は、厚年法44条の3です。老齢厚生年金の受給権を有する者であってその受給権を取得した日から起算して1年を経過した日前に当該老齢厚生年金を請求していなかったものは、支給繰下げの申出をすることができる、というものです。令和4年4月から、繰下げ増額率の計算の基礎となる繰下げ待機月数の上限について、120月（10年分）に引き上げられました。

　65歳に達した時点で老齢厚生年金を受け取る権利がある場合、75

歳に達した月を過ぎて請求を行っても増額率は増えません。増額された年金は、75歳までさかのぼって決定され支払われます。

　繰下げ受給を希望する場合は、66歳以降で繰下げ受給を希望する時期に請求書を年金事務所等へ提出します。

　令和5年4月から、支給繰下げの仕組みが一部変更になりました。同条に5項が新設され、年金を受け取る権利が発生してから5年経過後に、繰下げ受給の申出を行わず老齢厚生年金をさかのぼって受け取ることを選択した場合は、請求の5年前に繰下げ受給の申出があったものとみなして増額された年金を一括で受け取ることができます（令2・6・5法律40号）。国民年金の老齢基礎年金にも同様の規定が追加されます（国年法28条5項）。

　これによって、例えば72歳のタイミングで一括して支払いを受けようとしたとき、これまで保険給付を受ける権利は、その支給すべき事由が生じた日から5年を経過したとき時効消滅してしまったのが（厚年法92条）、67歳で繰下げの申出があったものとして、65歳以降の2年間について増額した額を受けることが可能になります。

Q9 振替加算の権利は消滅か　65歳到達後に離婚した

　当社の社長と奥さんが、離婚の話合いに入っています。奥さんがまもなく65歳に達するタイミングですが、振替加算について質問を受けました。65歳到達時に振替加算を受けたとして、離婚した場合、その権利は消滅してしまうのでしょうか。【山梨・W社】

A. 分割して20年以上なら　老齢厚生年金を受給可

　老齢厚生年金の受給権者（厚生年金の被保険者期間が原則20年以上）が65歳未満の配偶者（厚生年金の被保険者期間が原則20年以

上の場合除く）の生計を維持しているとき、配偶者加給年金額が支給されます（厚年法44条）。

この配偶者が65歳に達し、自分の老齢基礎年金を受けるようになると、振替加算が上乗せになります（国年法昭60・附則14条）。老齢厚生年金の受給権者に支給されていた配偶者加給年金額は打ち切りとなります。このため、「振替」という名称が付されています。

ご質問のケースでは、社長さんが老齢厚生年金の受給権者、奥さんが配偶者に当たります。振替加算については、配偶者が受給権を得る時点で、支給の有無が判断されます。基本的にその時点で権利が確定し、例えば、その後、振替の対象となった配偶者が死亡しても、支給が継続します。ご質問の離婚・再婚についても、問題ありません。

ただし、注意が必要なのは、離婚時の年金の分割です。

夫婦といえども、年金は個人がそれぞれ加入する形になっています。結果として、夫がサラリーマン（ご質問のケースでは社長さん）、妻が専業主婦という場合、夫は老齢基礎・厚生年金を受給できますが、妻は老齢基礎年金しか受け取れません。この不公平を是正するため、結婚している期間について、夫の厚生年金の保険料納付記録を分割する仕組みが設けられています。

分割により、奥さんには厚生年金の加入期間（みなし被保険者期間）が加算されますが、これにより「厚生年金の被保険者期間が20年以上」になると、振替加算額は支給停止となってしまいます。

Q10 加給年金額どうなる　配偶者が繰上げ受給なら

65歳以上の従業員から、「配偶者が老齢年金の繰上げ受給を考えているが、受給したら自分の老齢厚生年金に支給されている加給年金額はどうなるのか」と質問されました。配偶者は、厚生年金には、若いときに結婚するまでの数年間加入していたとのことですが、どうでしょうか。【群馬・Ｓ社】

A. 老齢基礎には停止要件なく

老齢厚生年金で配偶者に関する加給年金額が加算されるのは、本人の被保険者期間が 240 カ月以上あり、かつ 65 歳到達時点（特別支給の場合は定額部分の支給が開始した時点）において、本人により生計を維持されている 65 歳未満の配偶者がいる場合です（法 44 条 1 項）。

配偶者が 65 歳に達すると、その翌月から加給年金額の支給は打ち切られます（同条 4 項）。代わりに、一定要件を満たしていると、配偶者自身の老齢基礎年金へ振替加算が加わります。

支給停止要件も設けられており、たとえば、配偶者自身が、被保険者期間が 240 カ月以上の老齢厚生年金を受給できたり、障害基礎・厚生年金を支給されたりする場合などです（法 46 条 4 項）。ここに老齢基礎年金が含まれていないため、配偶者が繰上げ支給を選択しても、受ける老齢厚生年金が 240 カ月未満の被保険者期間に基づくならば、引き続き本人の老齢厚生年金へ加給年金額が支給されるといえます。

Q11 障害年金から切替えは？ 特別支給の老齢年金開始

当社で働く従業員で、障害等級 3 級の障害厚生年金を受給している人がいます。まもなく老齢厚生年金（60 歳台前半）の支給開始年齢に達します。本人から、切替えの必要性について質問を受けましたが、どのように考えればよいのでしょうか。【岡山・U社】

A. 25 年超加入なら老齢選択 支給停止する範囲縮小へ

年金は、「上下一体で一人一年金」が原則です。ただし、65 歳以上の場合、一定範囲で、支給事由の異なる年金を併給できる場合も

あります。

　ご質問の方は、現在、障害厚生年金（3級）を受給中とのことです。まもなく60歳台前半の老齢厚生年金の支給開始年齢に到達し、2つの年金の権利を有することになりますが、この両者を併給することはできません。なお、この方が引き続き厚生年金の被保険者として働き続けるのであれば、障害者特例の対象にはなりません。

　障害厚生年金3級と60歳台前半の老齢厚生年金の金額を比較し、どちらにするか判断します。

　両者の金額計算のおおまかなイメージをみてみましょう。3級の障害厚生年金は、報酬比例の年金額のみで、配偶者加給年金額は付きません。報酬比例の年金額（平成15年4月以降）は、被保険者期間の平均標準報酬額に一定係数（1000分の5.481）と被保険者期間（月数）を乗じて算出します。ただし、被保険者期間が300月（25年）未満のときは、300月として計算します。

　これに対し、60歳台前半の老齢厚生年金も、障害者特例の請求をしなければ、報酬比例部分のみです。報酬比例部分の計算は、基本的には障害厚生年金と同じですが、被保険者期間300月未満を300月とみなす特例は設けられていません。

　両者の金額比較ですが、障害厚生年金の場合、被保険者期間は障害認定日の属する月までとなります（厚年法51条）。一方、老齢厚生年金の被保険者期間は、支給開始年齢到達日の属する月までが対象となります（厚年法43条）。

　ですから、被保険者期間が300月以上あるときは、老齢厚生年金の方が有利です。また、勤続に伴う昇給により、平均標準報酬額も老齢厚生年金を計算する際の方が高い可能性があります。

　一方で、60歳台前半の老齢厚生年金には、在職老齢年金の仕組みが適用されます。ただし、60歳台前半の在職老齢年金については、令和4年4月から、支給停止とならない範囲が大幅に広がった点には留意が必要です。障害厚生年金の方は、在職中でも満額が支給さ

れます。

　ですから、3級の障害厚生年金・60歳台前半の老齢厚生年金の支給額（満額）を確認し、在職老齢の影響も考慮に入れたうえで、どちらを受給するか、選択することになります。

Q12　年金保険料免除される？　逮捕・勾留時の取扱い

　従業員が逮捕・勾留されたとき、年金事務所に届け出ることによって保険料が徴収されないことがあると聞きました。社会保険料が免除になると考えていいのでしょうか。働くことができなければ報酬等が発生しないため、保険料を徴収しようにも困難が予想されます。【京都・N社】

A.　特例あるが健康保険のみ　徴収する方法検討が必要

　原則から確認していきましょう。被保険者資格を喪失するのは、厚年法14条や健保法36条でそれぞれ規定している場合です。両者には相違がありますが、共通する喪失事由としては、「その事業所に使用されなくなったとき」があります。これは、解雇、退職、転勤、事業廃止等の場合で、事実上使用関係が消滅した日をいいます（健康保険法の解釈と運用）。例えば、一般的に病気休職の場合は、賃金の支払停止は一時的なものであることなどから被保険者資格は継続すると解されています（昭26・3・9保文発619号）。被保険者資格が継続すれば保険料の納付義務自体も存続することになります。この場合に、被保険者の負担する保険料を被保険者に支払う報酬から控除し得ないことがあっても、納付義務は免れることはできません（昭2・2・18保理578号）。

　保険料の徴収を免れることができる例外があります。健康保険は、法158条以降に保険料の徴収の特例が定められていて、代表的なも

のに育児休業等があります。刑事施設等に収容されているときも保険料は徴収されません。ただし、同月中に該当しなくなったときは、原則どおり保険料がかかります。

　一方、年金関係ですが厚年法81条以降に、保険料に関する規定が並んでいます。法81条の2で育休期間、法81条の2の2で産休期間の保険料免除に関する規定がありますが、健康保険と異なり上記収容等の例外は定められていません。年金機構に届け出る書類の名称も「健康保険法第118条第1項該当・非該当届」となっています。

　私傷病休職のときと同じように、こうした場合の保険料の徴収方法はあらかじめ検討しておく必要があるでしょう。

Q13　遺族厚生年金が止まる!?　権利を失う配偶者とは

　社労士試験の勉強をしていますが、遺族年金のことで疑問が生じました。参考書には、「子が遺族基礎年金の権利を有する場合、遺族基礎年金の権利がない配偶者は、遺族厚生年金の支給がストップする」という記述があります。配偶者（母）と子が残された場合、どうして上記のようなケースが生じるのでしょうか。【和歌山・K生】

A.　生計同一でない連れ子　通常基礎年金とセット

　被保険者が死亡し、妻（配偶者）と子どもが残されたとします。「妻と子」がいる家庭では、通常、遺族基礎年金と厚生年金がセットで支給されます。

　妻（配偶者）・子ともに年金の受給権者ですが、配偶者がいる場合、原則として「子に対する年金は支給停止」となります（国年法41条2項、厚年法66条1項）。

　しかし、ご質問にあるように「配偶者に遺族基礎年金の権利がなく、

子が遺族基礎年金の権利を有するときは、配偶者に対する遺族厚生年金が支給停止」となるという規定が存在します（厚年法66条2項）。

　この例外はどのようなケースで生じるかですが、配偶者の年金受給要件を、改めて確認しましょう。

　遺族基礎年金の場合、母親は次の2つの条件を満たす必要があります（国年法37条の2）。

　①　被保険者と生計維持関係にある

　②　被保険者と生計維持関係にある子（原則18歳の年度末まで）と生計を同じくしている

　ですから、子どもが18歳の年度末等に達すると、母親も同時に権利を失います。

　一方、遺族厚生年金は、基本的に③被保険者と生計維持関係にあれば、受給権が生じます。子どもがいるか否かは、本質的な要件とされていません。ただし、若年期の妻に子どもがいないとき、または子どもが死亡したとき等には、支給期間が5年の有期となる点には注意が必要です。

　つまり、年金の権利のある子どもがいる母親は、配偶者として遺族厚生年金の権利を得ると同時に、子の母として遺族基礎年金の受給権者にもなるのが通常の形です。

　例外として考えられるのは、被保険者の子が前妻との間に生まれた子どもで、前妻と一緒に暮らしている（被保険者からは、仕送りを受けている）ケース等です。

　被保険者の死亡当時、被保険者と配偶者の間、被保険者と子の間には、それぞれ生計維持関係がありますが、配偶者は②子と生計を同一にしていないので、遺族基礎年金の対象になりません。

　この場合、配偶者は遺族厚生年金の受給権を得るのみです。子どもが、被保険者と生計維持関係があると主張して、遺族基礎・厚生年金の権利を得れば、配偶者の遺族厚生年金はストップするという結論になります。

Q14 遺族厚年も1.25倍か　死亡者が障害等級1級で

従業員から、夫が亡くなったとの報告を受けました。亡くなった方は、障害厚生年金を受給しており、障害等級は1級だったようです。報酬比例部分は2級の1.25倍の額が支給されますが、この増額について、遺族厚生年金でも維持されるのでしょうか。
【山形・Ｅ社】

A. 原則と変わらず報酬比例の75%

遺族厚生年金の支給要件は、被保険者または被保険者であった者が、
① 被保険者期間中に死亡
② 被保険者期間に初診日がある病気等で、初診日から5年以内に死亡
③ 1・2級の障害厚生年金の受給権者が死亡
④ 老齢厚生年金の受給権者または受給資格を満たした人が死亡
した場合です（厚年法58条）。①、②の際は、保険料の納付状況もチェックされます。また、①～③を短期要件、④を長期要件といいます。

年金額は、原則、死亡した者の老齢厚生年金の報酬比例部分の4分の3です。報酬比例部分は、平均標準報酬（月）額に一定率と被保険者期間の月数を掛け求めます。①～③の短期要件の場合で、被保険者期間が300カ月未満のときは、300月とみなし計算します。

障害厚生年金は報酬比例部分が支給され、1級ではさらに1.25倍しますが（法50条2項）、遺族厚生年金にはこのような規定はありません。死亡した者が1級でも、原則どおりの支給額です。

 100人超は誰を含むか　社保適用範囲が拡大

令和4年10月から社会保険の適用範囲が拡大しました。対象となるのは、被保険者の総数が常時100人を超える場合ということですが、ここでいう被保険者数に含まれる者を教えてください。【福井・M社】

A. 厚生年金の被保険者数

平成28年10月以降、厚生年金・健康保険の適用が拡大してきました。令和4年10月からは常時100人、令和6年10月からは50人をそれぞれ超える場合にまで拡大されます（厚年法平24附則17条12項）。

使用する被保険者の総数が常時100人を超えるか否かの判定は企業ごとに行います。法人の場合は、同一の法人番号を有するすべての適用事業所の被保険者数をカウントします。

被保険者数に関して、条文では「特定労働者」という規定になっています（同項）。70歳未満の者のうち、厚年法12条各号のいずれにも該当しないものをいいます。

厚労省は、適用事業所に使用される厚生年金の被保険者の総数で判断し、今回の適用拡大の対象となる短時間労働者や70歳以上で健保のみ加入しているような人は含めないとしています（令4・3・18事務連絡）。

第6章
労働安全衛生法編

Q1 安全衛生教育の種類は？ 対象者など教えて

　会社で実施しなければならない安全衛生教育を確実に実施し、労働災害の予知や予防につなげたいと考えています。そもそも安全衛生教育にはどういったものがあり、教育が必要となるのはどのようなタイミングがありますか。【新潟・M社】

A. 大きく分けると9項目　作業内容変更時は注意

　労働者が安全かつ健康に働ける職場環境を維持することは使用者の基本的な義務でしょう。使用者が腐心しても、労働者本人が危険を意識し注意しなければ、労働災害は起こってしまうものです。したがって、使用者は、労働者に対し安全衛生教育を確実に実施し、意識を持たせる必要があります。安全衛生教育は、それぞれの事業場の実態に即して、教育の種類、対象者を検討したうえで策定された教育・訓練計画に基づき実施していかなければなりません。

　安全衛生教育を自社だけで実施することが困難な場合も出てきますので、安全衛生関係団体等が開催する説明会や講習会等も活用し、労働者の積極的な参加を促すことも大切です。

　安衛法に基づく教育等は、例えば下記があります。

1　雇入れ時の安全衛生教育（法59条1項、安衛則35条）
2　作業変更時の安全衛生教育（法59条2項、則35条）
3　職長教育（法60条、安衛令19条）
4　免許、技能講習（法61条、安衛令20条）
5　特別教育（法59条3項、則36条）
6　危険または有害業務従事者の安全衛生教育（法60条の2）
7　能力向上教育（法19条の2）
8　健康教育等（法69条）
9　労働災害防止業務従事者講習（法99条の2）

安全衛生教育等における留意事項として下記があります。

・安全衛生教育等は、年間安全衛生推進計画等に基づき計画的に実施する必要があります。

・安全衛生教育の実施担当者（部署）等を定めて必要な管理を行わせるとともに、その記録を確実に整備、保存しておく必要があります。

・雇入れ時の安全衛生教育は、入社後直ちに実施することが重要です。

・作業内容変更時の安全衛生教育は、転換した作業に就く前に確実に実施する必要があります。

・職長教育は、新たに職長として発令される前に実施する必要がありますので、あらかじめ職長として発令される可能性のある労働者に対して計画的に受講させるように留意してください。

・法令に基づく特別教育、免許、技能講習等の必要な有資格者については、受講者や資格者が事業場内にいればよいというものではなく、必要な業務に就く労働者全員に対して受講させたり、資格を取得させる必要があります。

・安全衛生教育等は、必ずしも自社で行う必要はありませんが、その場合は安全衛生関係団体等が開催する安全衛生講習会や研修等の場に積極的に労働者を参加させることが重要です。

代表的な安全衛生教育である、雇入れ時等と危険有害業務に就く場合の教育の概要について解説します。

雇入れ時・作業内容変更時の教育

新しい環境で業務に就く場合、安心・安全な業務を行うために、一定の安全衛生教育が必要となります。使用者は、労働者（パートタイマーやアルバイト等も受講の対象）の雇入れ時には、当該労働者に対し、その従事する業務に関する安全衛生教育を実施しなければなりません（安衛法 59 条、安衛則 35 条）。また、労働者の作業内容変更時について、以前と異なる作業に転換した場合や作業の設備や方法等に大幅な変更があった場合には、安全衛生面で注意すべ

き事項等も併せて変更を伴うことが通常ですので、あらためて安全衛生教育を行わなければならないとされています。

特別教育

労働者を、安衛則 36 条で定められている危険有害業務に就かせる場合、使用者はその業務に関する安全・衛生のための特別な教育を実施しなければなりません（法 59 条 3 項）。

※同様の業務の経験者、特別教育をすでに受講している者、十分な知識や技能を有している者については、特別教育を省略することが可能です（安衛則 37 条）。また、新たな機械設備、新たな化学物質の増加等による労働災害問題も多発傾向、多岐にわたる環境にあります。そのため、使用者は安全衛生の水準の向上を図るため、危険・有害業務に該当する業務に従事する労働者に対しては、指針等を踏まえて安全衛生教育を推進するよう努める必要があります（法 60 条の 2）。

 危険有害業務の教育は？　対象や実施時期を教えて

労働者を雇い入れたときや作業内容を変更したときには、安全衛生教育を実施しなければなりません。危険有害業務に現在就いている者に対しても、安全衛生教育を行わなければならないそうですが、この安全衛生教育について、詳しくご教示ください。【岡山・S社】

A. 5年おきなど定期に実施　指針で 17 業務の内容示す

1　危険有害業務に現に就いている者に対する安全衛生教育

事業者は、安全衛生の水準の向上を図るため、危険有害業務に現に就いている者に対し、安全衛生教育を行うように努めなければならないこととされています（安衛法 60 条の 2 第 1 項）。

厚生労働大臣は、この安全または衛生のための教育の適切かつ有効な実施を図るために必要な指針（平元・5・22指針公示1号）を公表しています。

　この指針は、事業者が、安全衛生教育の適切かつ有効な実施を図るため、当該教育の内容、時間、方法、講師等について定めています。

　この指針に示す教育の対象者としては、①就業制限に係る業務に従事する者、②特別教育を必要とする業務に従事する者および③で①または②に準ずる危険有害な業務に従事する者とされています。①の就業制限に係る業務に従事する者としては、例えば、（a）制限荷重が5t以上の揚貨装置の運転の業務、（b）ボイラー（小型ボイラーを除く）の取扱いの業務、（c）つり上げ荷重が5t以上のクレーン（跨線テルハを除く）の運転の業務等があり、②の特別教育を必要とする業務に従事する者としては、例えば、（a）最大荷重1t未満のフォークリフトの運転（道路交通法の道路上を走行させる運転を除く）の業務、（b）アーク溶接機を用いて行う金属の溶接、溶断等の業務、（c）機械集材装置の運転の業務等があります。

　ここで、上記③の「①または②に準ずる危険有害な業務に従事する者」は、①または②以外の危険有害な業務であって、労働災害の発生状況等を勘案して安全衛生教育の必要性が①または②の業務と同等の業務（具体的にはタイヤ空気充填業務等）の従事者をいうものであることとされています（平元・5・22基発247号）。

　また、教育の種類としては、①指針に示す対象者が当該業務に従事することになった後、一定期間ごとに実施する安全衛生教育（「定期教育」）または②取り扱う機械設備等が新たなものに変わる場合等に実施する安全衛生教育（「随時教育」）とされており、この「一定期間」については、最近の技術革新の進展等を勘案して当面5年とされていますが、電離則7条の2第3項で定める特例緊急作業に係る安全衛生教育については、その作業の重要性に鑑み、1年に1回、作業の方法ならびに使用する施設および設備の取扱いに係る実技に

安全衛生法

関する事項を教育することとされています（前掲通達）。

2　安全衛生教育の実施方法等

　教育の内容および時間は、危険有害業務従事者に対する安全衛生教育カリキュラムによるものとするとされており、指針に安全衛生教育カリキュラムが示されています。また、教育の方法としては、講義方式、事例研究方式、討議方式等教育の内容に応じて効果の上がる方法とされています。

　危険または有害な業務に現に就いている者に対する教育カリキュラムが定められている安全衛生教育

1　揚貨装置運転士安全衛生教育
2　ボイラー取扱業務（安衛令20条3号の業務）従事者安全衛生教育
3　ボイラー溶接業務（安衛令20条4号の業務）従事者安全衛生教育
4　ボイラー整備士安全衛生教育
5　クレーン運転士安全衛生教育
6　移動式クレーン運転士安全衛生教育
7　ガス溶接業務（安衛令20条10号の業務）従事者安全衛生教育
8　フォークリフト運転業務（安衛令20条11号の業務）従事者安全衛生教育
9　車両系建設機械（整地・運搬・積込み用または掘削用）運転業務（安衛令20条12号の業務のうち同令別表第7第1号または第2号に掲げる建設機械の運転の業務）従事者安全衛生教育
10　車両系建設機械（基礎工事用）運転業務（安衛令20条12号の業務のうち同令別表第7第3号に掲げる建設機械の運転の業務）従事者安全衛生教育
11　フォークリフト運転業務（安衛則36条第5号の業務）従事者安全衛生教育
12　機械集材装置運転業務（安衛則36条第7号の業務）従事者安

全衛生教育

13　ローラー運転業務（安衛則 36 条 10 号の業務）従事者安全衛生教育

14　有機溶剤業務従事者安全衛生教育

15　チェーンソーを用いて行う伐木等の業務（安衛則 36 条 8 号のの業務）従事者安全衛生教育

16　玉掛業務（安衛令 20 条 16 号の業務）従事者安全衛生教育

17　特例緊急作業（電離則 7 条の 2 第 3 項の作業）従事者安全衛生教育

 職長教育の内容を教えて　業種は金属製品製造業

　当社は、金属製品製造業を営む会社ですが、労働安全衛生法では、新たに職長になる者に対する安全衛生教育について、どのようなことを行わなければならないと規定しているのでしょうか、詳しくご教示ください。【神奈川・Ｎ社】

A. 5項目を合計 10 時間以上　企業規模問わず必要に

　職長は、現場において、作業中の労働者を直接指導または監督する立場にあり、組長、班長、監督、作業長等様々な呼び方がありますが、通常数人程度の部下を管理して、ある範囲内の作業について作業者の仕事および作業行動に責任をもっている現場リーダーです。

　以下に新たに職務に就くこととなった職長その他の作業中の労働者を直接指導または監督する者に対する安全または衛生のための教育に関する主な事項についてご説明します。

・新たに職務に就くこととなった職長等に対する安全または衛生のための教育の実施について

　労働安全衛生法では、事業者は、その事業場の業種が政令で定め

るものに該当するときは、新たに職務に就くこととなった職長その他の作業中の労働者を直接指導または監督する者（作業主任者を除きます）に対し、作業方法の決定および労働者の配置に関すること等一定の事項について、安全または衛生のための教育を行わなければならないとしています（安衛法 60 条）。

　この政令で定める業種は、①建設業、②製造業（Ａうま味調味料製造業および動植物油脂製造業を除く食料品・たばこ製造業、Ｂ紡績業および染色整理業を除く繊維工業、Ｃ衣服その他の繊維製品製造業、Ｄセロファン製造業を除く紙加工品製造業並びにＥ新聞業、出版業、製本業および印刷物加工業を除きます）、③電気業、④ガス業、⑤自動車整備業並びに⑥機械修理業です（安衛令 19 条）。したがって、製造業のうち、（ａ）うま味調味料製造業および動植物油脂製造業、（ｂ）紡績業および染色整理業並びに（ｃ）セロファン製造業の事業場では、新たに職務に就くこととなった職長等に対して安全または衛生のための教育を行わなければなりません。

　教育すべき事項としては、①作業方法の決定および労働者の配置に関すること、②労働者に対する指導または監督の方法に関すること、③安衛法 28 条の 2 第 1 項または 57 条の 3 第 1 項および 2 項の危険性または有害性等の調査およびその結果に基づき講ずる措置に関すること、④異常時等における措置に関すること並びに⑤その他現場監督者として行うべき労働災害防止活動に関することとされています（安衛法 60 条、安衛則 40 条 1 項）。

　この安全または衛生のための教育は、次ページ表の左欄に掲げる事項について、同表の右欄に掲げる時間以上行わなければなりません（安衛則 40 条 2 項）。

事　　項	時間
教育すべき事項の①の作業方法の決定および労働者の配置に関すること ⓐ作業手順の定め方 ⓑ労働者の適正な配置の方法	2時間
教育すべき事項の②の労働者に対する指導または監督の方法に関すること ⓐ指導および教育の方法 ⓑ作業中における監督および指示の方法	2.5時間
教育すべき事項の③の安衛法28条の2第1項または57条の3第1項および第2項の危険性または有害性等の調査およびその結果に基づき講ずる措置に関すること ⓐ危険性または有害性等の調査の方法 ⓑ危険性または有害性等の調査の結果に基づき講ずる措置 ⓒ設備、作業等の具体的な改善の方法	4時間
教育すべき事項の④の異常時等における措置に関すること ⓐ異常時における措置 ⓑ災害発生時における措置	1.5時間
教育すべき事項の⑤のその他現場監督者として行うべき労働災害防止活動に関すること ⓐ作業に係る設備および作業場所の保守管理の方法 ⓑ労働災害防止についての関心の保持および労働者の創意工夫を引き出す方法	2時間

　ただし、事業者は、表の左欄に掲げる教育すべき事項の全部または一部について十分な知識および技能を有していると認められる者については、当該事項に関する教育を省略することができます（安衛則40条3項）。

Q4 局排装置の定期検査は？　有機溶剤を使用して作業

　トルエンやキシレン等の有機溶剤を使用して作業を行っていますが、有機溶剤を使用する業務に労働者を従事させるときに設置する局所排気装置については、定期的に検査を行わなければならないと聞きました。局所排気装置の定期検査について、詳しくご教示ください。【和歌山・Ｋ社】

安全衛生法

A. 年1回実施して記録保存　第1種から3種まで必要

　事業者は、屋内作業場等において、第一種有機溶剤等または第二種有機溶剤等に係る有機溶剤業務に労働者を従事させるときは、当該有機溶剤業務を行う作業場所に、有機溶剤の蒸気の発散源を密閉する設備、局所排気装置またはプッシュプル型換気装置を設けなければなりません（有機則5条）。

　タンク等の内部において、第三種有機溶剤等に係る有機溶剤業務に労働者を従事させるときについても同様の規定（有機則6条）が設けられています。この局所排気装置またはプッシュプル型換気装置については、定期に、自主検査を行わなければならないこと等が規定されています（有機則20条、20条の2）。

　以下に、局所排気装置またはプッシュプル型換気装置の定期自主検査に関する主な事項についてご説明します。

1　局所排気装置およびプッシュプル型換気装置の定期自主検査

　事業者は、ボイラーその他の機械等で、政令で定めるものについて、定期に自主検査を行い、およびその結果を記録しておかなければなりません。この政令で定める機械等として有機則5条または6条の規定により設ける局所排気装置およびプッシュプル型換気装置が定められています（安衛法45条1項、安衛令15条1項、有機則20条、20条の2）。

　具体的には、事業者は、①1年を超える期間使用しない局所排気装置のその使用しない期間を除き、局所排気装置については、1年以内ごとに1回、定期に、

（a）フード、ダクトおよびファンの摩耗、腐食、くぼみその他損傷の有無およびその程度

（b）ダクトおよび排風機におけるじんあいのたい積状態

（c）排風機の注油状態

（d）ダクトの接続部における緩みの有無

（e）電動機とファンを連結するベルトの作動状態

（f）吸気および排気の能力

並びに

（g）性能を保持するため必要な事項

について自主検査を行わなければなりません。

　②１年を超える期間使用しない局所排気装置については、その使用を再び開始する際に、上記①の（a）から（g）までに掲げる事項について自主検査を行わなければならないこととされています（有機則20条）。

　また、事業者は、③１年を超える期間使用しないプッシュプル型換気装置のその使用しない期間を除き、プッシュプル型換気装置については、１年以内ごとに１回、定期に、

（a）フード、ダクトおよびファンの摩耗、腐食、くぼみその他損
　　傷の有無およびその程度

（b）ダクトおよび排風機におけるじんあいのたい積状態

（c）送風機および排風機の注油状態

（d）ダクトの接続部における緩みの有無

（e）電動機とファンを連結するベルトの作動状態

（f）送気、吸気および排気の能力

並びに

（g）性能を保持するため必要な事項

について自主検査を行わなければなりません。

　④１年を超える期間使用しないプッシュプル型換気装置については、その使用を再び開始する際に、上記③の（a）から（g）までに掲げる事項について自主検査を行わなければならないこととされています（有機則20条の２）。

　ここで、上記①の（g）の性能を保持するため必要な事項としては、ダンパーの開閉機能の適否、排ガス処理機構を付設されたものにあってはその部分の損傷の有無および機能の適否、排出口の損傷の有無等があることとされています（昭47・9・18基発588号）。

2　定期自主検査の記録、補修等

　　事業者は、上記1の①から④までの自主検査を行ったときは、

（a）検査年月日

（b）検査方法

（c）検査箇所

（d）検査の結果

（e）検査を実施した者の氏名

および

（f）検査の結果に基づいて補修等の措置を講じたときは、その内容を記録して、これを3年間保存しなければならないこととされています（有機則21条）。

　また、事業者は、上記1の①から④までの自主検査を行った場合において、異常を認めたときには、直ちに補修しなければならないこととされています（有機則23条）。

　なお、局所排気装置およびプッシュプル型換気装置については、定期自主検査指針が公表されており、この定期自主検査指針には、検査項目ごとに、検査方法、判定基準等が示されています（安衛法45条3項）。

 作業環境測定どうするか　有機溶剤を使用

　アセトンやメタノール等の有機溶剤を使用する場合に、労働安全衛生法では、作業環境の改善などのための作業環境の測定は、どのようにしなければならないとしているのでしょうか。【山梨・N社】

A.　空気中の濃度測定が必要　対象は含有率5％以上

　作業環境測定は、作業環境の現状を認識し、作業環境を改善する

端緒となるとともに、作業環境の改善のために採られた措置の効果を確認する機能を有するものであって、作業環境管理の基礎的な要素として欠くことのできないものです。

作業環境測定とその実施方法等

安衛法 65 条において、事業者は、有害な業務を行う屋内作業場その他の作業場で、政令で定めるものについて、厚生労働省令で定めるところにより、作業環境測定を行い、その結果を記録しておかなければならないこととしています。この作業環境測定は、厚生労働大臣の定める作業環境測定基準に従って行わなければなりません。

この政令で定める作業環境測定を行わなければならない作業場として、安衛令 21 条において、①令別表第 6 の 2 に掲げる有機溶剤を製造し、または取り扱う業務で厚生労働省令で定めるものを行う屋内作業場、②土石、岩石、鉱物、金属または炭素の粉じんを著しく発散する屋内作業場で、厚生労働省令で定めるもの、③暑熱、寒冷または多湿の屋内作業場で、厚生労働省令で定めるもの、④著しい騒音を発する屋内作業場で、厚生労働省令で定めるもの、⑤令別表第 6 に掲げる酸素欠乏危険場所において作業を行う場合の当該作業場等が定められています。

上記①の令別表第 6 の 2 に掲げる有機溶剤を製造し、または取り扱う業務で厚生労働省令で定めるものは、有機則 28 条において、令別表第 6 の 2 第 1 号から第 47 号までに掲げる有機溶剤に係る有機溶剤業務です。ただし、有機則 3 条により、タンク等の内部以外の場所において作業時間 1 時間に消費する有機溶剤または有機溶剤含有物（有機溶剤と有機溶剤以外の物との混合物で、有機溶剤を当該混合物の重量の 5 ％を超えて含有するものをいいます。以下同じ）の量が有機溶剤または有機溶剤含有物（以下「有機溶剤等」）の許容消費量を常態として超えないことから、またはタンク等の内部において 1 日に消費する有機溶剤等の量が有機溶剤等の許容消費量を常に超えないことから労働基準監督署長の有機則の適用除外に係る認定

を受けた場合における有機溶剤業務は除かれています。

　事業者は、この令別表第6の2第1号から第47号までに掲げる有機溶剤に係る有機溶剤業務を行う屋内作業場について、6月以内ごとに1回、定期に、当該有機溶剤の濃度を測定しなければなりません。有機溶剤の濃度の測定を行ったときは、その都度、①測定日時、②測定方法、③測定箇所、④測定条件、⑤測定結果、⑥測定を実施した者の氏名および⑦測定結果に基づいて当該有機溶剤による労働者の健康障害の予防措置を講じたときは、当該措置の概要を記録して、これを3年間保存しなければなりません（有機則28条）。

　ここで「有機溶剤業務」とは、①有機溶剤等を製造する工程における有機溶剤等のろ過、混合、攪拌、加熱または容器もしくは設備への注入の業務、②染料、医薬品、農薬、化学繊維、合成樹脂、有機顔料、油脂、香料、甘味料、火薬、写真薬品、ゴムもしくは可塑剤またはこれらのものの中間体を製造する工程における有機溶剤等のろ過、混合、攪拌または加熱の業務、③有機溶剤含有物を用いて行う印刷の業務等をいいます（有機則1条）。

　作業環境測定基準（昭51・4・22労働省告示46号）では、屋内作業場における空気中の令別表第6の2第1号から第47号までに掲げる有機溶剤の濃度の測定は、作業環境測定基準別表第2の上欄に掲げる有機溶剤の種類に応じて、同表の中欄に掲げる試料採取方法またはこれと同等以上の性能を有する試料採取方法および同表下欄の分析方法またはこれと同等以上の性能を有する分析方法によらなければならないとしています（例えば、アセトンは、試料採取方法として液体捕集方法、固体捕集方法または直接捕集方法が、分析方法として液体捕集方法にあっては吸光光度分析方法、固体捕集方法または直接捕集方法にあってはガスクロマトグラフ分析方法が規定されています）。ただし、アセトン、キシレン等の濃度の測定は、当該物以外の物が測定値に影響を及ぼすおそれのあるときを除き、検知管方式による測定機器またはこれと同等以上の性能を有する測定

機器を用いる方法によることができます（作業環境測定基準13条）。また、作業環境測定基準では、測定点の取り方、測定点における試料空気の採取時間等も規定しています。

Q6 作業環境測定の実施は？　結果どう評価するか

作業環境の測定に関して、社内では適当な人がいないことも十分考えられますが、実際、誰がどのように進め、結果はどのように評価すれば良いでしょうか。【静岡・Ｉ社】

A. 外部登録機関へ委託検討　第三区分は不適切な状態

作業環境測定士等による作業環境測定

事業者は、安衛法65条1項の規定により、指定作業場について作業環境測定を行うときは、その使用する作業環境測定士（第一種作業環境測定士と第二種作業環境測定士の別があり、当該作業環境測定に関して資格を有することが必要です）に実施させなければなりません（作業環境測定法3条）。これができないときは、当該作業環境測定に関して登録を受けている作業環境測定機関または指定測定機関に委託しなければならないとしています（作業環境測定法3条、作業環境測定法施行規則3条）。

ここで「指定作業場」とは、作業環境測定法施行令1条に定められており、①安衛令別表第6の2に掲げる有機溶剤を製造し、または取り扱う業務で厚生労働省令で定めるものを行う屋内作業場、②土石、岩石、鉱物、金属または炭素の粉じんを著しく発散する屋内作業場で、厚生労働省令で定めるもの、③安衛令別表第4に掲げる鉛業務のうち一定のものを行う屋内作業場等が該当します。

その他

安衛法65条の2において、作業環境測定を行ったときは、事業者

は、厚生労働大臣の定める作業環境評価基準に従って作業環境測定の結果の評価を行い、労働者の健康を保持するため必要があると認められるときは、厚生労働省令で定めるところにより、施設または設備の設置または整備、健康診断の実施その他の適切な措置を講じなければならないこととされています。

　事業者は、安衛令別表第6の2第1号から第47号までに掲げる有機溶剤に係る有機溶剤業務を行う屋内作業場について作業環境測定を行ったときは、その都度、速やかに、厚生労働大臣の定める作業環境評価基準に従って、作業環境の管理の状態に応じ、第一管理区分、第二管理区分または第三管理区分に区分することにより当該測定の結果の評価を行わなければならないこととされており、評価を行ったときは、その都度、①評価日時、②評価箇所、③評価結果および④評価を実施した者の氏名を記録して、これを3年間保存しなければなりません（有機則28条の2）。

　（1）第一管理区分とは、当該単位作業場所のほとんど（95％以上）の場所で気中有害物質の濃度が管理濃度を超えない状態であり、作業環境管理が適切であると判断される状態をいい、（2）第二管理区分とは、当該単位作業場所の気中有害物質の濃度の平均が管理濃度を超えない状態であるが、第一管理区分に比べ、作業環境管理になお改善の余地があると判断される状態をいい、また、（3）第三管理区分とは、当該単位作業場所の気中有害物質の濃度の平均が管理濃度を超える状態であり、作業環境管理が適切でないと判断される状態をいいます（昭63・9・16基発605号）。

　なお、管理濃度とは、作業環境測定基準に従って単位作業場所について実施した測定結果から当該単位作業場所の作業環境管理の良否を判断する際の管理区分を決定するための指標として設定されたものです（前掲通達）。

　参考）有機溶剤業務（有機則1条1項6号）
　　イ　有機溶剤等を製造する工程における有機溶剤等のろ過、混合、

攪拌、加熱または容器若しくは設備への注入の業務

ロ　染料、医薬品、農薬、化学繊維、合成樹脂、有機顔料、油脂、香料、甘味料、火薬、写真薬品、ゴム若しくは可塑剤またはこれらのものの中間体を製造する工程における有機溶剤等のろ過、混合、攪拌または加熱の業務

ハ　有機溶剤含有物を用いて行う印刷の業務

ニ　有機溶剤含有物を用いて行う文字の書込みまたは描画の業務

ホ　有機溶剤等を用いて行うつや出し、防水その他物の面の加工の業務

ヘ　接着のためにする有機溶剤等の塗布の業務

ト　接着のために有機溶剤等を塗布された物の接着の業務

チ　有機溶剤等を用いて行う洗浄（ヲに掲げる業務に該当する洗浄の業務を除く。）または払しょくの業務

リ　有機溶剤含有物を用いて行う塗装の業務（ヲに掲げる業務に該当する塗装の業務を除く）

ヌ　有機溶剤等が付着している物の乾燥の業務

ル　有機溶剤等を用いて行う試験または研究の業務

ヲ　有機溶剤等を入れたことのあるタンク（有機溶剤の蒸気の発散するおそれがないものを除く）の内部における業務

Q7 再検査費用誰が負担　定期健康診断で有所見

　再検査や精密検査の費用を会社が負担する必要はあるのでしょうか。定期健康診断後の再検査を想定していますが、たとえば、健診の種類によって違いはありますか。【福島・G社】

A. 特殊健診のみ義務

健診を実施した後の措置については、安衛法 66 条の 5 に規定があ

ります。同条2項に基づき、事業者が講ずべき措置に関して指針（平8・10・1指針公示1号、平29・4・14指針公示9号）が定められています。

指針では、「再検査または精密検査は、診断の確定や症状の程度を明らかにするものであり、一律に事業者にその実施が義務付けられているものではない」としています。ただし、「有機則、鉛則、特化則、高圧則および石綿則に基づく特殊健康診断として規定されているものについては、事業者にその実施が義務付けられているので留意する必要がある」とあります。

実施が義務付けられているものについては事業者が負担すべきといえるでしょう。なお、再検査・精密検査等の費用を誰が負担するかについて法令により定められていないものであっても、会社が再検査を命じて検査結果を出してもらううえで、費用負担をどうするかは検討する余地はあるでしょう。

 育休中でも受診？　年1回の定期健康診断

　現在育児休業中の従業員がおり、最後の定期健康診断から間もなく1年になります。育休中でも受診させる必要はあるのでしょうか。受けさせる必要がない場合、育休終了後、いつまでに行えば良いですか。【徳島・S社】

A.　休業明けてから速やかに実施を

事業主は、原則、年に1回、常時使用する労働者に対して、医師による定期健康診断を受けさせなければなりません（安衛法66条1項、安衛則44条）。パート・有期雇用労働者も、①無期雇用（有期のときは、基本、契約期間が1年以上の場合や、更新などで1年以上となったり、なる予定だったりする場合を含む）、かつ②週の所定

労働時間が同種の業務に従事する通常の労働者の4分の3以上のときは実施が必要です（平31・1・30基発0130第1号）。なお、概ね2分の1以上の者も行うのが望ましいとしています。

療養や育児などで休業している労働者については、定期健診をすべき時期に休業中の場合、実施しなくても差し支えないとされています（平4・3・13基発115号）。ただし、休業終了後に速やかに実施しなければならないとしているので、ご質問の場合、休業明けに行うことになります。

Q9 安衛管理規程で注意点は　網羅すべき事項教えて

従業員数も増えてきたことから、安全衛生管理体制を整理したいと考えています。法定の体制を整えるためにも、まず安全衛生管理規程を策定周知しようと思いますが、どのような進め方が適切でしょうか。ご教示ください。【東京・I社】

A. 災害発生時の初動対応を　就業規則と扱い手続き

安全衛生管理規程において大切な目的と責務

一般に、一事業場で50人に達した場合、さまざまな安全衛生措置が義務付けられます。それらを整理して、遺漏なく対応するためにも、安全衛生管理規程を整備するのは大切なことです。安全衛生に関する規則・規程類については就業規則の一部とされています。したがって、安全衛生管理規程についても、労基法89条に基づき、労基署への提出義務と、従業員への周知義務が発生します。安全衛生管理規程には、目的として、当該規程が、安衛法および安衛則ならびに社内規程に基づいていることを前提に、従業員の安全と健康を保持するとともに、災害および事故を未然に防止することを挙げることになります。

会社の責務として、安全衛生管理体制の確立、危険要素の除去に関する措置、各種健康診断の実施や心と体の健康の保持増進対策等、快適な職場環境の形成を促進するために、必要な措置を推進することなど、従業員については、会社が法令および本規程に基づき講ずる措置に協力し、労働災害防止および健康保持増進を図らなければならないことを記載することになります。厚生労働省は、一部業種のモデル安全衛生規程および解説を公表しています。

安全衛生管理規程における記載事項と注意点

　まず、就業規則など既存の規程にある、安全衛生に関する事項で、安全衛生管理規程に転載すべき内容を整理し、「詳細は安全衛生管理規程○条による」などとする規定にするのであれば、両者の内容に齟齬のでないよう配慮が必要です。

　中心となる要素については以下のようになります。

安全衛生管理体制

　自社が備えるべき、「安全衛生管理体制」について担当者と役割を示すことになります。

　一般には、総括安全衛生管理者（安全管理者・衛生管理者）、安全衛生推進者、産業医、安全衛生委員会など人数要件により設置が必須となるものを中心に列挙されることになります。また、作業主任者および指揮者、防火管理者、火元責任者も安全管理には必要な業務です。設置、選任義務があるものはもれなく列挙することになります。

安全衛生教育

　入社時、新規業務に就く場合、安全衛生教育が必須となります。その概要や、担当者について明記し、参加が義務であること、拒んだ場合は懲戒もあり得ることを明記します。

　また、教育と併せて、安全衛生に関する心構え、危険予知活動（ヒヤリ事故報告）、非常報知器等の保安など、危険防止措置についても措置がなされているものについては必ず機能するよう、周知の観点

から明記することになります。

　就業制限

　業務の性質上、または体調により就業制限が必要なケースもあります。就業制限業務・特別教育と就業制限業務・年齢による就業制限等について記載します。

　災害発生時の措置

　災害発生時の適切な対応は、被害を大きくしないことや、労災申請が速やかにできるなどのメリットがあります。異常時の処置および報告・業務上の傷病の届出・出張中の災害報告・非常時連絡先の届出などがその内容となります。報告その他の措置が明確であれば、労災隠しなどの不適切対応も防ぐことができます。

　健康診断等に関する措置

　健康診断等について定期健康診断以外にも安全衛生施策としての要素は多いことから以下を一括整理することになります。

　雇入れ時健康診断、定期健康診断、その他必要に応じた健康診断（特殊健康診断、生活習慣病健診など）の取扱いを、受診を義務付けるとともに記載します。また、健康増進や予防措置である、予防接種等、ストレスチェックのルールなどもこの項目で示すことになります。

　疾病に対する措置

　コロナ禍においても、発症時のルールを徹底していないことによる労務管理上の混乱は多く見られました。すなわち、感染症の届出を前提とし、病者の就業禁止などを取り決め、初期段階の病状を重篤に進展させないために、健康問診、メンタルヘルスケア措置なども明記することが必要です。

Q10 産業医への委託事項は？ 法で職務内容どう定める

　産業医の選任が遅れていた当社ですが、この度契約し、順次指導を受け始めているところです。産業医に期待するところは大きいのですが、どのような業務をどの程度までお願いして良いのでしょうか。【埼玉・Ｎ社】

A. 意見述べる機会付与を　事業者へ勧告権有する

　事業場で働く従業員が常時 50 人以上に達した場合は、14 日以内に産業医を選任（安衛法 13 条）し、所轄労働基準監督署長に届け出なければなりません（安衛則 13 条 1 項 1 号）。これは企業の義務であり、違反すれば罰則も科されることになります。産業医には、労働者の健康管理、安全面においての職場環境改善などについて、医学的な見地からの助言、指導が期待されるところです。

　事業者が産業医に付与すべき権限は、平成 31 年 4 月に見直しがあり、以下のアからウまでの事項に関する権限が含まれています（安衛則 14 条の 4 第 1 項、2 項）。

　ア　事業者または総括安全衛生管理者に対して意見を述べること。

　イ　労働者の健康管理等を実施するために必要な情報を、対面またはアンケート調査等により、労働者から収集すること。

　ウ　労働者の健康を確保するため緊急の必要がある場合（例：保護具等を使用せずに有害物質を取り扱うことにより労働災害発生のおそれがある場合）において、労働者に対して必要な措置をとるべきことを指示すること。

　産業医が労働者の健康管理等を行うために必要な情報を労働者から収集する際には、人事上の評価・処遇等において、事業者が不利益を生じさせないようにしなければなりません。

　その他、産業医の職務については以下のとおりです。

① 健康診断の実施、およびその結果に基づく労働者の健康を保持するための措置に関すること。

② 過重労働者への面接指導および必要な措置の実施等。

③ 心理的な負担の程度を把握するための検査、面接指導、およびその結果に基づく労働者の健康を保持するための措置に関すること。

④ 作業環境の維持管理に関すること。

⑤ 作業の管理に関すること。

⑥ 上記のほか、労働者の健康管理に関すること。

⑦ 健康教育、健康相談その他労働者の健康の保持増進を図るための措置に関すること。

⑧ 衛生教育に関すること。

⑨ 労働者の健康障害の原因の調査および再発防止のための措置に関すること。

これらの事項に関連して、健康情報の取扱いには細心の注意が必要です。健康情報の開示について、産業医が医療情報を適切な形で管理し、従業員の健康状態を人事や上司などに適宜説明することは、事業場から労働者への適切な配慮、職場環境の改善が期待できます。

産業医は、労働者の健康を確保するため必要があると認めるときは、事業者に対し、所定の勧告権を有しています（安衛法 13 条 5 項）。事業者は、上記勧告を受けたときは、これを尊重しなければなりません。

産業医が有する権限はまだあり、総括安全衛生管理者に対して勧告、または衛生管理者に対して指導・助言することができます（安衛則 14 条 3 項）。

安全衛生委員会等では、健康管理体制、職場環境、働き方等が審議されます。構成員である産業医は委員会に参加し、医学的な立場からの助言指導をすることになります。産業医は、委員会に対して労働者の健康を確保する観点から必要な調査審議を求めることができます（安衛則 23 条 5 項）。産業医が委員会に参加していることで、日々の活動状況や課題を理解してもらうことは事業場にとって有益です。

事業者は、産業医が勧告、指導もしくは助言をしたことを理由として、産業医が解任その他不利益な取扱いを受けないようにしなければなりません。

　また、産業医には定期巡視の義務があります（安衛則15条）。

①　産業医は、少なくとも毎月1回作業場等を巡視し、作業方法または衛生状態に有害のおそれがあるときは、直ちに、労働者の健康障害を防止するため必要な措置を講じなければなりません。産業医の職場巡視には2つの目的があります。まず、労働者が、就労により健康状態を悪化させないようにすること、そして、健康状態の悪い労働者が、就労により病状を悪化させないようにすることです。産業医は労働者を個別に診ることにとどまらず、職場巡視を併用してこれらの目的を果たします。

②　事業者は、産業医に対し、上記巡視をなし得る権限を与えなければなりません。

Q11　元請の責任者どうする？　混在作業する建設現場

　建設業の仕事を元請けの事業者と下請けの事業者がする場合には、建設現場で混在して作業を行うことによる労働災害を防止するため元請けの事業者は責任者を選任して必要な管理を行わなければならないそうですが、この責任者の選任等について、詳しくご教示ください。【静岡・B社】

A.　「最先次」が原則選任　発注者らに指名義務が

　労働安全衛生法では、建設業その他政令で定める業種に属する事業を行う元方事業者は、その労働者およびその請負人の労働者が同一の場所において作業を行うときは、統括安全衛生責任者を選任しなければなりません。ここで、元方事業者とは、事業者で、一の場

所において行う事業の仕事の一部を請負人に請け負わせているもの
をいい、当該事業の仕事の一部を請け負わせる契約が二以上あると
きは、当該請負契約のうちの最も先次の請負契約における注文者を
いいます。すなわち、元方事業者とは、一の場所において行う事業
の仕事の一部を請負人に請け負わせて、仕事の一部は自ら行う事業
者のうち最も先次の請負契約における注文者をいいます。

統括安全衛生責任者の選任等

　特定元方事業者は、その労働者およびその請負人（当該請負人の
請負契約の後次のすべての請負契約の当事者である請負人を含みま
す）の労働者が一の場所において作業を行うときは、統括安全衛生
責任者を選任し、その者に元方安全衛生管理者の指揮をさせるとと
もに、協議組織の設置および運営を行うこと、作業間の連絡および
調整を行うこと、作業場所を巡視すること等の安衛法30条第1項各
号の事項を統括管理させなければなりません。ただし、特定元方事
業者の労働者およびその請負人の労働者の数が

① 　ずい道等の建設の仕事、橋梁の建設の仕事（作業場所が狭いこ
と等により安全な作業の遂行が損なわれるおそれのある場所と
して厚生労働省令で定める場所において行われるものに限りま
す）もしくは圧気工法による作業を行う仕事にあっては常時30
人未満であるとき、または

② 　①に掲げる仕事以外の仕事にあっては常時50人未満であるとき
を除きます（安衛法15条1項、安衛令7条）。

　統括安全衛生責任者は、当該場所においてその事業の実施を統括
管理する者をもって充てなければならないこととされています（安
衛法15条2項）。

　上記①の「厚生労働省令で定める場所」は、人口が集中している
地域内における道路上もしくは道路に隣接した場所または鉄道の軌
道上もしくは軌道に隣接した場所とされています（安衛則18条の2
の2）。

なお、特定事業の仕事の発注者で、特定元方事業者以外のものは、一の場所において行われる特定事業の仕事を二以上の請負人に請け負わせている場合において、当該場所において当該仕事に係る二以上の請負人の労働者が作業を行うときは、厚生労働省令で定めるところにより、請負人で当該仕事を自ら行う事業者であるもののうちから、安衛法30条1項に規定する措置を講ずべき者として1人を指名しなければなりません。一の場所において行われる特定事業の仕事の全部を請け負った者で、特定元方事業者以外のもののうち、当該仕事を二以上の請負人に請け負わせている者についても、同様にこの措置を講ずべき者として1人を指名しなければなりません（安衛法30条2項）。

　この厚生労働省令で定めるところによる指名は、
　①　特定事業の仕事を自ら行う請負人で、当該仕事の主要な部分を請け負ったもののうち最も先次の請負契約の当事者である者
　②　①の者が二以上あるときは、これらの者が互選した者について、あらかじめその者の同意を得て行うこと
とされています（安衛則643条）。

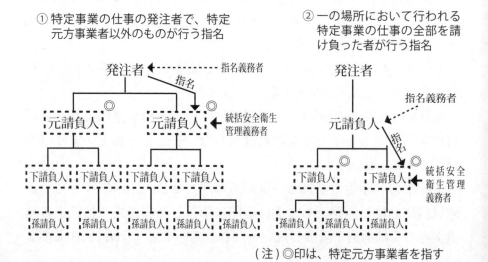

①特定事業の仕事の発注者で、特定元方事業者以外のものが行う指名

②一の場所において行われる特定事業の仕事の全部を請け負った者が行う指名

（注）◎印は、特定元方事業者を指す

統責者以外に責任者は？　重層請負関係の建設業

統括安全衛生責任者の選任の仕組みですが、建設業において、その他どのような責任者がいるのでしょうか。それぞれの役割も教えてください。【神奈川・Ｎ社】

A. 専属で元方安全管理者を　協力会社と連絡調整必要

1　統括安全衛生責任者に統括管理させる安衛法 30 条 1 項各号の事項

統括安全衛生責任者に統括管理させる安衛法 30 条 1 項各号の事項とは、（ａ）協議組織の設置および運営を行うこと、（ｂ）作業間の連絡および調整を行うこと、（ｃ）作業場所を巡視すること、（ｄ）関係請負人が行う労働者の安全または衛生のための教育に対する指導および援助を行うことなどがあります。

さらに、（ｅ）仕事を行う場所が仕事ごとに異なることを常態とする業種で、厚生労働省令で定めるものに属する事業を行う特定元方事業者にあっては、仕事の工程に関する計画および作業場所における機械、設備等の配置に関する計画を作成するとともに、当該機械、設備等を使用する作業に関し関係請負人がこの法律またはこれに基づく命令の規定に基づき講ずべき措置についての指導を行うことも必要です。（ｆ）そのほか、当該労働災害を防止するため必要な事項となっています。

2　元方安全衛生管理者の選任等

統括安全衛生責任者を選任した事業者で、建設業その他政令で定める業種（政令で定める業種は現在定められていません）に属する事業を行うものは、厚生労働省令で定める資格を有する者のうちから、元方安全衛生管理者を選任し、その者に安衛法 30 条 1 項各号の事項のうち技術的事項を管理させなければなりません（安衛法 15 条の 2 第 1 項）。

また、元方安全衛生管理者は、その事業場に専属の者を選任しなければなりません（安衛則 18 条の 3）。

3　請負人の安全衛生責任者の選任等

　特定元方事業者が統括安全衛生責任者を選任すべき場合において、統括安全衛生責任者を選任すべき事業者以外の請負人で、当該仕事を自ら行うものは、安全衛生責任者を選任し、その者に統括安全衛生責任者との連絡、統括安全衛生責任者から連絡を受けた事項の関係者への連絡等の厚生労働省令で定める事項を行わせなければならないこととされており、安全衛生責任者を選任した請負人は、統括安全衛生責任者を選任した特定元方事業者に対し、遅滞なく、その旨を通報しなければなりません（安衛法 16 条、安衛則 19 条）。

4　店社安全衛生管理者の選任等

　建設業に属する事業の元方事業者は、工事の種類とその労働者およびその請負人（当該請負人の請負契約の後次のすべての請負契約の当事者である請負人を含みます）の労働者の数を確認する必要があります。例えば、①ずい道等の建設の仕事、橋梁の建設の仕事（作業場所が狭いこと等により安全な作業の遂行が損なわれるおそれのある場所として厚生労働省令で定める場所において行われるものに限ります）もしくは圧気工法による作業を行う仕事にあっては常時 20 人以上 30 人未満である場合、または②主要構造部が鉄骨造もしくは鉄骨鉄筋コンクリート造である建築物の建設の仕事にあっては常時 20 人以上 50 人未満である場合において、その労働者およびその請負人の労働者が一の場所において作業を行うときは、厚生労働省令で定める資格を有する者のうちから店社安全衛生管理者を選任します。当該場所において行われる仕事に係る請負契約を締結している事業場ごとに、これらの労働者の作業が同一の場所で行われることによって生ずる労働災害を防止するため、その者に、当該事業場で締結している当該請負契約に係る仕事を行う場所における安衛法 30 条 1 項各号の事項を担当する者に対する指導その他厚生労働省

令で定める事項を行わせなければなりません（安衛法 15 条の 3）。

　上記②の「厚生労働省令で定める場所」は、人口が集中している地域内における道路上もしくは道路に隣接した場所または鉄道の軌道上もしくは軌道に隣接した場所とされています（安衛則 18 条の 2 の 2）。

　ここでいう「厚生労働省令で定める事項」は、（a）少なくとも毎月 1 回、元方事業者の労働者およびその請負人の労働者が作業を行う場所を巡視すること、（b）元方事業者の労働者およびその請負人の労働者の作業の種類その他作業の実施の状況を把握すること、（c）安衛法 30 条 1 項の協議組織の会議に随時参加すること、（d）安衛法 30 条 1 項 5 号の仕事の工程に関する計画および作業場所における機械、設備等の配置に関する計画に関し同号の措置が講じられていることについて確認することとされています（安衛則 18 条の 8）。

Q13　事務所の衛生どう管理？　「規則」の内容知りたい

　サービス業においては、安全衛生は労働時間や健康診断を中心に対応していればよいと考えていましたが、女性従業員からオフィスの照度やトイレの個室のあり方について疑義が寄せられました。「事務所衛生基準規則」という法令の存在を初めて知り汗顔の至りです。どのような法律なのか改正点を含めご教示ください。【岐阜・Ｔ社】

A.　トイレは男女別が原則　令和 4 年 12 月に照度改正

事務所衛生基準規則

　事務所衛生基準規則（以下、「事務所則」）とは、事務所の衛生基準について定めた、安衛法に基づく厚生労働省令です。事務所（建築基準法 2 条 1 号に掲げる建築物またはその一部、並びに事務作業

を行う場所）は、有害物や危険物の取扱いや、危険の生じやすい場所は少ないとはいえ、快適な職場環境の確保は重要なテーマです。事務所の衛生を一定の水準で確保するために、事務所則が安衛法に付帯しています。

事務所則における管理項目

事務所則は全5章からなっており、管理項目について第2章以下4つの観点が存在します。

第2章　事務室の環境管理

最低限確保すべき環境の確保について規定されています。規定の範囲にある環境は、労働者が快適で作業しやすい基準を満たすよう義務付けられ、空気・明るさ（照度）・騒音・振動の主に4種類の分野があります。また、定期的な作業環境の測定、測定結果の記録の3年間保存義務があります。

第3章　清潔

主に水回りの充実や清潔の保持、清掃などに関する内容が規定されています。

以下に主な要点を示します。

- 労働者の飲用水やその他飲料を十分に供給できる給水設備の設置義務（13条）
- 汚水の漏出などが起きないよう排水設備を補修・掃除する義務（14条）
- 日常的な清掃のほか、半年に1回程度の大掃除を実施する義務（15条1項1号）
- トイレは男性用と女性用に区別する義務（17条1項1号）

第4章　休養

睡眠（仮眠）休養休憩をとれる設備について規定されています。

- 長時間労働または夜間の拘束が生じる可能性がある場合、睡眠（仮眠）用の設備を事業場に設置しなければなりません。その際、部屋を男女で分ける配慮や、横になって休むためのベッドや布

団の用意が必要です（20条）。

・常時働く従業員が50人以上（または女性従業員が30人以上）の事業場では、横になれる設備のある休養室を男女別に設置する義務があります（21条）。

・常に立ちながら仕事に従事する労働者に対しては、休憩用の椅子を設置しなければなりません（22条）。

第5章　救急用具

負傷者の手当に必要な救急用具の備え、備え付け場所、使用方法を労働者に周知させる義務を規定しています。

救急用具の内容については、以前安衛則634条で具体的な内容が指定されていましたが、今回の改正によって条項自体が削除されました。同時に、633条では、迅速に専門の医療行為を受けさせる意識付けの方が重要との観点から、「その場で応急手当を行うことよりも速やかに医療機関に搬送することが基本である」という文言に改正されています。（令3.12.1基発1201第1号）

事務所衛生基準規則の改正

事務所則は令和3年12月に一部改正施行されました。後述する照度基準のみ令和4年12月施行です。主要ポイントは以下の2点です。

照度の基準

今回の改正により、作業場所を照らす光の明るさ（照度：ルクス）の基準は、改正によって「一般的な事務作業（300ルクス以上）」と「文字を読み込む必要のない作業等付随的な事務作業（150ルクス以上）」の2区分に整備されました。

トイレの設置基準

令和3年改正により、「独立個室型の便所」に関しての例外規定が設けられました（17条の2）。「独立個室型の便所」とは、男女兼用の個室トイレを指し、法令上の定義は「男女で区別しない、四方を壁などで囲まれた一個の便所により構成される場所」とされています。

新設の例外規定は、常時働く従業員が10人以内の場合、「独立個

室型の便所」を設置すれば、男女でトイレを分けて設置せずとも基準を満たせるとしています。ただし厚生労働省は質疑応答集の中で、「可能な限りトイレは男女で区別して設置するのが望ましい」という見解を示しています。

　事務所則の規定の順守状況は、産業医の職場巡視における観察対象の一部に含まれています。産業医と良好な連携をとり、コンプライアンスに努めてください。

 職場の高齢化どう対応？　安全衛生対策知りたい

　少数精鋭を謳い、気心の知れたメンバーで経営を続けてきましたが、高齢者の多い職場となっています。安全衛生にもそれなりの対策が必要となるかと思いますが、参考になる指針などはないでしょうか。【愛知・Y社】

A.　照度などハード面を確認　労働者にも取組み求める

　主に中小企業においては、要員管理上、「新卒主義」は実現しにくく、時間の経過とともに高齢者中心の職場になっているといった現状があります。

　厚生労働省から、「高年齢労働者の安全と健康確保のためのガイドライン」（エイジフレンドリーガイドライン）が公表されています（令2・3・16基安発0316第1号）。

　ガイドラインには、高年齢労働者の就労が一層進み、労働災害による休業4日以上の死傷者のうち、60歳以上の労働者の占める割合（平成30年は26.1％）が増加すると見込まれる中、高年齢労働者が安心して安全に働ける職場環境の実現に向け、事業者や労働者に取組みが求められる事項を取りまとめたものです。このガイドラインは、職場環境づくりや労働災害の予防的観点から、高年齢労働者

の健康づくりを推進するために、高年齢労働者を使用する事業者と労働者自身に取組みが求められる事項を示したものです。

ガイドラインのポイント

本ガイドラインのポイントを、事業者、労働者それぞれに求められる取組みと、国・関係団体等による支援の活用について、以下に整理します。

事業者に求められる取組み

事業者は、高年齢労働者の就労状況や業務の内容等の実情に応じて、国や関係団体等による支援も活用して、法令で義務付けられている事項に取り組むことに加え、実施可能な高齢者労働災害防止対策に積極的に取り組むよう努めなければならないとされています。

具体的な取組みは、高年齢労働者が安心して安全に働ける職場環境づくり等を重要視し、以下の（1）〜（5）のうち、法令で義務付けられているものに必ず取り組むことに加えて、実施可能なものに取り組むとしています。

（1）安全衛生管理体制の確立等

経営者自らが安全衛生方針を表明し、担当する組織や担当者を指定するとともに、高年齢労働者の身体機能の低下等による労働災害についてリスクアセスメントを実施

（2）職場環境の改善

照度の確保、段差の解消、補助機器の導入等、身体機能の低下を補う設備・装置の導入などのハード面の対策とともに、勤務形態等の工夫、ゆとりのある作業スピード等、高年齢労働者の特性を考慮した作業管理などのソフト面の対策も実施

（3）高年齢労働者の健康や体力の状況の把握

健康診断や体力チェックにより、事業者、高年齢労働者双方が当該高年齢労働者の健康や体力の状況を客観的に把握

（4）高年齢労働者の健康や体力の状況に応じた対応

健康診断や体力チェックにより把握した個々の高年齢労働者の健

康や体力の状況に応じて、安全と健康の点で適合する業務をマッチングするとともに、集団および個々の高年齢労働者を対象に身体機能の維持向上に取り組む

（5）安全衛生教育

十分な時間をかけ、写真や図、映像等文字以外の情報も活用した教育を実施するとともに、再雇用や再就職等で経験のない業種や業務に従事する高年齢労働者には、特に丁寧な教育訓練を実施

労働者に求められる取組み

事業者が実施する上記対策の取組みに協力するとともに、自らの健康づくりに積極的に取り組むよう、以下について努める。

・健康診断等による健康や体力の状況の客観的な把握と維持管理
・日常的な運動、食習慣の改善等による体力の維持と生活習慣の改善

国・関係団体等による支援の活用

事業者は労働災害防止対策に取り組むに当たり、国、関係団体等による以下の支援策を効果的に活用することが望ましい。

・個別事業場に対するコンサルティング等の活用

Q15 代理選任で報告か　衛生管理者が休職

衛生管理者が病気でしばらく休むことになったときに、巡視等はどのように対応すれば良いのでしょうか。代理人選任の報告等が必要なのでしょうか。【岡山・R社】

A. 労基署への手続き不要

事業者は、常時50人以上の労働者を使用するすべての事業場で、事業場の規模に応じて、一定数の衛生管理者を選任しなければなりません（安衛則7条1項）。原則としてその事業場に専属の者という要件があります（同項2号）。専属とは、「その事業場のみに勤務す

る者をいい、（衛生管理の）業務に専従することを意味するものではない」（「労働安全衛生法の詳解」）という解釈があります。例外として、親子会社間（平18・3・31基発0331005号）で兼任することが可能な場合があります。

　衛生管理者が旅行、疾病、事故その他やむを得ない事由によって業務を行うことができない場合、事業者は、代理者を選任する必要があります（安衛則3条、則7条2項）。ただし、長期の休みは想定していません（昭23・1・16基発83号、昭33・2・13基発90号）。有資格者がいない場合、保健衛生の業務に従事している者または従事した経験を有する者を就かせることとしています。労基署長への報告義務はありません（前掲通達）。

Q16　監督指導対応の留意点は　「心得」あれば知りたい

　働き方改革の影響か労働時間管理などを含め安全衛生に係る行政指導も、製造業や建設業に限らず厳格に行われるようです。当社は安全衛生管理につきまして、健康診断、ストレスチェック、各種委員会活動の実施などを進めているつもりですが、安全衛生課の調査を受けたことはありません。念のため心得などをご指導ください。【東京・Ｎ社】

A.　リスクアセス実施が重要　是正時期はっきり明示

安全衛生課の主な仕事

　労働基準監督署の「安全衛生課」は、機械や設備の設置に係る届出の審査や、職場の安全や健康の確保に関する技術的な指導を行うこととされています。

　安全衛生課は労働安全衛生法違反を取り締まります。働く人の安全と健康を確保するための措置が講じられるよう事業場への指導な

どを行っています。具体的には、機械の検査や建設工事に関する計画届の審査、事業場に立ち入って、職場の健康診断実施状況、有害な化学物質の取扱いに関する措置の確認などを行っています。また、労災の調査の過程で労働基準監督署長が悪質と判断して、労災課からの情報提供で監督課や安全衛生課が動くという可能性もあります。労働安全衛生法違反を指摘されると、労働基準法違反同様、事業者が書類送検される可能性もあります。

　最近の労基署の立入り調査では、労働時間関係において、長時間労働の常態化が過重労働につながり、過重労働がもたらす脳血管疾患などが生じないよう確認をしています。その際、管理監督者や裁量労働制該当者においても、労働時間の把握がしっかりされているかを精査します。

　労働基準監督署の活用

　労基署の活用については、「安全衛生管理基礎のキソ」（村木宏吉著、労働新聞社刊）に3つの的確な論点が示されています。以下に内容を紹介します。

　①　改善予算の確保

　事業場における安全衛生担当者から見れば、法令が改正となり、実施すべき事項が生じているのに、会社がそのための予算を出してくれないということもあります。そのようなときに、是正勧告書を交付されれば、経営者に対して「このとおりわが社は違反だとの指摘を受けたので、改善のための予算をください」といえることになります。

　労基署の指導とは、経営者にとっては重いもので、担当者の長年の懸案が、予算面ですんなり解決するという経験は多くあるものです。

　②　法令等について教わる

　改善方法を請われれば、教えるのが行政機関としての仕事ですから親切に対応してくれるはずです。法的な規制、それに対応するための改善を具体的に教えてくれるはずです。

例えば、労働基準行政は、リスクアセスメントの普及を主要課題の一つとしていますから、事業場に立入調査をすると「リスクアセスメントを実施していますか」と聞くことになっています。私たちは、法令用語等の意味を正確に知ることで法令を守ることができることから、いささかでも不明なことがあれば確認してみてください。担当官は、局や本省に確認する等して、後で回答することとしていますから、利用してみてください。

　③　安全衛生管理は最大の従業員満足度につながる

　労働者が仕事をしているのは、第一に収入を得るためです。生命を賭けてまで収入を得ようとは思いませんし、健康を害しても良いと思う方はいません。ですから、事業者は、何をおいても労働者の安全と健康を守らなければなりません。まずは、法令違反をなくすこと。次に法令で求められている以上の自主的な取組みを進めること。さらに徐々にそのレベルアップを図ることで、労働者の会社に対する満足度が上がっていくはずです。安全に係る満足度は今後ますます重要になると考えます。それこそが、企業の発展の基礎ではないでしょうか。

　「是正勧告書」にて指摘された安衛法違反事項については、指定された是正期日までに是正されていれば、当該調査は終了します。おおむね、1カ月から長くて2カ月の期日を指定されますが、資料作成等間に合わない場合も生じてきます。その場合は、遅延理由や、いつまでに改善できるかなど、中間報告をできれば文書にて提出することで、理由が妥当だと判断されれば期日延期が認められることになります。遅延理由書などは、最初の是正期限前に出す必要があります。

産業用ロボの定義教えて　単調な作業を繰り返す

これまでもロボットと称する機械設備を使用してきましたが、それら単調作業を繰り返し行う小規模な機械は「産業用ロボット」には該当しないということでしょうか。産業用ロボットの法的考え方についてご教示ください。【大阪・Ｎ社】

A. 80ワット以下など除外　使用時は柵や囲い設ける

安衛法・安衛則における産業用ロボット規制の概要

安衛則には、安衛法をもとに産業用ロボットの利用に際しての必要なルールについて規定されています。

一般の産業用ロボットは、人間の代わりに作業を行う機械装置で、自動車などの溶接・塗装・電気製品の組立・部品の搬送など、工場の自動化ライン等で使用されているものを指します。そのうち、安衛法上の規制の対象となる産業用ロボットとは、記憶装置の情報に基づき、（人の腕に相当する）マニプレータの伸縮、屈伸、上下・左右移動、旋回の動作を自動的に行うことができる機械を指すとしています（安衛則36条31号）。

※研究開発中の機械、小規模な機械（定格出力が80ワット以下）、1つの動作の単調な繰り返しを行う機械などは含まれません。また、人間の操作等で動作を行う介護ロボット、生活支援ロボットなどは規制対象ではありません（昭58・6・25労働省告示51号）。

産業用ロボットに起因する労災事故

安衛則では、ロボットに接触する可能性等がある作業には、危険を防止するための規程を作成しなければならないと定めています（則150条の3）。また、産業用ロボットの運転中に作業員がロボットと接触して危険が発生する可能性がある場合、安全柵や囲いを設けて

危険を防止しなければならないことを定めています（則 150 条の４）。

　わが国では、昭和 56 年の産業用ロボットによる初めての死亡災害を契機に、安衛則が整備され、ロボット製造における安全規格も整備されてきたことから、産業用ロボットによる労働災害は減少してきています。それでも死亡事故は年に 30 件前後発生しており、その過半数は「挟まれ・巻き込まれ」「激突され」という重篤な危害を生じています。

産業用ロボットの規制の概要

　産業用ロボットの可動範囲で作業を行うと、労働者が産業用ロボットの可動部に挟まれる危険があるため、安全確保の観点から、以下の規制を行っています。

１　柵、囲いの中での作業時の安全対策

（１）柵、囲いの中に入り、機械の近くで、機械の動作の教示（ティーチング）を行う場合の措置で次の３つを義務付けています（平 25・12・24 基発 1224 第２号など）。

　①　作業を行う労働者に対する安全教育

　②　誤操作の防止、異常時の対応・マニュアルの作成・順守（操作方法などについて）・異常時に運転を停止することができる措置（すぐに停止できるスイッチなど）・ランプの点灯などにより、他の労働者による操作を防止する措置

　③　異常作動を防止する措置・作業の開始前の異常の点検など

（２）柵、囲いの中に入り、機械の近くで、検査、修理、調整などを行う場合の措置

　上記（１）（③を除く）と同じ措置を求めています。

２　通常運転時の安全対策

　運転中の労働者に危険が生ずるおそれのあるときは、柵、囲いを設けるなどの措置を義務付けています。また、柵、囲いの代替措置として、運転中、労働者に危険が生ずるおそれのあるときの、柵、囲いを設けるなどの措置については、以下のいずれかの措置でも可

とされています。

- 産業用ロボットの可動範囲に労働者が接近したことを検知し、直ちに停止させる光線式安全装置、安全マット等の安全装置の設置
- 産業用ロボットの可動範囲外にロープ、鎖等を張り、運転中立入禁止の表示および労働者への徹底
- 監視人を配置し、産業用ロボットの可動範囲内への立入禁止
- 監視装置を設置し、監視人を配置することにより、産業用ロボットの可動範囲内への立入禁止または運転停止

その他、安衛則には、検査等の場合の措置（則150条の5）や、点検（則151条）が示されています。

産業用ロボットの効果を最大限に発揮するために

安衛法ならびに安衛則は当該事業場の労働者を守るために規定されたものです。産業用ロボットを安全に利用するために、規則を浸透させ、徹底させることが必要です。それが、安全を確保しながら、生産性を高めることにつながるものと考えます。

第7章
労働者派遣法編

Q1 備付けで周知可能か　派遣の労使協定方式

　一般的な労使協定の周知方法ですが、事業場への備付けで足りると認識しています。派遣会社が、派遣労働者の賃金等を決定するうえで締結する労使協定も同様と考えて良いのでしょうか。【滋賀・Ａ生】

A. 概要を通知する必要が

　労使協定といっても、さまざまなものがあります。労基法の時間外・休日労働（36）協定等は、労基法 106 条に基づき周知義務があります。周知の方法としては、常時各作業場の見やすい場所へ掲示し、または備え付けるといったやり方が挙げられています。

　派遣労働者の賃金に関して、派遣法 30 条の 4 に基づく労使協定方式を採用する場合においても、同条 2 項で協定の周知を求めています。周知の方法はいくつかあり、そのなかに常時派遣元事業主の各事業所の見やすい場所に掲示し、または備え付ける方法（派遣則 25 条の 11 第 4 号）があります。ただし、「協定の概要」について、労働者への書面の交付（1 号）または労働者が希望した場合の電子メール等の送信の方法（2 号）により併せて周知する場合に限られます。

　これは、周知対象である派遣労働者の就業場所が派遣元の事業所でなく、派遣先のさまざまな場所であり、派遣元の事業所内における掲示等では不十分であることを踏まえたものです（派遣業務取扱要領）。

特定目的行為なのか　派遣受入れに資格限定

　現在人手不足のため、労働者派遣の利用を考えています。当社の業務においては、保有していると望ましい資格があり、それを所持している人のみ受け入れたいと思っています。このような資格による派遣労働者の特定は可能なのでしょうか。【神奈川・K社】

A. スキルシートの活用は該当せず

　派遣先は、紹介予定派遣を除き、派遣される労働者を指名するような特定目的行為をしないよう努めなければならないとされています（派遣法26条6項）。条文では努力義務ですが、派遣先が講ずべき措置に関する指針（平11・11・17労働省告示138号）では禁止となっています。

　特定目的行為とは、具体的には、派遣に先立って面接をしたり、派遣先に対して履歴書を送付させたりすることのほか、若年者に限ることなどが該当します（前掲告示）。短期の派遣契約を締結し派遣元から役務の提供を受けた後に、さらに役務の提供を受ける段階で労働者を指名する行為も含まれます。

　一方、業務に必要な技術や技能の水準を指定するため、技術・技能レベル（取得資格等）とその技術・技能に関する経験年数などを記載するいわゆるスキルシートの提出を派遣元から受けることは、同条に違反しないとしています（派遣事業関係業務取扱要領）。

派
遣
法

第8章
育児・介護休業法編

労使協定を再締結？　有期雇用の育休除外で

　育児休業の取得要件の緩和に伴い、労使協定の見直しを検討しています。引き続き雇用された期間が１年未満の正規雇用を労使協定で除外していますので、ここに自動的に含まれるという解釈で良いのでしょうか。【北海道・Ｍ社】

A. 文言自体同じでも

　有期雇用労働者の育児および介護休業の取得要件に「事業主に引き続き雇用された期間が１年以上」があります。この要件は、令和４年４月から廃止されました。現在の規程等にある文言は削除する必要があります。そのうえで、労使協定を締結することにより、引き続き申出を拒否することは可能です（育介法６条）。労使協定で、入社１年未満の従業員からの申出を拒否できる規定の場合、文言自体見直す必要がない可能性があります。しかし、厚生労働省はＱ＆Ａであらためて結び直すよう求めています。

　当該労使協定は、有効期間の定めをすべきものとなっています（令３・11・４雇均発1104第２号）。厚生労働省の労使協定例は、条文や通達上、有効期間の定めが必要かどうかはっきりしないものもひとまとめにしていますが、いずれにしても、労使協定の内容を確認してみましょう。

 育休中に就業してほしい　労使協定結び理由限定

　出生時育児休業中に繁忙期等で働いてもらいたい場合があるものの、就業を強制されたといわれるのも困ります。労使協定で対象者等を限定したうえで、もっと緩やかに就業の申出を勧奨することは認められるのでしょうか。【京都・Ｏ社】

A. ハラスメントの心配が　制度利用阻害するおそれ

　出生時育休は子の出生後8週間以内に4週間まで取得可能です。この間の就業が制度として認められている点は、恒常的・定期的に就労することができない1歳までの通常の育休と異なる部分です。

　出生時育休中の就労は、労使協定の締結が前提です（育介法9条の5第2項）。就業させることができる者を労使協定で定める際、繁忙期等の時期に取得する者等にすることも可能です（厚生労働省Q&A）。ただ、この場合でも、労働者から就業可能日等の申出があり、事業主がその申出の範囲内で就業させることを希望する日等を提示し、労働者の同意を得た場合に限り、就業が可能となるものです。

　指針（令3・9・30厚生労働省告示366号）は、育休中は就業しないことが原則であり、出生時育休中の就業については、事業主から労働者に対して就業可能日等の申出を一方的に求めることや、労働者の意に反するような取扱いがなされてはならないとしています。

　就業可能日等の申出をしなかったなど、次の事項を理由とした不利益取扱いは禁止されています（育介法10条）。

① 　申出された就業可能日等が事業主の意に反する内容であったこと
② 　就業可能日等を変更、撤回したこと
③ 　就業日等の同意をしなかったこと
④ 　就業日等の同意の全部または一部を撤回したこと

　会社として不利益取扱いはしない、出生時育休中の就業を申し出るかどうかは任意であるというふうに考えていたとしても、ハラスメント（育介法25条）の心配はあります。ハラスメントの典型例として指針で挙げているのが、制度等の利用の申出等または制度等の利用を阻害したというものです。単に言動があるのみでは該当しないとしていますが、客観的にみて、言動を受けた労働者の制度等の利用の申出等または制度等の利用が阻害されるものが該当します。出生時育休中の就業の申出を求める言動は、態様によっては、本来休業で

あるはずの同制度の利用を妨げることにつながる可能性があります。

　ちなみに、指針で不利益取扱いに当たらないものとして、育休中に「労働者の事情やキャリアを考慮」して早期の職場復帰を「促す」ことが挙げられています。ただ、この場合でも最終的に復職するか決めるのは本人であり（平28・8・2雇児発0802第3号）、出生時育休中の就業を申し出るかどうか決めるのも同様です。

Q3　意向確認で足りるか　出生時育休の労使協定

　育休を取得しやすい雇用環境の整備や意向確認等に関して、検討を進めています。令和4年10月からの出生時育休の申出期間の延長の措置をみると、必要事項のうち意向確認等が一部重複しているようにみえますが、注意点等はありますか。【沖縄・Y社】

A.　申出延長は「把握」措置

　令和4年4月施行の意向確認は、育休申出に係る労働者の意向を確認するための面談その他の厚生労働省令で定める措置を講じなければならないというものです。指針（令3・9・30厚労省告示365号）で、則69条の4のいずれかの措置を行えば良いものであり、労働者の具体的な意向を把握することまでを求めるものではありません（令3・11・4雇均発1104第2号）。

　10月施行の出生時育休は、原則2週間前までの申出が要件のところ（改正法9条の3）、会社が一定の措置を講じた場合、1カ月前までの申出とすることが可能です。措置の1つに、育休申出にかかる労働者の意向を確認するための措置を講じたうえで、その意向を把握するための取組みを行うことがあります（育介則21条の7）。厚生労働省の労使協定例では、意向の把握が必要で、労働者から回答がない場合、再度の意向確認を実施すると規定しています。

社内報の周知で足りるか　育休取得促進へ環境整備

　改正育介法は「段階施行」で、令和4年4月1日に第1段階がスタートしました。当社では、育児休業の取得促進に向け、常日頃から、社内報等による情報発信に努めています。今回の改正では、「それに加えて」、どのような措置が必須となるのでしょうか。【東京・O社】

A. 制度案内のみは不可　個人への義務が強化

　令和4年4月1日から施行されたのは、「雇用環境の整備」と「周知・意向確認」に関する部分です。

　改正前の規定でも、環境整備・周知に関する規定は存在した（改正前の育介法21条、22条）が、いずれも努力義務です。一方、今回改正で追加された規定は強制義務となっています。

　まず、雇用環境の整備ですが、次のいずれかの措置を講じる必要があります（育介法22条1項、育介則71条の2）。

① 　研修の実施

② 　相談体制の整備

③ 　好事例の収集・提供

④ 　制度および取得促進に関する方針周知

　貴社の場合、④方針の周知については、社内報による情報発信により、既に対応済みとも考えられます。ただし、改正後の両立指針では、「可能な限り、複数の措置を行うことが望ましい」と述べている点には留意が必要でしょう。

　次に、周知・意向確認ですが、現行規定では、「休業期間中の待遇・労働条件等」に関し「周知に努めなければならない」としています。周知の対象は「労働者一般」ですが、特に本人・配偶者の妊娠が明らかになったときは個別に周知するよう求めています（育介法21条の2）。

育
介
法

これに対し、新設の規定は、妊娠の事実（本人・配偶者）について申出があった場合、次の事項を「知らせるとともに、休業の意向を確認するための措置を講じる」義務を課すものです（育介法21条、育介則69条の3）。

- イ　育児休業に関する制度
- ロ　休業の申出先
- ハ　雇保の育児休業給付に関すること
- ニ　社会保険料の取扱い

以上の内容は、改正前の努力義務で定める事項とは異なります。貴社で、既に「個別の通知」を実施している場合も、新設の法定事項をカバーする形に改める必要があります。

周知・意向確認の方法（育介則69条の3、69条の4）については、「面談の実施」のほか、「書面の交付」「ファクシミリの送信」「電子メール等の送信」によることも可能です（ファクシミリ・メールは本人希望が前提）。対象者が発生してからでなく、事前に必要な資料の収集・作成を心がけておくべきでしょう。

Q5　育児休業　ウェブ申請はできるか　妊娠申出や意向確認　規程や届出すべて周知

妊娠出産等の申出やその後の育児休業等の制度の周知等を、ウェブで完結させることは可能でしょうか。当社では、社内の諸届けのウェブ申請化を進めています。育介法の手続きも含めることは可能でしょうか。【愛知・N社】

A.　実施した記録個別に作成

令和4年4月から、本人または配偶者の妊娠・出産等の申出をした労働者に対して、育休制度等の周知と休業取得の意向確認が義務になっています（育介法21条）。申し出た労働者に、4つの事項を

周知する必要があります。概要、

① 育休等の制度内容

② 申出先

③ 雇用保険の育児休業給付の内容

④ 休業期間中の社会保険料の取扱い

です。令和4年10月以降は、出生時育休に関する事項も対象です。

　関連する各種規程等をイントラネットで閲覧できる会社は少なくないでしょう。使用者には就業規則等の周知義務があります（労基法106条）。

　ウェブで手続きをするタイミングについて、妊娠出産の申出後に関して時系列でみていくと、たとえば

（1）会社からの制度の周知

（2）意向確認

（3）従業員からの育休等の申出

となるでしょうか。

　（1）や（2）は、「あらかじめ広く社内周知を行い、妊娠等の申出をした労働者が自らその書面等を確認するといった方法では、法21条1項の事業主の義務を履行したことにはなりません」（厚労省Q＆A、令4・7・15更新）。この点、厚労省が令和4年3月に作成したパンフレット（「育児・介護休業法　令和3年（2021年）改正内容の解説」）には、個別周知・意向確認の方法として、（本人が希望した場合の）イントラネットが含まれるとあります。会社からの一方的なものとはせず、個別に制度を周知等したというため、各人に関する記録を残しておくべきでしょう。

　（3）については、1歳までの申出は育介法5条、産後パパ育休は法9条の2第1項に規定があります。後者の申出方法等は、原則、育休等に準ずるとしています（育介則21条の2）。イントラネットを経由した専用のブラウザでの申出も可能と解されています（厚労省「就業規則への記載はもうお済みですか」）。なお、（1）～（3）

の共通事項として、労働者と事業主がそれぞれ送信する情報を出力して書面にできるようにしておく必要があります。

 育休は取得できるか　「出生時」取れる期間でも

　男性従業員と育児休業の取得時期について相談中です。10月上旬に子が生まれる予定とのことですが、配偶者は里帰り出産をするため、戻ってきてから育休を取りたいと話しています。会社の方針としても少し長めに取らせたいのですが、出生時育休が取得できる期間に通常の育休を取ることはできるのでしょうか。【福井・S社】

A. どちらか片方労働者が選択

　令和4年10月から施行された出生時育児休業は、子の出生後8週間以内において、4週間（28日）まで取得することができます（育介法9条の5）。取得可能な期間については、出産予定日前に子が生まれた場合は、出生日〜出産予定日の8週間後までとなり、出産予定日後に子が生まれた場合は、出産予定日〜出生日の8週間後までとなります。

　法律上、取得の申出は、原則、休業開始の2週間前まで（法を上回る取組みを労使協定で定めた際は1カ月前とすることが可）に行うとしています。2回に分割したいときは、初回申出時にまとめて行う必要があります。

　出生時育休を取得可能な期間においても、育休を取ることはできます。出生時育休は、育休に加えて創設されるもので、子の出生後8週以内の期間は、いずれも取得できるとされています（厚労省「令和3年改正育児・介護休業法に関するQ＆A」）。ただし、同時取得は不可能で、どちらかを労働者が選択します。

出生時育休の就業制限？　どのような条件可能か

> 　出生時育休を取得している期間中の就業ですが、希望者すべて
> を認める必要はなく条件付きとすることは可能のようです。ただ、
> あまり厳しく対象者等を制限すれば問題になり得る可能性がある
> ように思うところ、就業を認める条件としてどこまで許容されて
> いるのでしょうか。【兵庫・T社】

A. 業務や場所で限定できる　繁忙期のみ認める扱いも

　出生時育児休業（産後パパ育休）は、令和4年10月1日施行とな
りました（育介法9条の2）。

　通常の育休と産後パパ育休の仕組みで相違する部分として「休業
中の就業」があります。通常の育休は原則就業不可なのに対して、
産後パパ育休は、労使協定を締結している場合に限り、労働者が合
意した範囲で休業中に就業することが可能となります（育介法9条
の5第2項）。原則としては休業ですから、休業中の就業を認めない
ことは可能で、その場合は労使協定の締結も不要です。

　流れとしては、事前準備として産後パパ育休中に就業させること
ができる「労働者の範囲」を定める必要があります。労働者が就業
することを希望する場合に申し出る必要があり、これに対して事業
主は就業させる日を書面等で提示して、労働者がこれに同意すれば
就業可能という形になります。この中で、事業主は労働者に対して
就業可能日等の申出を一方的に求めることや、労働者の意に反する
ような取扱いをすることはできません（令3・9・30厚生労働省告
示366号）。事業主は、育介法9条の5第2項から5項までの規定に
関する事由であって、厚生労働省令で定めるもの（例えば、法9条
の5第2項の規定による申出が事業主の意に反する内容であったこ
となど）を理由として、不利益な取扱いをしてはならないとしてい

育
介
法

ます（育介法 10 条）。

　ただし、育児休業中は就業しないことが原則（前掲指針）ですから、ある程度厳しく対象労働者の範囲を定めることは可能と解されています。厚生労働省は「令和３年改正育児・介護休業法に関するＱ＆Ａ（令４・７・25 更新）」で下記を例示しています。

・休業開始日○週間前までに就業可能日を申し出た場合
・１日勤務できる者（短時間勤務は認めない）
・営業職は可能、事務職は不可
・会議出席の場合のみ可能
・Ａ店は可能だがＢ店は不可（テレワークは不可）
・繁忙期等の時期のみ可能

　なお、就業可能な日等には上限があります。休業期間中の労働日、所定労働時間の半分までで、休業開始日・終了日を就業日とする場合は、当該日の所定労働時間未満となっています（育介法９条の５第４項、育介則 21 条の 17）。

Q8 出生児育休　就業日の変更拒否したい　繁忙期のみ就労認める　労働者申し出にどう対応

　出生時育児休業中の勤務ですが、当社は当面見送ることにしました。繁忙期等働いてもらいたい場合があることは事実ですが、強制等といわれるのは困ります。制度設計として、会社が繁忙期のみ働いてもらいたいと考えたときに、会社と本人で一度合意した就業日の変更について、申出を認めない運用は可能でしょうか。
【京都・Ｏ社】

A. 予定日前は同意撤回が可

　出生時育休中の就業が認められれば育休を取得しやすくなる一方、本人の意思によらず働くことになるとの懸念があります。

出生時育休中の就業は、労使協定の締結が前提です（育介法9条の5第2項）。就業させることができる者を労使協定で定める際、繁忙期等の時期に取得する者等に限定することは可能です（厚生労働省Q＆A）。ただ、この場合でも、労働者から就業可能日等の申出があることが前提です。事業主がその申出の範囲内で就業させることを希望する日等を提示し、労働者の同意を得た場合に限り、可能となります。

　就業日等が確定した後でも、労働者は、出生時育休の開始予定日とされた前日までは、「事由を問わず」同意を撤回することが可能です（育介法9条の5第5項）。開始日の変更申出になりますが、考え方としては元々の就業日の同意の撤回と、新たな就業可能日等の申出と整理することが可能です。新たな就業可能日の申出について、会社がどう判断するかということになります。その日が繁忙期等から外れていれば就業自体拒否するということは可能です。いずれにせよ、同意の撤回自体は拒否することはできません。

　一方、出生時育休の開始予定日以後は、「特別な事情」がない限り、一方的な撤回はできません。特別な事情は、育介則21条の19に列挙されています。これよりも幅広く撤回を認めることは差し支えありません。厚生労働省は、特別な事情がない撤回については話し合うよう求めています。原則として開始予定日以後の撤回は認める必要はありません。もっともこうした場合、年次有給休暇を請求する可能性はあるでしょう。

3回目は給付出るか　出生時育休分割認める

　当社では、男性従業員にとにかく育休を取得してもらおうと考えています。法は2回ですが、3回、4回…と回数を増やしていったときに、出生時育児休業給付金は一体どうなってしまうのでしょうか。【長崎・H社】

A. 1歳までの育休移行で

　子の出生日から起算して8週間を経過する日の翌日までに2回の出生時育児休業をした場合、出生時育休の申出は原則できません（育介法9条の2第2項1号）。日数が28日に達している場合も同じく原則不可です（同項2号）。育休の分割取得により、休業回数、期間等の管理が煩雑化します。

　条文上原則として3回目の出生時育休は取得できず、出生時育児休業給付金も支給対象外です。男性がさらに休もうとすれば、通常の育休を取得する方法はあり得ます。厚生労働省は、3回目や28日を超えて取得した出生時育休について、被保険者と事業主との間で育休に振り替える旨を合意すれば、育児休業給付金として支給申請することができるとしています。雇用保険業務取扱要領では、ここでいう育休は、被保険者からの申出に基づき事業主が取得を認めた最長2歳までの育休をいうとしています。

Q10　年休は取得可能か　出生時育休中の就業日

　出生時育児休業の取得第1号が現れそうです。休業期間中にも少し就業してもらうことで合意しているのですが、合意した就業日に就業できなくなったときにどうすれば良いかと尋ねられました。年休を取得してもらうことで対応することは可能でしょうか。【福井・T社】

A. 労働日扱いとなり対象

　出生時育児休業は、子の出生日から8週間以内に4週間まで取得できます（育介法9条の2）。出生時育休の期間内でも、労使協定を締結したときは、労働者の同意を得て就業させることが可能になります（法9条の5第2項）。上限があり、就業日の合計日数につい

て同期間の所定労働日数の２分の１以下とすることや（１日未満切捨て）、就業日における労働時間の合計を同期間の所定労働時間の合計の２分の１以下とすることといった要件は満たさなければなりません。

同意後も、出生時育休の開始日の前日までは、就業日の変更や撤回ができます（同条３項）。開始日以降は、配偶者の疾病等で子の養育が困難になったなど特別な事情が必要です（同条５項）。

撤回事由に該当しなかった場合も、年次有給休暇は取得可能です（令４・７・25「令和３年改正育児・介護休業法に関するＱ＆Ａ」）。出生時育休中の就業日であっても、労働日であるためです。

Q11 男性のみが対象か 「パパ育休」と呼ばれる

令和４年10月からの出生時育休ですが、産後パパ育休などと称されています。期間は子の出生後８週間以内ですが、そもそもの疑問として対象はパパ（男性）のみに限定されているのでしょうか。【岐阜・Ｏ社】

A. 産後休業は女性強制で

出生時育休の申出について規定した育介法９条の２では、産後パパ育休という文言は登場しません。法案作成前にまとめられた建議で新制度普及のための通称を検討するとしていて、その後「取得の時期とメインターゲットが父親であることを盛り込んで」決定したものです（令３・８・30労働政策審議会雇用環境・均等分科会）。

たとえば、健康保険に加入しておらず出産手当金の代替で、雇用保険から出生時育児休業給付金が受けられれば、メリットになり得ます。しかし、現在示されている厚生労働省の改正育介法Ｑ＆Ａ（令３・11・30）は、子の出生後８週以内に出産した女性は通常産後休

育
介
法

業期間中になるとしています（労基法65条2項）。Q＆Aでは続けて、この新制度の対象は主に男性になりますが、女性も養子の場合などは対象となるとしています。労働者と法律上の親子関係がある子には養子を含みます（育介法2条）。

Q12 物理的窓口が必要か　育児休業の相談体制

育児休業の相談窓口ですが、「〇〇部〇〇課担当〇〇」という形で、あらかじめしっかりと定めておく必要があるのでしょうか。それとももう少し柔軟な方法が可能であれば、ぜひ教えてください。【北海道・T社】

A. 連絡先周知し対応も可

令和4年4月から、育児休業を取得しやすい雇用環境の整備が義務付けられました。講ずべき措置は選択できますが、その中のひとつに育休に関する相談体制の整備があります。その他選択可能な措置には、「育休に関する研修の実施」（法22条1項1号）、「育休取得事例の収集・提供」、「育休制度と育休取得促進に関する方針の周知」（いずれも同項3号、則71条の2）があります。当該育休には、令和4年10月施行の出生時育休も含みます。

相談体制の整備とは、窓口の設置や相談対応者を置き、これを周知することの意であるとしています（令3・11・4雇均発1104第2号）。窓口を形式的に設けるだけでは足りず、実質的に対応可能としておく必要があります。厚生労働省は、実質的に相談に対応できる体制を整えていれば、必ずしも物理的な窓口設置に限られず、メールアドレスやURLを定め相談窓口として周知する方法も可能としています。

Q13 協定あれば就業可能か　育児休業中の取扱い

育児休業の期間中に働くことは、原則できないと認識しています。ただし、出生時育児休業は労使協定を締結すれば就業可能ということですが、育休中も可能となったのでしょうか。【福岡・Ｉ社】

A. 「出生時育休」と異なり不可

　出生時育児休業の期間中に就業するためには、労使協定の締結が前提となっています（育介法９条の５第２項）。就業させることができるものとして、協定で定められた労働者に限り、出生時育休中の就業可能日等を申し出ることができるとしています。厚労省が示す協定例はシンプルなもので、出生時育休中の就業を希望する従業員は、就業可能日等を申し出ることができるとしています。

　一方で、子が原則１歳に達するまでの育休中の就業は、「話合いにより、当該育休中の労働者が、当該子の養育をする必要がない期間について、一時的・臨時的にその事業主の下で就労することは妨げない」（令３・11・４雇均発1104第２号）という取扱いです。就業不可の例として厚労省は、育休開始当初により、あらかじめ決められた１日４時間で20時間勤務する場合や、毎週特定の曜日または時間に勤務する場合を示しています。

育
介
法

分割取得申出が必要に!? 1歳までの育児休業

今度、子が産まれる同僚の男性らと出生時育休の話をしていました。分割取得できるといってもまとめて申し出ないといけない点はあまり使い勝手が良くない感じです。すでに子がいる別の男性もその場に居て、これから育休を分割取得しようとするときも最初にいうべきだろうかという話になりましたが、どうなのでしょうか。【神奈川・I社】

A. 産後8週間のみまとめて 柔軟な取扱いは可能

令和4年10月1日から施行されたものとして、出生時育児休業の創設のほかに育休の分割取得があります。

育休の分割取得には2種類あります。出生時育休は、産後8週間に4週間まで分割して2回取得できるというものです。その他、本体部分の育休も2回に分割して取得できるようになりました。

出生時育休の分割の仕組みから確認していきましょう。まず、取得を希望する労働者は、原則として2週間前に申し出る必要があります。労使協定を締結して一定の措置を講じる場合には、2週間超1カ月以内の期間を申出期間とすることができます。申出事項ですが、開始・終了予定日等が含まれています（育介則21条の2）。

出生時育休の「回数」に関して、育介法9条の2第2項で、申出を「することができない」場合として、2回の出生時育児休業（略）をした場合としています。2回までの申出は可能ということになります（28日に達している場合を除く）。

申出を「まとめる」必要もあります。法9条の3第1項ただし書きで、「労働者からその養育する子について出生時育児休業申出がなされた後に、当該労働者から当該出生時育児休業申出をした日に養育していた子について新たに出生時育児休業申出がなされた場合は、

この限りでない（拒否できる）」としています。行政の説明は次のようになります。「法律上、まとめて申し出ない場合（1回目の出生時育休の申出をした後日に2回目の申出をする場合）には、事業主は2回目の申出を拒むことができるとされているものです。なお、事業主はこれを拒まないとすることも可能であり、その場合、その2回目の申出について法定の出生時育休を取得することとなります」。

1歳に満たない子に関する通常の育休（法5条）も、「2回の育児休業（略）をした場合には、当該子については、厚生労働省令で定める特別の事情がある場合を除き、前項の規定による申出をすることができない」としています。こちらに関しては、まとめて申し出る必要はありません。夫婦交替等でのまとまった期間の休業の取得も念頭に置いたものという説明がなされています。

Q15 検討中なら後日対応で良いか　改正法の情報提供　妊娠・出産と報告時点

令和4年4月から、改正育介法により「育休等に関する情報提供」「取得意向の確認」が義務付けられています。対応の流れとして、妊娠・出産に関する申出があった際、今後の手続きスケジュールも確認します。社内では、取得に前向きな従業員に対しては直ちに面談をし、「未定・検討中」と答えた者については「意向が固まってから、改めて対応」という案が出ていますが、問題があるでしょうか。【和歌山・Ｙ社】

A. 措置講じることは必要に

改正法により、基本的に育休取得まで2段階のステップを踏む形になります。第1が「情報提供・意向確認」（育介法21条）、第2が「正式の申出」（同5条等）です。

現実には、両者が接近して行われる可能性もあります。「妊娠等の

申出が出産予定日の1カ月半以上前に行われた場合には1カ月前までには措置（意向確認）等を行うことが必要」などと説明されています（令3・11・30雇均発1130第1号）。しかし、両者はキチンと区別して運用すべきです。

意向確認に対する回答の選択肢として、厚労省の参考様式では「取得する」「意向はない」「検討中」等の例を示しています。ここでいう「検討中」とは、「育休等に関する情報提供」が行われ、本人が各種の法的権利を了解したうえで、「さらに検討してみる」と回答する場合を想定しています。

申出の段階で「未定・検討中」というのとは、本人の理解度が異なります。厚労省公表の「Q＆A」では、「妊娠・出産報告の時に、措置が不要である旨の意思表示をしていた場合でも、措置を講じることが求められる」と注意を促しています。ただし、不要という従業員には「面談を行わず書面の交付（郵送も可能）」という対応でも問題ないという扱いです。

意向確認の時点での取得・不取得という回答は「暫定」で、正式な申出とは異なり、撤回・変更が可能です。正式な申出後の予定日変更・撤回については一定の制限（育介法7・8条）が課せられますが、意向確認時の回答と異なる申出をしても、「変更・撤回」とはみなされません。

本人が書面交付時の意向を変更し、「やはり取得を前向きに考えるので、いろいろ教えてほしい」といってきた場合、人事部門が丁寧に応答するのは当然ですが、これは法で定める「情報提供」義務とは別の話です。

 復帰依頼はマタハラ？　人員不足で業務に支障

> 従業員の育休の取得時期が重なるなど、人員が不足気味で業務がうまく回らない状況です。育休中の人に早期復帰を促すことは、マタハラに該当しますか。【佐賀・T社】

A. 本人の事情考慮が必要

育介法10条の不利益取扱いとなる典型的な例として、指針（平21・12・28厚労省告示509号、改正令3・9・30厚労省告示365号）では、客観的にみて、言動を受けた労働者の制度等の利用の申出や利用が阻害されるものが該当するとしています。

たとえば、妊娠・出産の申出等に際して会社がすぐ戻って来てほしい等と伝えることは、本当は育休を取得してほしくないのでは、というふうに伝わる可能性があります（厚生労働省「令和3年改正育児・介護休業法に関するQ＆A〈令3・11・30時点〉）。前掲指針では、例外として不利益取扱いに当たらない場合も示されています。労働者の事情やキャリアを考慮して、早期の職場復帰を促すことは制度等の利用が阻害されるものに該当しない、としています。

いずれにしても、育休取得中に、終了予定日を繰り上げることに関して法律は規定していません（平28・8・2雇児発0802第3号）。会社の事情はそれとして、労働者の事情を考慮する必要があります。

Q17 短縮を申し出可能か 法律に規定見当たらず

育児・介護休業規程を見直し中です。育休の開始予定日・終了日の繰上げ・繰下げについて、法律をみると、開始予定日の繰上げと終了予定日の繰下げしか規定が見当たらないのですが、そうなると、終了予定日の繰上げなど短縮の申出はできないということになるのでしょうか。【青森・S社】

A. 取決め設けるのが望ましい

法律上、育休開始予定日の繰上げができるのは、たとえば出産予定日よりも早く子が生まれたときなどです（育介法7条、育介則10条）。1歳までの育休中、分割取得が可能になった令和4年10月以降は各休業につき1回となりました。原則、1週間前までに申し出る必要があります。

終了予定日の繰下げは、事由を問わず行うことができ、1カ月前までに申出をするのが原則です。1歳までの育休は、休業ごとに1回で、1歳～1歳半、1歳半～2歳のいずれも1回までです。

法律に規定があるのはこの2つで、開始予定日の繰下げと終了予定日の繰上げについては、労働者の申出だけでは当然にはできず、労働者と事業主の話合いで決めることになります。厚労省は「休業期間を変更できる旨の取決めやその手続等を就業規則等で明記しておくことが望ましい」（「育児・介護休業法のあらまし」）としています。

Q18 年度内は10日付与？ 看護休暇、子2人のうち1人が就学したら

　子が2人いて、4月に第1子が小学校に就学した従業員がいます。子の看護休暇は年度の開始が1月ですが、年度当初に付与した10日の休暇について、年度内の日数は変わらないとの認識で正しいでしょうか。【沖縄・T社】

A. 申出時の人数で5日に減も

　小学校就学の始期に達するまでの子を養育する労働者は、一の年度において5労働日を限度として、子の世話のための看護休暇を取得することができます（育介法16条の2）。子の傷病のほか、予防接種や健康診断（育介則32条）のための休暇となっています。小学校就学前の子が2人以上いれば、10労働日になります。

　ここでいう一の年度は、一定の日から起算する1年をいい、事業主が任意に定めることが可能です。年度途中で子が小学校に就学したら、日数はどうなるでしょうか。

　通達（平28・8・2雇児発0802第3号）や平成22年の厚労省Q＆Aは、申出時点の子の人数で判断し、理由により付与日数が減少するとしています。なお、この場合でも年度が切り替わる前に取得した日数が、さかのぼって無効になるようなことはありません。年度の定義も含め、規定を確認のうえ日数の取扱いを記載しておくのが良いでしょう。

育
介
法

フレックスも時短措置？　3歳未満の子を養育で

3歳未満の子がいる労働者に対する所定労働時間の短縮措置について質問です。当社はフレックスタイム制を採用していますが、この場合にも短縮措置は必要なのでしょうか。また、業務の性質などを理由に短縮措置の対象外とするときの代替措置でフレックスタイム制も認められていますが、こことの関係はどうなっているのでしょうか。【佐賀・Ｉ社】

A. 総労働時間変更が必要に　業務性質で除外は継続可

　育介法では、3歳に満たない子を養育する労働者に対して、申出があった場合に、所定労働時間を短縮する措置を講じなければならないとしています（育介法23条1項）。その際、1日の所定労働時間を原則として6時間とする措置を含むものとする必要があります（育介則74条）。

　ただし、そもそもとして1日の所定労働時間が6時間以下である労働者は利用できないほか、労使協定を締結することにより、①雇用期間が1年未満の労働者、②1週間の所定労働日数が2日以下の労働者、③業務の性質または実施体制に照らして、短時間勤務制度を講ずることが困難と認められる労働者について、短縮措置の対象外とすることができます。

　③に該当するものとして、例えば、労働者数が少ない事業所において、当該業務に従事しうる労働者数が著しく少ない業務や、流れ作業方式や交替制勤務による製造業務であって、短時間勤務の者を勤務体制に組み込むことが困難な業務などを指すとしています（令3・9・30厚労省告示365号）。

　労使協定で対象外としても、このうち③に該当する労働者については、代替措置として、育休に関する制度に準ずる措置または始業

時刻変更等の措置を講じることが求められます。始業時刻変更等の措置とは、（1）フレックスタイム制、（2）始業または終業時刻を繰上げ・繰下げする制度（時差出勤）、（3）労働者の3歳に満たない子に係る保育施設の設置運営その他これに準ずる便宜の供与としています（法23条2項）。

　では、3歳未満の子を養育する労働者に当初からフレックスタイム制度が適用されていた場合はどうなるのでしょうか。

　平成21年の改正時に厚労省が示したＱ＆Ａによると、労使協定で対象外とならない限り、短縮措置の対象となります。この場合、清算期間における総労働時間は、「○時間（清算期間における労働日×6時間）」としたり、「所定労働日」および「労働日1日当たり6時間」としたりするなどの設定が通常であると考えられ、労基法32条の3の規定による労使協定の変更が必要としています。なお、前述③の業務の性質などから対象外となった場合は、代替措置でフレックスタイム制が認められているため、引き続き従前の総労働時間数で働いてもらうことができるといえます。

 **管理職に短時間勤務？　介護理由の措置を検討**

> 　当社の年齢構成をみると今後、親の介護が必要な従業員が増えてくる見込みです。管理職に労働時間関係の規制が及ばないとみれば、わざわざ短時間勤務の制度を講じる必要はないのでしょうか。【福岡・Ｗ社】

A. 除外可能でも配慮望ましい

　介護を理由とした勤務時間の短縮は、選択的措置となっています（育介法23条3項、則74条3項）。短時間勤務の他、時差出勤も可能です。育児とは異なり、短時間勤務制度を設けなければならない

わけではありません。

　平成28年に介護休業の分割取得などの改正が行われ、その際に示された厚生労働省のＱ＆Ａがあります。管理職が労基法41条2号の管理監督者といえるかどうかの問題はあるとしつつ、管理監督者は自ら労働時間管理を行うことが可能な立場にあることから、措置を講じる必要はないとしています。なお、指針（令3・9・30厚労省告示365号）では、短時間勤務の制度は、労働者がその要介護状態にある対象家族を介護することを実質的に容易にする内容が望ましく、事業主に配慮するよう求めています。その他、管理監督者にも、介護に関して仕事と私生活の調和を図る育介法23条の趣旨は妥当し、同じく配慮が求められるとした経営法曹の見解があります。

第9章
その他労働関係法

労働組合法関係
パート・有期雇用労働法関係
雇用機会均等法関係
高年齢者雇用安定法関係
最低賃金法関係
次世代育成支援対策推進法関係
女性活躍推進法関係
職業安定法関係
労働施策総合推進法関係

労働組合法関係

Q1 組合員資格失う対象は？　管理職など細かく規定

当社の労働組合は管理職になると組合から抜ける仕組みですが、いわゆる管理監督者といえるかは疑問です。条文上どのような取扱いになっているのか確認したところ、労基法とは違い細かく規定されているようでした。「使用者の利益を代表する者」とは具体的にどういった者を指すのでしょうか。【東京・E労組】

A. 「利益代表者」も除外に　秘書や守衛を例示

労働組合法に基づいて、不当労働行為の申立てなどの救済を受けるためには、同法でいう労働組合でなければなりません。定義は、同法2条に規定されています。①労働者が主体となって、②自主的に、③労働条件の維持改善その他経済的地位の向上を図ることを主たる目的として、④組織する団体等であることが必要です。そのうえで規約を作成して労働委員会に提出する必要があります。

法2条では、いわゆる管理監督者などの参加を許すものは、この限りでないとしています。

管理監督者といっても、具体的には、「雇入解雇昇進又は異動に関して直接の権限を持つ監督的地位にある労働者」、「使用者の労働関係についての計画と方針とに関する機密の事項に接し、そのためにその職務上の義務と責任とが当該労働組合の組合員としての誠意と責任とに直接にてい触する監督的地位にある労働者」と規定しています（同条1号）。

会社が就業規則上課長職以上を管理職としている事例について、「組合員が課長の職位に就いたとしても、職務上の義務と責任とが組合員としての誠意と責任とに抵触し組合の自主性が損なわれるとまで評価することができない」（東京地判平6・10・27）としたものがあります。

　「その他使用者の利益を代表する者」（同条1号）は、実質的にそのポストのもつ権限ないし職務をその企業における実情に即して判断（労組法コンメンタール）とあります。一体どのような者が該当するのでしょうか。前掲コンメンタールでは、会社の幹部のほか「一般には、社長秘書、会社警備の任にある守衛等」としています。

パート・有期雇用労働法関係

 Q2 賞与欄の記載どうする　パートらへ支給検討　必ず出るとはいい難い

　パート・有期雇用労働者への賞与ですが、これまで支給していませんでした。今後はその都度適宜判断して、できればいくらか支給したいと考えています。労働条件通知書等には、どのように書けば良いのでしょうか。【茨城・S社】

A. 「有」と更新時にも明示

　短時間・有期雇用労働者を雇い入れたときは、速やかに、労働条件を明示する必要があります（パート・有期雇用労働法6条）。賞与の有無は「特定事項」とされ、文書の交付等により明示しなければなりません。「等」には、労働者本人が希望した場合におけるメールやSNSが含まれますが（則2条）、出力することにより書面を作成できる必要があります。事業主からメール等を送信する方法があることを伝えて、本人が選択した場合も希望した場合に含まれます。トラブル防止の観点から、事業主は、労働者がメール等を受信した後に返信させること等により到達状況を確認しておくことが望ましいでしょう。

　厚生労働省は、労働条件通知書の様式の例をいくつか示しています。常用、有期雇用型のタイプには、一般労働者用と短時間労働者用等があります。いずれも、賃金の欄があり、賞与の欄は「有」（時期、金額等）、「無」という書き方になっています。

　明示が必要なのは、賞与の「有無」です。賞与の制度がないときは通知しなくて良いという意味ではなく、支払わないときは「無」

と記載した文書等の交付が必須です。違反すると、10万円以下の過料に処されます（法31条）。

　賞与が業績等に基づき支給されない可能性がある場合には、制度としては「有」と明示しつつ、併せて、賞与が業績等に基づき支給されない可能性がある旨について明示すべきとしています（平31・1・30雇均発0130第1号）。支払基準や支払方法等は、明示した文書交付に努めるとしているに過ぎませんが（法6条2項）、あらかじめ目安等を示しておくのが良いでしょう。

　労働条件の明示が求められるのは、短時間・有期雇用労働者の雇入れのタイミングに限りません。契約を更新するときについても、その都度法6条に規定する明示が求められる点には注意が必要です。

Q3　本社の担当者も可？　支社における相談窓口

　初めて支社を設けることになったため、準備を進めています。パート労働者の雇用管理の改善等に関する事項の相談窓口は、今まで本社の者が担当していました。支社となると場所が離れてしまいますが、本社の者を担当者とすることはできるのでしょうか。【埼玉・U社】

A.　できるものの連絡先を明示

　事業主には、パート・有期労働者からの相談に応じ、対応するために必要な体制を整備することが義務付けられています（パート・有期雇用労働法16条）。必要な体制の整備とは、労働者からの苦情を含めた相談に応じることのできる窓口等の体制を設けることを指します（平31・1・30基発0130第1号）。この相談窓口に関しては、法6条における労働条件に関する文書を交付する際、担当者の氏名、役職、部署などを明示する必要があります。

その他

ご質問のように、各支社に担当者を置かず、本社の人事労務担当者を相談担当者とする場合でも、同条の義務を履行したといえるとされています（石川労働局）。法６条との関係では、労働者が相談窓口に容易にアクセスできる内容を明示する必要があるため、電話番号など連絡先がなければ相談が事実上困難であるときは、担当者氏名などのほかに、連絡先を併記することが求められるとしています。

雇用機会均等法関係

 女性の深夜業制限!?　ハラスメントに該当か

当社で深夜業に従事していた際、上司が部下のうち女性に対して、早く帰るべきと発言しました。これはある種のハラスメントに該当するのでしょうか。【宮城・Ａ社】

A. 遅い時間帯は通勤へ配慮も

たとえば、パワーハラスメントは、

① 優越的な関係を背景とした言動であって、

② 業務上必要かつ相当な範囲を超えたものにより、

③ 労働者の就業環境が害されるもの

をいうとしています（労推法30条の2）。②の判断に当たっては、さまざまな要素を総合的に考慮する必要があるとされ（令2・1・15厚労省告示5号）、言動の目的、言動が行われた経緯や状況などの判断は容易ではありません。

ところで、女性の深夜業は過去制限されていた時代があり、関連して均等則13条で深夜業に従事する女性に対する措置を規定しています。事業主は、女性労働者を深夜業に従事させる場合、通勤および業務の遂行の際において安全確保に必要な措置を講ずるように努めるとしています。指針（平10・3・13労告21号）では講ずべき措置として、公共交通機関の運行時間に配慮した勤務時間の設定を挙げています。

その他

産後のサポートは？　流産や死産どう対応

　　育児休業は規程を整備して、取得事例も蓄積されてきました。ただ、一方で妊娠から出産までのケアは十分とはいえない状況です。残念ながら流産等したとき、労基法の産後休業だけでは配慮として不十分な気がします。法的な留意点を教えてください。【鹿児島・O社】

A. 母性健康管理1年間必要に

　原則として産後8週間は休業ですが、出産は妊娠4カ月以上の分娩とし、死産を含みます（昭23・12・23基発1885号）。厚生労働省の令和2年度の委託調査によれば、うつ病や不安障害など精神的な影響を指摘しています。

　法的な措置としては、「母性健康管理措置」があります（均等法12条、13条）。流産、死産した場合には、出血や下腹部痛等への対応として、医師等から一定期間の休業等の指導が出されることがあります。この場合において、流産、死産後1年以内の場合（妊娠の週数を問わず）は同措置の対象となります（平9・11・4基発695号、平18・10・11雇児発1011002号など）。事業主は、医師等からの指導事項を守ることができるようにしなければなりません。措置として、勤務時間の短縮等が挙げられています（平9・9・25労働省告示105号など）。

高年齢者雇用安定法関係

 定年年齢引き上げ !?　具体的な予定あるか

友人が、定年年齢が 65 歳へ引き上げられるという話を聞いたといいます。具体的なスケジュールもしくは高年法の改正が決まっているのでしょうか。【神奈川・Ａ社】

A. 対象者基準の廃止と別問題

条文を確認しましょう。高年法の平 24 附則で、令和 7 年 3 月 31 日までの間、効力を有するとしているものがあります。改正前の 9 条 2 項の規定とあり、条文は次のようになっていました。事業主は、当該事業所に、労働者の過半数で組織する労働組合（ない場合は過半数代表者）との書面による協定により、継続雇用制度の対象となる高年齢者に係る基準を定め、当該基準に基づく制度を導入したときは、前項 2 号（継続雇用制度の導入）に掲げる措置を講じたものとみなすというものです。

同法には定年に関する規定が別にあります。法 8 条は、原則として、事業主が労働者の定年を定める場合、60 歳を下回ることができないとしています。当該条文は今のところ変更の予定はなく、60 歳定年とすることは引き続き可能です。

ちなみに、この定年年齢には例外があり、高年齢者が従事することが困難であると認められる業務として、高年則 4 条の 2 で坑内作業の業務が定められています。同法でいう高年齢者とは、55 歳以上です（則 1 条）。

その他

最低賃金法関係

 宿直業務の最低賃金は？　実働少なく待機長い
時間当たり単価どう算出

宿直業務のみ従事する従業員を雇用しようか迷っています。業務としては、巡視や非常時に備えて待機する時間が長くあります。1日いくらで賃金を支給したときに、実働時間で割り出して最低賃金と比較して問題ないでしょうか。【神奈川・R社】

A. 減額特例あり許可検討も

　宿直業務は、労基法41条3号に定める監視または断続労働の一態様とされています。本来の勤務がこれに該当する者と、宿日直勤務でこれに該当する者に分けられています（労基法コンメンタール）。本件は前者です。

　法41条は、たとえば管理監督者など労働時間、休憩、休日の適用を除外するという規定で、監視断続労働に関しては、行政官庁の許可を受けることが、除外の要件です。

　労働時間等の適用がなくても、最低賃金の適用はあります。その他、深夜割増賃金の適用もあります。深夜の割増賃金を含めて所定賃金を定めること自体は可能ですが、就業規則等によって含めて支払うことが明らかな場合としています（昭23・10・14基発1506号）。

　深夜の割増賃金をどう計算するかですが、労基則19条に基づいて計算します。日給は、その日の所定労働時間数（日によって異なる場合は除く）がベースです。拘束時間から休憩時間を除いた時間で算出します。法41条の許可を受けた場合、休憩の適用はないため、まるまる拘束時間となることも考えられます。

たとえば、手待ち時間が多い寄宿舎の例で、拘束時間13時間で1時間当たりの単価を算出している例があります（都道府県労働局）。計算の結果、最賃を割り込む心配も出てきます。ただし、最賃には減額特例の仕組みがあります（最賃則3条）。断続的労働に従事する者については、「当該者の1日当たりの所定労働時間数から1日当たりの実作業時間数を控除して得た時間数に4割を乗じて得た時間数を当該所定労働時間数で除して得た率」を、最賃額に乗じて得た額を差し引くことが可能です（最賃則5条）。

　実際の減額率は、算式で割り出した率を「上限」として、職務の内容、職務の成果、労働能力、経験等を勘案して決まります。許可手続きの詳細は、管轄の都道府県労働局に確認してください。

 ## 最低賃金で昇給？　従前は更新時に対応

> 　パートなど有期雇用している労働者の時給ですが、最低賃金を少し上回る金額に設定して、契約更新時に最低賃金を確認等していました。今後、契約期間中に引き上げることが見込まれるとき、労働条件を明示する際の昇給欄に関して、「改定あり」等としておく必要があるのでしょうか。【和歌山・A社】

A. 契約期中は引上げ「有」

　短時間・有期雇用労働者を雇い入れたときに労働条件を明示する際、「昇給の有無」を文書等で明示する必要があります（パート・有期雇用労働法6条）。

　昇給は、契約期間「中」における賃金の増額を指します。契約更新時に時給をアップすることは昇給には当たらず、昇給なしと明示するとしています（平31・1・30雇均発0130第1号、改正令4・6・24雇均発0624第1号）。

最低賃金に合わせて賃金改定することがあると明示したとします。賃金改定が、昇給のみであるかはっきりしない場合等、昇給の有無が明らかでない表示に留まる場合には、パート法の義務の履行とはいえないとしています。最低賃金自体は上回る必要があるとして、「昇給あり」と明示しつつ、昇給が実施されない可能性がある旨を明示すること自体は許容されています。

次世代育成支援対策推進法関係

 くるみん認定どうなる !?　基準厳しくなると聞く

当社はくるみん認定を受けるため、全社を挙げて取組みを進めてきましたが、法律が改正され、基準が厳しくなったと聞きます。新しい基準に合わせ、目標や計画期間等を見直す必要があるのでしょうか。【埼玉・Ｒ社】

A. 2年間の経過措置あり　不妊治療支援で新マーク

次世代法では、現在（改正前）、標準タイプの「くるみん」と「プラチナくるみん」の２種類の認定制度を設けています。それぞれ、計画期間（２年以上５年以下）において、一定の基準（たとえば、男性の育休取得率）を満たす場合、申請を行い、認定を受けることができます。

令和４年４月１日からは、くるみん等の認定の仕組みが抜本的に改正されています。令和３年６月９日に、男性の育休取得等を目的とする改正育介法が施行されましたが、今回改正はその動きともリンクしていて、特に男性の育休関連の基準引上げに重点が置かれています。

以下、ご質問にあるくるみん関係の改正に絞って中身をみていきます。くるみん（次世代法13条）の認定基準は、次世代則４条に定められています。改正では、くるみんの中に３種類の区分を設けています。

第１は、標準タイプの「くるみん」です。

改正により、男性の育休取得率の基準が従来の７％以上から10％

以上に引き上げられるとともに、その取得率の公表（厚労省のウェブサイト「両立の広場」）も義務付けられました。育休・育児目的休暇取得率を指標とする場合については、基準が従来の15％から20％に変わります。なお、300人以下を対象とする特例が設けられています。

第2は、「不妊治療と仕事との両立」に関する優良企業認定（新設）です。不妊治療のための休暇制度や弾力的な労働時間制度の導入等が条件となります。

第3は、「トライくるみん」（新設）で、こちらは従来の「くるみん」の基準をそのまま引き継ぐ形となります。

併せて、新基準に基づく「くるみん」、「両立企業」、「トライくるみん」の認定マークについても、新たに決定する予定です。既に標準タイプの「くるみん」認定を受けている企業は、旧来の認定マークをそのまま使用します。

貴社のように、既に認定取得に向けた取組みを進めていた企業については、次の2種類の選択肢があります（厚労省パンフ）。

①　令和4年4月1日から令和6年3月31日の間は、従来基準による認定申請も可能（その場合、従来の認定マークを使用）。

②　新基準の施行日をまたぐ計画期間を設定している場合、令和4年4月1日以降の期間を「計画期間」とみなし、男性の育休取得等の新基準を適用する（その場合、新しい認定マークを使用）。

女性活躍推進法関係

 賃金差は状況把握が先か　男女の公表義務付け

従業員が301人以上の事業主に男女の賃金の差異を公表することが義務付けられました。順序として、企業の状況を把握してその結果を公表というイメージなのですが、まずどういったことに取り組むべきでしょうか。【長崎・Ｉ社】

A. 経過措置で公表を優先　計画自体は複数年も

制度概要を簡単に触れますと、現在は、常時雇用する労働者の数が101人以上の事業主を対象に一般事業主行動計画の策定が義務付けられています（女性活躍推進法8条）。100人以下は努力義務です。

一般事業主行動計画は、自社の状況を把握、課題を分析したうえで策定するという流れです。そして女性活躍に関する情報の公表も求められます。情報の公表も101人以上が対象です。ただ、101人以上と301人以上では必要となる公表事項等が異なります。

情報公表項目に「男女の賃金の差異」が追加されました。情報公表（令19条1項および2項）の規定は、施行日（令和4年7月8日）以後最初に終了する事業年度の翌事業年度において行われる（略）情報の公表から適用（女性活躍推進法に基づく一般事業主行動計画等に関する省令附則3条）としています。法改正により、301人以上の事業主に賃金に関する情報公表等が必須化されました。指針では、300人以下の事業主を対象にこの指標の積極的な把握に努めることが重要としています。

301人以上の事業主に対する雇用する労働者の男女の賃金の差異の「状況把握」の義務付けは、経過措置が設けられています（前掲附則2条）。すなわち、当該事業主が改正後の省令19条1項および2項の規定による情報公表を行った後（略）の一般事業主行動計画の策定または変更に当たって実施する状況把握から施行および適用されることとあります。

　一般事業主行動計画は、計画期間を定める必要があります。期間自体は、おおむね2〜5年が望ましいとなっていて（平27・10・28雇児発1028第5号、令2・2・7雇均発0207第1号）、情報公表が先行することになります。

職業安定法関係

　ホームページで求人募集する際、賃金額などについて具体的に明示する必要があるといいます。実際、細かすぎて書き切れないことなどもあり、当初、当社規定により支給で問題あるでしょうか。【神奈川・Ｎ社】

A. 別途明示自体は可

　賃金に関しては、賃金形態（月給等の区分）、基本給、定額的に支払われる手当、通勤手当、昇給に関する事項等を明示するよう求めています（職安則４条の２）。なお、固定残業代等を導入する場合には留意が必要です。固定残業代の時間数、金額のほかに固定残業代を除く基本給の額や定額部分を超えて時間外労働に従事した場合には割増賃金を追加で支払うことを明示しなければなりません（平11・11・17労働省告示141号、令3・3・31厚労省告示162号）。

　たとえば、ホームページへの募集要項の掲載や求人広告の掲載等を行う際、紙幅に制限がある等のやむを得ない事情がある場合は、求人票に別途明示する旨を明記のうえ、労働条件の一部を別途明示することも可能です（前掲指針、職業安定法改正Ｑ＆Ａ）。この場合でも、当初、○円から○円の幅で賃金を支給するなどとした明示を行うことが適切としています。併せて能力・経験等を考慮するなどと記載することも可能でしょう。

　求職者等と面談を行う時点や労働条件等に関する問い合わせを受けた時点では、労働条件を具体的に明示する必要があります。

その他

試用期間ありで募集？　当初３カ月は有期雇用

　　求人募集する際に試用期間を記入する必要があるかと思います。当初３カ月間を有期雇用にしてその後正社員とするか判断する形のときも、この試用期間に含めて良いでしょうか。【神奈川・R社】

A. 誤解生む表示禁止

　職安法の改正で、令和４年10月から求人等に関する情報の的確な表示が義務付けられました。虚偽の表示や誤解を生じさせる表示をしてはならないとしています（法５条の４）。改正前の努力義務の規定が格上げされました。

　指針（令４・６・10厚労省告示198号）では、４つの事項に留意するよう求めています。関係会社を有する者が募集する場合、関係会社と混同されないような表示をすること、職種や業種について実際と著しくかい離する名称を用いてはならないなどとしています。期間の定めのない労働契約の前に期間の定めのある労働契約を締結しようとする場合は、当該契約が試用期間の性質を有するものであっても、試用期間に係る従事すべき業務の内容「等」を明示するよう求めています（募集・求人業務取扱要領）。

　募集時等に明示が必要な事項に契約期間（職安法５条の３、則４条の２）がありますが、期間の定めがあるのか、ないのかなどはっきり記載する必要があるでしょう。

 **SNS調査に同意必要か　募集採用時のチェック**

採用選考時に、応募者のＳＮＳの調査を実施したいと考えています。いわゆるバックグラウンドチェックなどを行う調査会社はあるようですが、自社で行う場合、あらかじめ本人の同意を得ておくことで問題はないでしょうか。【千葉・Ｄ社】

A. 収集禁止情報あり留意　公表事項は原則取得可

個人情報を含む情報がインターネット等により公にされている場合、それらの情報を単に閲覧するにすぎない場合には「個人情報を取得」したとは解されません（個人情報保護委員会）。一方で、情報を転記するなど個人情報を取得したと解し得る場合もあるとしています。この場合、利用目的等の通知公表は必要でしょう。

職安法5条の5は求職者等の個人情報の取扱いに関して規定しています。求職者等の個人情報をその業務の目的の達成に必要な範囲内で収集し、保管し、または使用しなければならないとしています。

職業紹介事業者等は、個人情報を収集する際には、本人から直接収集し、または本人の同意の下で本人以外の者から収集する等適法かつ公正な手段による必要があります（平11・11・17労働省告示141号）。

厚生労働省の「募集・求人業務取扱要領」（令3・4）は、本人が不特定多数に公表してる情報から収集する場合は、上記「等」に含み、適法かつ公正な手段としています。

ただし、この場合でも原則として収集してはならない情報があることには注意が必要です。前掲告示では、職業紹介事業者等は、①人種、民族、社会的身分、門地、本籍、出生地その他社会的差別の原因となるおそれのある事項、②思想および信条、③労働組合への加入状況を挙げています。例外的に収集できる場合としては、特別

その他

な職務上の必要性があることその他業務の目的に必要に達成不可欠であって、収集目的を示して本人から収集する場合としています。ＳＮＳの調査にはこうした情報に触れるリスクがあることには留意しておく必要があるでしょう。

Q14 不合格の理由教えて!? 職安法は規定なさそう

中途採用の選考を進めていたところ、書類選考で不合格になった人からなぜ自分が不合格なのかという問合せを受けました。募集等に関して職安法をみても規定はなさそうですが、法的に何か示されているのでしょうか。【新潟・Ｔ社】

A. 業務に支障あるおそれ

採用試験の評価ポイントや性格検査の結果を開示している企業はあるようですがそれはともかく、職安法５条の５は、求職者等の個人情報を収集、保管、使用する場合に関して規定しています。個人情報の開示義務については規定しておらず、同条は情報開示・説明義務の法的根拠とはなり得ないとした事案（東京地判令４・５・12）もあります。

次に、個人情報保護法33条は、情報の開示に関する条文です。業務の適正な実施に著しい支障を及ぼすおそれがある場合については、全部または一部を開示しないことができるとしています。個人情報保護委員会のガイドライン（通則編）は、例として、試験実施機関において、採点情報のすべてを開示することにより、試験制度の維持に著しい支障を及ぼすおそれがある場合を挙げています。

前掲判決では、「選考過程における自由な議論を委縮させ、採用の自由を損な」うなどとして開示しないことができるとしています。

紹介手数料の払戻しは!? 採用後に早期離職したら

新プロジェクト推進のため、必要な知識・技能を持った従業員を、職業紹介により、採用したいと考えています。職業紹介事業者に支払う金額は小さくないようですが、仮に、採用した人材が早期に離職した場合、払戻しの請求ができるのでしょうか。【千葉・N社】

A. 公表事項で事前に確認を　制度導入が「望ましい」

有料職業紹介事業者は、法律に定める範囲内で手数料を徴収します（職安法32条の3）。会社（求人者）に対しては、受付手数料、上限制手数料、届出制手数料の3種類を請求できます。

受付手数料は1件710円が限度、上限制手数料は「支払われた賃金の100分の11（最長6カ月）」などと規定されています（職安則別表）。

届出制手数料は、その名のとおり、厚生労働大臣に手数料額表を届け出ます。職業紹介事業者は、「求人の申込み等を受理したとき以降、その手数料表に基づく額を徴収する」ことができます。

上限制手数料は「賃金が支払われる都度」の徴収ですから、雇用期間に比例して金額が決まります。しかし、届出制手数料は、その定め方により、雇用期間と支払金額が必ずしも釣り合わないケースもあり得ます。

紹介された人材が早期に離職した場合等についてですが、有料職業紹介事業者は、求人・求職の申込みを受理した後、速やかに「取扱職種の範囲、手数料に関する事項苦情に処理に関する事項その他を明示する」義務を負っています（職安法32条の13）。その事項の一つとして、「返戻金制度（その紹介により就職した者が早期に離職したことその他の場合に、雇用主から徴収すべき手数料の全部または

一部を返戻する制度をいう）」が挙げられています（職安則24条の5）。

「職業紹介事業者（略）が均等待遇、労働条件等の明示、求職者等の個人情報の取扱い、職業紹介事業者の責務（略）等に関して適切に対処するための指針」（平11・11・17厚労省告示141号）では、「有料職業紹介事業者は、返戻金制度を設けることが望ましい」と述べています。求人の申込み時にはっきりしないときは、業者に対して確認を求めるのがベターでしょう。

また、職安法では、職業紹介事業者に対して、一定事項を公開する義務を課しています（職安法32条の16第3項）。厚労省の「人材サービス総合サイト」に掲載するほか、業者自身のHPでも必要に応じて情報を提供すべきとされています。

公開する情報の一つに、「返戻金制度に関する事項」があります（職安則24条の8第3項）。ですから、有料職業紹介事業者をセレクトする際、あらかじめ返戻金制度に関する情報も確認しておくのがよいでしょう。

Q16 ホームページで公開？　人材紹介の事業実績

転職を検討しているのですが、人材紹介会社がたくさんあって目移りします。職安法の改正がありましたが、会社のホームページで事業実績など公表すべき事項は定まっているのでしょうか。【神奈川・H生】

A. 職業紹介は努力義務に

求人等の情報等について的確表示（職安法5条の4）が義務付けられました。これは、虚偽または誤解を生じさせる表示の禁止等を義務付けるものです。求人情報そのものだけではなく、「法に基づく業務の実績に関する情報」も含みます（職安則4条の3）。求人件数

や就職件数、手数料等に関する事項が含まれます（職業紹介事業の業務運営要領）。

　一方で募集情報等提供事業を行う者は、事業情報の公開に関する規定の適用があります（職安法43条の6）。労働者の募集に関する情報の的確な表示に関する事項の公開に努めなければならないとしています。

　たとえば、実際の取扱い求人数が1000件程度なのに1万件程度ある、まったく根拠なく顧客満足度が高いと表示すること等は虚偽表示に該当します。ただ、こうした情報自体は利用者のサービス選択に資するためのもので、情報の公開自体が義務付けられているわけではありません。ちなみに、派遣関係は一定の事項の情報提供が義務になっています（派遣法23条5項）。

労働施策総合推進法関係

 **在籍出向者数含むか　中途採用率　301人の要件**

当社では、昨年来、在籍出向で受け入れている者等が一定数います。以前、中途採用者に関する情報の公表が義務付けられましたが、常時301人のカウントについて教えてください。【大阪・T社】

A. 通常は主たる賃金払う「元」にカウント」

常時雇用する労働者が301人以上の企業は、採用した正規雇用労働者の中途採用比率を公表する必要があります（労働施策総合推進法27条の2）。ここでいう常用労働者には、期間の定めなく雇用されている者か、一定の期間を定めて雇用される者であって、過去1年以上引き続いて雇用されているか、または、雇用されると見込まれる者も含まれます。ただし、昼間学生のアルバイト等は除きます。

常用労働者に関して、在籍出向者は、原則として、生計を維持するのに必要な主たる賃金を負担する企業でカウントします。出向先が一部のみ負担している場合でも、主たる賃金を支払うのが「元」であれば、「元」の常用労働者として取り扱います。

念のため出向者等を中途採用者として、分子に含むかどうか確認します。出向については、出向先の事業主における中途採用として取り扱わないとしています（令3・2・9職発0209第3号）。

労働実務事例研究　2023 年版

2023 年 6 月 30 日初版発行

編　　　者　株式会社労働新聞社

発 行 所　　株式会社労働新聞社
　　　　　　〒 173-0022　東京都板橋区仲町 29-9
　　　　　　TEL：03-5926-6888（出版）　03-3956-3151（代表）
　　　　　　FAX：03-5926-3180（出版）　03-3956-1611（代表）
　　　　　　https://www.rodo.co.jp　　　pub@rodo.co.jp
印　　　刷　モリモト印刷株式会社

ISBN 978-4-89761-932-3